管理学实践教程

融才·明道·究微·知化

余敬◎编著

清華大學出版社
北京

内 容 简 介

作为“管理学”课程实践教学的配套教材，本教材分为融才篇、明道篇、究微篇和知化篇，坚持问题导向、学生参与及项目驱动，秉承经典与前沿、理论与实践、国际与本土三个融合，打造数字时代集思源、明德、筑基、悟道为一体的管理学实践教程内容体系。通过原创管理情景剧、互动视频、微视频，创设具有挑战性的综合情景模拟、基于 TBL 和 PBL 的翻转课堂项目，精心构思撰写中国管理故事、本土案例、连续案例及管理大师经典著作赏析等，巧妙设计互联网练习、问题透视与管理技能训练，以激活、唤醒、培养学生探索思辨、合作体验、创新实践的能力。实现“培”自主精神、“树”情感认同、“促”知行合一的教学目标，使学生从学会、会学到乐学。

图书在版编目（CIP）数据

管理学实践教程 ：融才·明道·究微·知化 / 余敬编著. -- 北京 ：清华大学出版社, 2025. 1.
(21 世纪经济管理新形态教材). -- ISBN 978-7-302-68034-5

Ⅰ. C93

中国国家版本馆 CIP 数据核字第 2025UT9258 号

责任编辑： 王　青
封面设计： 李召霞
责任校对： 王荣静
责任印制： 沈　露
出版发行： 清华大学出版社
　　网　　址： https://www.tup.com.cn，https://www.wqxuetang.com
　　地　　址： 北京清华大学学研大厦 A 座　　**邮　　编：** 100084
　　社 总 机： 010-83470000　　**邮　　购：** 010-62786544
　　投稿与读者服务： 010-62776969，c-service@tup.tsinghua.edu.cn
　　质 量 反 馈： 010-62772015，zhiliang@tup.tsinghua.edu.cn
　　课 件 下 载： https://www.tup.com.cn，010-83470332
印 装 者： 三河市东方印刷有限公司
经　　销： 全国新华书店
开　　本： 185mm×260mm　　**印　张：** 13　　**字　　数：** 283 千字
版　　次： 2025 年 1 月第 1 版　　**印　　次：** 2025 年 1 月第 1 次印刷
定　　价： 45.00 元

产品编号：100769-01

作 者 简 介

余敬，博士，中国地质大学（武汉）管理学教授，博士生导师，湖北名师，教育部新世纪优秀人才。“管理学”国家级一流课程、国家精品课程、国家双语教学示范课程、国家级精品资源共享课和国家来华英语授课品牌课程负责人。主持完成了国家自然科学基金、教育部新世纪优秀人才支持计划等科研项目 14 项，在 *Expert Systems with Applications* 等国内外学术期刊上发表论文 50 余篇，主编《管理学》《管理学案例精析》《贸易管理》等教材和译著 7 部，出版学术专著 4 部，其中《矿产资源可持续力》专著入选中国新闻出版总署“三个一百”原创图书。获湖北省高等学校教学成果一等奖、湖北省第八届统计科研优秀成果一等奖、河南省工业和信息化科技成果一等奖、武汉市科技进步三等奖等。被授予“地矿部优秀教师”“湖北名师”，以及中国地质大学（武汉）“最受学生欢迎的老师”等荣誉称号。

前　言

本教材是编著者获批的首批国家级一流本科课程“管理学”重点建设的内容。众所周知，管理学既是科学又是艺术。培养学生探索知识、应用知识的能力及实践与创新能力，并为之提供丰富的实践资源与平台，是编著者编著本教材的动因。

本教材的内容经过长期教学实践的沉淀与积累，涵盖了本课程团队先后获得的“管理学”国家级一流本科课程、国家精品课程、国家双语教学示范课程、国家级精品资源共享课及国家来华留学英语授课品牌课程的部分建设资源与成果。本教材通过巧妙的构思、信息技术的深度融合，充分体现了数字时代以学生为中心的设计理念与“金课”标准，也反映了教材建设的未来发展趋势。针对高校学生学习动力不足、食而不化、互动有限的痛点，本教材融入本国国情及管理伦理，秉承“融才·明道·究微·知化”建设理念，立足“三个融合”，打造集“四性一化”于一体的实践内容体系，激发学生的学习热情，使学生从学会、会学到乐学。

本教材的主要特色包括：

（1）秉承“一个理念”。秉承“融才·明道·究微·知化”理念，巧妙构思内容框架，集思源、明德、筑基、悟道为一体，以激活、唤醒、培养学生的实践与创新能力。

（2）立足“三个融合”。突出经典与前沿、理论与实践、国际与本土三个融合。

（3）坚持问题导向，实现“两性一度”。由问题牵引，创建各种实战模拟情景，使学生知识迁移、领悟质疑、提出创见的综合能力得到有效训练。

（4）建设“四性一化”工程。集思政性、专业性、科学性、前沿性及数字化于一体，打造数字时代以学生为中心的管理学实践教学的教材体系。

本教材的主要内容包括：

（1）融才篇（思源篇）——本土案例、微视频：与管理大师对话。

（2）明道篇（明德篇）——管理之魂、决策之道、科学用权、组织有力、领导有方、控制有效、基于 TBL 的翻转课堂。

（3）究微篇（筑基篇）——互联网练习、问题透视与管理技能训练、管理大师经典著作赏析。

（4）知化篇（悟道篇）——综合情景模拟、基于 PBL 的翻转课堂、管理情景剧、互动情景模拟、连续案例。

本教材以学生为中心，注重问题导向、学生参与及项目驱动，强调学生自主、合作、探究式的学习，通过原创管理情景剧、互动视频、微视频，创设具有挑战性的综合情景模拟、基于 TBL 和 PBL 的翻转课堂项目，精心构思撰写中国的管理故事、本土案例、连续案例及管理大师经典著作赏析等，巧妙设计互联网练习、问题透视与管理技能训练。本教材致力于培养学生探索思辨、合作体验、创新实践的能力，实现“培”自主精神、

"树"情感认同、"促"知行合一的教学目标。

余敬承担全书撰写、总体设计及统筹的工作。参与原始素材收集、资料整理与加工工作的研究生包含以下几位。

李琪瑞（连续案例 1. "为中'华'而为"；连续案例 4. "地大筑梦未来"；本土案例 14. "让数据跑起来"）；许弟容（连续案例 2. "'格'新之路"；连续案例 4. "地大筑梦未来"；本土案例 12. "同济医院：一体化管理，同品质医疗"）；翁文倩（连续案例 3. "腾飞的企鹅"；连续案例 4. "地大筑梦未来"；基于 TBL 的翻转课堂"贾母的领导力"）；张恺（本土案例 1. "字节跳动：如何靠管理实现'跳动'"；本土案例 2. "小红书'背后的男人'"；本土案例 5. "哔哩哔哩：'小破站'的大转型"；本土案例 6. "蔚来的未来"；本土案例 11. "小小的直播间也需要管理吗"；本土案例 12. "同济医院：一体化管理，同品质医疗"；明道篇"奇货可居、奇袭乌巢、唐朝监察制度、火烧赤壁、汶川地震中的中国力量、三国群雄的领导力"；连续案例 4. "地大筑梦未来"）；赵卓成（本土案例 7. "金字塔会倒塌吗"；本土案例 8. "魏建军和他的'长城'"；本土案例 9. "吉利的人才森林"；本土案例 13. "华为授权：彻底拯救自己"）；刘梦婕（本土案例 3. "与时间赛跑的顺丰"；本土案例 4. "联想：以关怀圈粉员工"；本土案例 10. "京东：仓配协同，高效物流"；本土案例 15."零差错的北京冬奥会"）；刘鑫冉（明道篇"用权不科学的唐玄宗、科举制度"）。

本教材的插图由李琪瑞、翁文倩、赵卓成、许弟容等绘制。贺亚锋、龙涛、李元、侯祖兵参与了"地大筑梦未来"的编写，高思宇承担了"明道篇""管理大师经典著作赏析"的编写、翻译及润色工作。

在本教材的编著过程中，笔者查阅、参考和引用了大量的文献资料，对相关作者深表谢意。特别感谢张睿、柳首建等老师倾情拍摄、制作我们的系列情景剧，贺亚锋、周国华、侯祖兵老师的友情出演，王昆、姜继立、刘鑫冉、徐子羊、杨洋、赵卓成、刘梦婕等同学的参演，张恺、刘秋燕等同学的助力导演，以及陈侣蓉、翁文倩、张恺等同学的后期制作。正是有你们的全心付出，才使本教材的电子视频资源如此精彩纷呈。在"地大筑梦未来"的案例撰写过程中，汪再奇、潘娣、陈军等老师提供了宝贵的资料，感谢你们的大力支持与帮助。

本教材的读者对象为从事"管理学"课程教与学的高等院校教师、本科生与研究生，以及从事管理工作的人士等。

余　敬

中国地质大学（武汉）

目　录

一、融 才 篇

融才篇，即思源篇，汇集了本土案例和微视频：与管理大师对话。本篇案例取材于互联网时代著名的本土企业，通过巧妙的情节构思、生动的管理事件描述，再现了当今真实的管理世界，为学生提供了思考与参与管理实践的空间。微视频：与管理大师对话小节将学生置于管理者的位置，领略与思考各种管理理论与思想的精髓，形成管理思维。本篇的学习，有利于激发学生的学习热情，培养管理志趣。

（一）本土案例

1. 字节跳动：如何靠管理实现“跳动”

你平时可能不看新闻，但一定看过今日头条；你平时可能不看电视，但一定刷过抖音。不只是中国，在世界上任何一个角落，每时每刻都有人在使用“TikTok”。刷抖音、看头条，俨然成为新时代中国人获取信息最主要的方式，而推出这两款产品的公司——字节跳动，又是怎样在短短十年间成为行业翘楚的呢？这离不开其独特的管理哲学。

很多人在研究字节跳动后感慨，这家公司似乎没有管理：上班不考勤，没有 KPI。字节跳动究竟靠什么来让它的众多员工工作得井然有序，且效率斐然呢？事实上，字节跳动之所以放弃有形的“人”的管理，是因为其独特的管理制度在悄然发挥着作用。

首先，字节跳动采用“OKR + 360”的绩效考核模式，即目标与关键结果（objectives and key results，OKR）。在 OKR 管理方法下，公司里的每个人都能看到所有员工的 OKR，并为之努力。每个人的 OKR 如同一颗星，最后组成字节跳动巨大的管理银河，向着整个公司的 OKR 方向流动。360 度评估反馈这种全方位考核法，从员工自身、上司、下属、同事及顾客等角度全方位地进行人员评估，评估内容包括沟通技巧、人际关系、领导能力、行政能力等方面。在字节跳动，每个人都要评估别人，同时被别人评估，从而清楚地知道自己的优势与不足，由此确定自己的发展方向。

其次，是字节跳动的管理文化。在字节跳动，大家都知道一句口号“context, not control”。正如管理大师德鲁克所言，知识型组织中，每一个人都是管理者。control 意味着森严的管理层级，会降低被管理者的活力与动力；context 则意味着，随着具体情况不同，每个人都可以挺身而出，引导更多的人参与决策，让更多的想法自下往上涌现出来。

最后，是字节跳动的员工培训。很多年轻员工离职，主要原因是他们觉得在这家企业已经学不到什么了——这一点在互联网行业不足为奇。如果员工在公司内可以不断吸收知识，提升能力和职业价值，其职业归属感就会愈加强烈。与其他公司大锅饭式的统一培训不同，字节跳动注重员工的个性培养，每个部门都会有自己的“新人专属页面”，并针对不同阶段设计不同的员工培训程序。

字节跳动创始人张一鸣一直强调，自创业以来，他们其实同时在做两个产品：一个是为用户提供服务的产品；另外一个就是公司。正是因为把公司当产品来打造，许多管理模式即便成熟，也会像上市产品那样根据现实需求而被不断打磨，所以，字节跳动的管理才能时刻占据优势。这种管理体制带来的巨大优势，会成为字节跳动持续“跳动”的最大助推器。

【问题】

（1）字节跳动采用“OKR + 360”的绩效考核模式，体现了什么管理思想？字节跳动是如何实现高效果与高效率的？

（2）为什么说每个人都是管理者，请结合字节跳动的“context，not control”具体说明。

（3）持续“跳动”的字节跳动是如何进行有效管理的？请从计划、组织、领导、控制四大职能角度进行分析。

（4）字节跳动一直致力于打造两个产品，其独特的管理成为字节跳动持续“跳动”的最大助推器，请你谈谈管理变革的重要性。

2. 小红书“背后的男人”

2003 年，从小就以“学霸”著称的毛文超考入上海交通大学机械电子专业。与严肃、一丝不苟的理工男刻板形象完全不同的是，他自小阳光开朗，甚至和老师处成哥们儿。正是这种外向的性格，使他在毕业后进入了咨询行业。

2011 年，由于工作表现出色，毛文超得到了企业资助攻读 MBA 的机会，前往美国斯坦福商学院。在斯坦福商学院，作为中国学生会主席，毛文超接触了很多国内企业的知名管理者。在那时，他就展现出天生的领导气质。真格基金的徐小平说：“如果文超创业，我是一定要投的，因为他的眼睛炯炯有神。”

人生的转机总在不知不觉中出现。在一个寻常的日子，毛文超像往常一样来到商场购物。也许是思乡心切，在给家里打电话的时候，他自然而然地讲起了武汉话。这时，一位美丽的女孩走上前与他攀谈，两位武汉老乡就这样在异国他乡相遇了。这个女孩叫瞿芳。相比于这个含蓄温婉的名字，她有个更广为人知的头衔——小红书联合创始人。

与许多伟大的创业者一样，毛文超的创意来自痛点。2013 年，因为父母计划去国外旅行，毛文超上网为他们搜索旅行购物攻略，却发现相比于丰富的旅游攻略，购物攻略十分匮乏。在与喜欢海外购物的瞿芳交流后，两人决定走上创业之路。2013 年 6 月，两人带着真格基金几百万元的天使投资来到上海，在梧桐大道边的一间民房里成立了小红书。

起初，两人亲自在小红书网站上上传 PDF 攻略。毛文超和瞿芳通过世界各地的人脉整理了日本、韩国、新加坡、美国等地的购物指南。指南内容甚至详细到哪个街道的哪家店在打折，因此，小红书迅速在留学生群体中火了起来。

随着用户增多，毛文超发现，由于人手不足，攻略数量跟不上需求增长，且随着移动互联网的发展，移动端有了超越 PC 端的趋势。转型做一款用户分享创造内容（user gererated content，UGC）的 App 成为小红书的必然选择。

就这样，凭借真实的消费体验和口碑传播，小红书很快吸引了年轻中产女性的关注，形成了良好的社区氛围。当然，随着用户数量的飙升，毛文超的工作压力也变得越来越大。据他回忆，当时基本上每天只睡三四个小时，一睁眼就是用手机刷小红书及国内领先的社交媒体，思考创新点。

经历了算法推荐的升级、广告宣发的投入，以及对明星用户的吸引入驻，在此“三板斧”的作用下，小红书的用户量迅猛增长，成功破圈。截至 2022 年年底，小红书平台注册用户数已突破 1 亿，其中，80%的用户为女性，年龄主要集中在 18～35 岁，真正成为一个国民级的年轻人种草社区。

【问题】

（1）根据明茨伯格的管理者角色理论，举例说明毛文超扮演的主要角色。

（2）你认为小红书从开始创业到成功破圈的原因有哪些？

（3）什么样的管理技能使毛文超创业成功？

3. 与时间赛跑的顺丰

作为国内领先、全球第四大快递公司，顺丰将“时钟”作为竞争对手，凭借敏捷的反应速度、优质的服务质量、领先的准时率和强大的孵化能力，在快递行业独占鳌头。随着顺丰同城抢跑上市、高标准的设施投入，以及“天网 + 地网 + 信息网”等技术手段的引入，顺丰逐渐成为同行业的领跑者，“跑得快”成为其代名词。

作为保证顺丰快递“最后一公里”时效性的关键，快递员是实现公司高效运作的主力军。那么，拥有 40 万名员工的顺丰是如何与时间赛跑，及时满足客户的快递需求的呢？顺丰开展了一系列时间与动作研究，制定了快递员的行为规范和奖惩制度。

针对快递流程中的每一个环节，以及收件、分拣和派件中的每一项操作，顺丰进行了动作研究，制定了标准化的动作规范，在员工上岗前按照动作规范进行培训，使其熟练掌握快递业务流程及操作标准。

从收件开始，根据规定，快递员需按照先装后送的时间顺序将快件按类别分别装入三层的背包内。其中，文件类快件以运单面朝外的方式斜插进内侧夹层；小件包裹则按运单面朝内或正面朝上放入中间夹层，以便在配送过程中查看与拿取。对于拿取文件类快件的动作，顺丰同样有着明确的要求：需用右手托拿，左手拇指与食指捏住文件封的短边，其余三指撑开文件封，取出快件。根据计算，这种手法相比其他手法能够节省数秒时间。

为提高分拣率，降低出错率，快递员会事先按照重量、种类将快件分别放在不同区域，将轻货和重货送到各自的分拣区域。货车通常要多次往返运输，会浪费许多不必要的时间，因此，顺丰规定取货时应先装重货，再用相对小而轻的商品填充货车角落里的空间，以提高装载率。如此一来，运输往返的次数大幅减少。在分拣量较大的区域，还会采用环形布局，最大限度地避免货物堵塞并缩短作业人员走动的路线和距离，大大提高了效率。

在需要与顾客面对面接触的派送环节，顺丰秉承“以用户为中心，以需求为导向，以体验为根本”的理念，对服务中的细节也进行了严格把控，包括动作的力度、行为姿势、沟通礼仪等。例如，快件离开手时距离地面不得高于 20 厘米，敲门时应用食指或中指连续敲 3 下，等候 5～10 秒后才可二次敲门，与客户面见时至少展示 2 秒工牌等，点滴细节为顺丰赢得了良好的口碑。

看似枯燥、死板的规定，却能在实际操作中让快递员节省不少时间。据统计，执行标准化作业后，在快递员可控的时间范围内，平均每次上门取件可以节约 54 秒、派件节约 46 秒，尤其是大件包裹，收件、派件分别可节约 134 秒和 212 秒。

严格的考核激励机制同样是顺丰的成功秘诀之一。与“三通一达”不同，顺丰由总部对每一个分部进行实时监控，以保证服务和时效优先。每位快递员都有自己的考核分数，分为行政分和业务分。其中，行政分根据投诉率、收派量、快件时效进行考核，加减分不能相互抵扣，若一年内扣满 3 分，则两年无法晋升，一旦扣满 20 分，就会被解雇；业务分与操作技能、失误率有关，1 分代表 50 元，用工资或奖金抵扣。

计件工资制与承包制的实施，是顺丰快递员流失率低的主要原因。顺丰的每一位快递员都有自己负责的片区，工资根据收派件的数量进行计算，多劳多得，且上不封顶。这使得快递员的月收入能够凭借个人努力而增长。此外，顺丰从不吝啬对员工的奖励，上市当天给每一位员工派发了红包，特别是在疫情防控期间，也坚持给每位员工发放慰问金。这种制度不仅满足了顺丰一线员工的工资需求，而且使顺丰能够提供以快制胜的高质量服务。

标准化操作使顺丰得以“跑得快”，但在快递行业发展逐渐成熟的当下，“快”已然成为业界标配。在“互联网 + ”时代，电商的经营模式不断变化。面对多样的顾客需求和多变的运输环境，快递公司还需深入思考如何改变原本固化的配送模式，以柔性化的服务灵活适应市场需求。

【问题】

（1）顺丰通过时间与动作研究，开展标准化作业管理，体现了哪种管理理论的思想？请具体说明。

（2）“快”已然成了业界标配，结合顺丰的管理实践，请你谈谈它是如何成为同行业领跑者的。

（3）随着用户需求的日益个性化、多样化，你认为顺丰应该继续坚持标准化还是发展柔性化？为什么？

（4）顺丰严格管理和高薪待遇的管理方式符合哪种人性假设？请具体说明。

（5）请用双因素理论分析顺丰的快递员为何能服务好片区的顾客。

4. 联想：以关怀圈粉员工

“平等、信任、欣赏、亲情”，这饱含浓浓爱意的联想企业文化，诠释了它取得全球耀眼成绩背后的奥秘。多元、包容、以人为本的联想基石，使之连续九年上榜《财富》世界五百强，荣登《福布斯》全球知名商业杂志，成为全球最被信赖的公司之一，并被评为全球最受赞赏的公司。那么，联想带领员工共创公司辉煌，靠的是什么？

联想力求营造平等的多元化文化氛围。2004 年，联想收购 IBM，因此面临东西方文化差异和思想碰撞带来的考验。为提高员工的归属感和认同感，联想在企业文化融合上通过“入模子”培训，促使员工统一价值观和行为方式。为加强员工之间的联系，联想成立了员工资源小组，根据性别、国籍、种族、经历等自我认同特征，将公司各个部门的员工联系在一起，帮助他们获得社区感，建立伙伴关系。在这种平等、多元化的文化背景下，员工的招聘、晋升和薪酬均不因种族、性别等不同而被区别对待[①]。如果员工在工作中感受到不公平，还可以与企业高管直接沟通。联想鼓励不同种族的员工开展合作活动，尊重残障员工的价值，并为他们提供合理、有效的工作便利。2021 年，联想入选“残障人士最佳工作场所”榜单。为消除职场性别偏见，联想还制定了多元、包容的文化发展战略，如设立女性领导力发展项目、成立女性领导协会等，全力支持女性员工发展， 2022 年成为中国唯一入选彭博性别平等指数（gender equality index，GEI）名单的科技企业。

联想充分尊重和信任员工。近年来，“超时加班”已经成为互联网行业的常态，但联想却旗帜鲜明地反对“996”，采取基于绩效薪酬的弹性工作制，不需要打卡上班，也没有人监督是否工作满 8 小时。员工可以根据自身情况灵活调整工作时间和地点，从而切实有效地完成工作计划。这种工作制极大激发了员工的工作热情。员工们说，在联想没有“996”，我们的工作完全靠自觉。

联想十分注重员工需求与自我价值的实现，致力于为员工搭建没有天花板的舞台。当很多企业把 35 岁视作职场红线时，联想采取了截然不同的态度。针对“35 +”群体的晋升瓶颈及新员工的职业发展问题，联想构建了“4 + 1”培训体系，向员工免费开放在线学习平台，通过职场新手课程、联想核心课程、领导力培训项目、战略人才培养课程等，为新老员工提供学习机会和实现自我的空间。不仅如此，联想还鼓励有想法的年轻人，通过内部搭建的“小强创新”平台，将团队的创意转化为产品。

---

① 联想集团. 2020/21 财年环境、社会和公司治理报告[EB/OL]. [2023-04-30]. https://esg.lenovo.com.cn/reports/index.html.

打造亲情文化也是联想文化建设的重要组成部分。通过开展高管访谈、线下沙龙和线上论坛等“文化鸡尾酒”活动，联想希望用亲情文化，促进国内外员工、高管与员工之间的沟通与了解，帮助大家融入联想大家庭。联想还推出了健康讲座、重病医疗保险补助，以及特定人群定制服务等全套健康保障体系和员工帮助计划（employee assistance program，EAP）心理咨询项目，旨在让员工更加适应跨文化的工作环境，缓解工作压力。

在加班文化盛行的当下，“996”已然成为一种常态。联想多元、包容的职场环境不仅没有磨灭员工的斗志，反而激励着每一位员工尽情发挥潜能，为公司发展做出贡献。

【问题】

（1）联想为什么要调制“平等、信任、欣赏、亲情”这杯文化鸡尾酒？请运用人际关系学说具体分析。

（2）根据双因素理论，联想是如何使员工尽情发挥潜能的？它运用了哪些激励因素？

（3）联想“多元、包容、以人为本”的做法满足了员工的哪些需求？请运用需求层次论进行分析。

（4）联想官宣“我们没有 996，但是我们在奋斗”，在“996”盛行的当下，联想却允许员工弹性选择工作时间，对此你有何看法？

5. 哔哩哔哩：“小破站”的大转型

2020 年“五四”青年节，哔哩哔哩弹幕网联合几家主流媒体共同策划推出视频《奔涌吧，后浪》。投放后 3 小时，视频的站内播放量破 100 万，两天后突破 1000 万，一度冲到当日微博热搜榜榜首，峰值关注度高达 163 万之多。哔哩哔哩（以下简称 B 站）这个原本属于二次元的小众平台，在不知不觉中开始走进主流视野。这一切都离不开 B 站对自我定位的清晰认知，及时转型。

B 站成立于 2009 年，起初是一个专注于二次元与番剧的以 ACG（即动画、漫画、游戏的合称）文化为主的社区分享平台，用户主要来源于 ACG 爱好者。由于其良好的用户体验、融洽的社区氛围和大量的资源共享，B 站于 2014—2016 年迎来快速发展期，大量的优质 UP 主（即视频上传者）和优秀作品开始涌现。其间，B 站也开始探索其商业化模式，不断发展移动端，代理二次元手游，以寻求营收。

2018 年，B 站正式在美国上市，然而，其财务报表数据却不容乐观。2018 年，B 站净亏损 5.56 亿元，2019 年净亏损高达 13.04 亿元，2020 年上半年受疫情防控影响，虽然用户数量和在线时长均呈现大幅增长，但财务方面却依然亏损。B 站此时面临营收模式单一、过度依赖游戏业务、用户集中且明显低龄化、粉丝消费能力存在一定局限性等问题，从而限制了其营收发展。为了实现多元化发展、吸纳全年龄段粉丝、拓展付费盈利渠道，B 站走上了一条转型之路。

首先是内容上的丰富。不同于昔日拘泥于二次元与宅文化圈子，B 站开设了大量分区，使得科普、美妆、历史、知识、影视等多个领域涌现出大量的优质 UP 主，极大地扩展了受众面。同时，B 站依托 UP 主培养的人气，上线自制综艺，《非正式会谈》《欢天喜地好哥们》《UP 主向前冲》等一批流量综艺应运而生。

其次是形式上的丰富。随着直播带货与短视频的兴起，B 站基于自身是 Z 世代用户聚集地的用户特点，开始重金邀请游戏主播入驻，并购买各大电竞赛事的转播权，以此为基础，培育了一大批自媒体账号。同时，因其曾是二次元网站，B 站也愈发成为虚拟主播这一新型直播主播的聚集地。B 站还致力于打造自身的短视频模式，各种各样原属于抖音、小红书、快手等平台的内容作者也开始被吸引到 B 站上投放视频，带来更多的破圈热梗。

最后是与主流媒体的合作。2018 年 7 月到 8 月，中央网络安全和信息化委员会办公室等六部门联合勒令 B 站在安卓应用商店下架。同期，文化和旅游部专项查处 B 站内含低俗内容的视频，要求其下线整改。此次整改后，B 站开始走上主流化的道路，吸引各种官方媒体纷纷入驻，不断推出与主流价值观相符合的破圈作品，并制定社区规范公约，打击各种低俗行为，价值观导向愈发走向主流视野。

时至今日，B 站也从用户口中戏称的“小破站”逐渐变成一个引领 Z 世代潮流的网络社区，而这一切都离不开 B 站做出的模式转型决策。

【问题】

（1）B 站的转型决策属于完全理性决策、有限理性决策还是直觉决策？为什么？

（2）结合案例，请具体说明 B 站做出转型决策的主要过程。

（3）B 站是如何做到从二次元的小众平台变成引领 Z 世代潮流的网络社区的？请说明做转型决策时，企业应考虑哪些因素。

6. 蔚来的未来

2023 年 3 月 1 日，蔚来公布了 2022 年全年财报，并召开线上业绩电话会。财报显示，蔚来 2022 年的营收创新高，达 492.69 亿元，同比增长 36.3%，全年交付新车 12.25 万辆，同比增长 34%。然而，其毛利率却大幅下降。2022 年，其销售成本达到 441.2 亿元，同比增长 50.5%，毛利仅 5.14 亿元，较 2021 年减少 24.6%，对应毛利率 10.4%，较上年年底的 18.9%下降了 8.5 个百分点。

面临撞到“新秀墙”的 2022 年，蔚来董事长李斌似乎并没有失去信心。2023 年 2 月 21 日，他在蔚来 App 上发文称，要修改换电站建设目标，将此前提出的 2023 年建设 400 座换电站，调整为新增 1000 座换电站，其中将会在高速公路服务区及高速口建设 400 座换电站，其余的 600 座将会部署在城区，布局在有一定用户基数但还没有换电站的三、四线城市和县城。

从 2018 年到 2022 年，蔚来花 5 年时间建设了 1305 座换电站，却计划在 2023 年新建 1000 座换电站，不得不说这是个大胆、激进的计划。为了顺利推进“千站计划”，蔚来于2023年3月在全国各地举办了300多场与用户面对面的活动，讨论“千站计划”的建站选址计划。然而，蔚来已经建成的1300多座换电站却面临数量不足与分布失衡的双重问题。它们不仅在数量上满足不了用户的需求，而且已建成的换电站大多分布在北京、上海等大城市，很多地级市甚至连一座都没有。

尽管用户需求迫切，但蔚来的计划也面临巨大的成本压力。有用户替蔚来算了一笔账：全国共有2800多个区县，38000多个乡镇街道，按3∶1配置需13000座换电站，4400多个高速服务区按2∶1配置要2200座换电站，全部布满至少要1.5万座换电站，需要投资750亿元，任重而道远。建设完成后，蔚来将面临巨量换电站用地带来的巨大租金压力。

有专家预测，随着国家电力市场改革的不断深化，换电站所带来的业务利润空间会逐渐扩大，从而创造新的商业机会。还有专家预测，蔚来可能将整个充换电业务独立上市，成为新的举足轻重的业务单元。根据蔚来App的帖子留言，用户对于“千站计划”反响热烈，认为蔚来应建设更多的超充站，借助价格或技术手段，让用户在超充和换电间进行选择，从而使充电站和换电站得到合理分配。通过实施“千站计划”，蔚来的竞争优势可能在短时间内让竞争对手难以超越。

1962年，时任美国总统约翰·肯尼迪在著名的演讲《我们选择登月》中说：“我们决定登月，并非因为它轻而易举，而是因为它困难重重。”“千站计划”会是蔚来做的困难但正确的事吗？或者这只是一个美好设想带来的错误？让我们拭目以待。

【问题】

（1）你认为蔚来的“千站计划”能否成功？请说出你的理由。

（2）请为蔚来的“千站计划”制订计划书。

（3）蔚来大力推进“千站计划”，会给蔚来和用户带来哪些改变，产生哪些影响？

7.“金字塔”会倒塌吗

美的组织结构变革

美的集团创立于1968年，目前已发展成为一家集智能家居、楼宇科技、工业技术、机器人与自动化及数字化创新业务于一身的全球化科技集团。在过去5年中，美的为全球4亿多用户和战略合作伙伴提供了令人满意的产品及服务。目前，美的在全球200多个国家和地区拥有子公司200多家、研发中心35个、主要生产基地35个，其发展离不开它从初创期、成长期到转型期的一次又一次的组织调整与变革。正如美的创始人何享健所言：“我们美的要走自己的路，我们自身要去突破，去改变。”

（1）初创期（1968—1993年）

美的成立之初是一家业务单一的企业。1981年，美的创始人何享健抓住国家改革的机遇，以美的风扇为切入点，注册“美的”商标。从此，美的正式诞生。1992年，国务院决定公开发行股票，当时大部分企业持观望态度，但何享健却认为其中蕴藏商机，力排众议，主动提出申请。在他的带领下，美的于 1993 年成为中国首个上市的乡镇企业。

（2）成长期（1994—2012 年）

然而，上市后的美的仍沿用以前的“金字塔”式的组织结构，由何享健一人掌管公司所有事务。随着产品种类的增多，面对包括风扇、空调、电饭煲在内的五大类近 200 种产品，事必躬亲的何享健逐渐感到力不从心，整个组织也开始出现管理混乱、无人负责的现象。1997 年，美的高层最终决定借鉴美国通用电气公司的组织结构，以美的五类主要产品来划分部门，每个部门都是产品责任单位，实行独立经营与核算，有着自己的产品和市场。美的组织结构的及时调整与变革，使全体员工上下同心，形成了责任共同体。2002 年，美的事业部增至 8 个。由于各个事业部各自为政，降低了资源利用效率，为此美的新增了一个管理层级，促进其快速扩张。2012 年，由于市场需求和行业政策的改变，原有的组织结构已无法快速响应市场需求，美的开始启动“双智”（智能家居 + 智能制造）发展战略，并将组织调整为 7 个平台、8 项职能、9 个事业部的结构。事业部下设立各个作战单元，由总部作为对一线作战单元赋能的平台。

（3）转型期（2013 年至今）

2013 年，美的集团实现整体上市，开始着手数字化改革。围绕产品线将组织调整为四大板块：3 个战略发展主体、4 个业务平台、8 个职能单位和 9 个事业部。各个事业部以产品为中心，享有很高的自主经营权，独立核算和经营，并自主维护市场。以产品划分的事业部，不仅有利于专业化分工、节约经营成本和沟通成本，还有利于为公司培养高级管理人才。总部则是加强对审计和法务的管理，实行财务、人事等一体化管理。2019 年，美的将其平台分为两部分：一部分是面向创新的平台职能；另一部分是偏向支撑和赋能的公共支撑平台。总部设立职能部门，各事业部或者经营体支撑组织运行。设立的五大事业群分别为智能家居事业群、机电事业群、暖通与楼宇事业群、机器人与自动化事业群、数字化创新业务事业群（见图 1.1）。2020 年，美的改组业务板块，向科技集团转型，推行“全面数字化、全面智能化”战略。

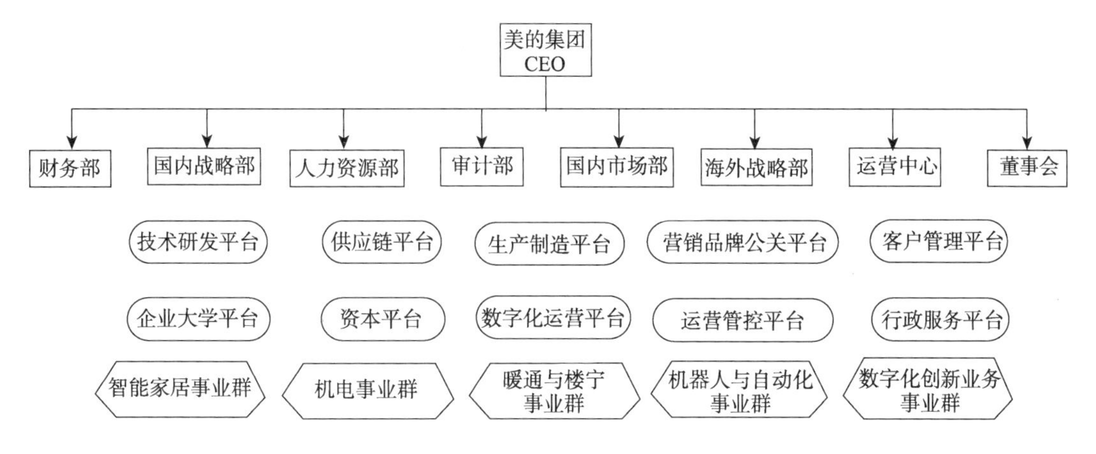

图 1.1 美的组织结构

万德斯的“星”计划

南京万德斯环保科技股份有限公司（以下简称“万德斯”）是一家以“智慧呵护生态文明”为使命，以“奋斗、创新、公正、共赢”为核心价值观，致力于技术研发创新与科技成果转化的高新技术企业。公司倡导“快乐工作，快乐学习”的原则，创设多种途径和渠道，使员工不断超越自我，建设学习型企业。

为了全面提高员工的学习效率，万德斯打造了以“新星计划”“追星计划”“群星计划”“明星计划”等项目为重点的培训体系。“新星计划”是为新入职人员进行为期两天的脱产培训；“追星计划”是为新入职人员定制的“师徒式”学习计划；“群星计划”用于公司内部培养讲师，开发内部培训课程；“明星计划”则是为企业打造一支高效的管理团队。上述“星”计划的实施，将最大限度地发挥培训功能，使之成为增强个体和企业竞争力的一种有效途径。

为构建移动学习生态圈，万德斯搭建了线上学习平台，提供包括基础知识、职业素养和职业技能等内容的线上课程。线上课程凭借其灵活性、开放性、不受时间和空间限制的特点，激发了员工的自主学习热情，为员工实现自身目标搭建了平台。

万德斯还通过设置多重奖励，进一步激发员工的学习热情。员工可以通过网上学习获取相应的积分，来兑换自己喜爱的礼物。公司环保技术总监还会亲自为学习积分排名前三的员工颁发奖品。在这种模式下，员工既获得了知识，又获得了成就感，享受着快乐学习的组织氛围。

万德斯始终将提升员工的综合素质放在首位。为鼓励知识内部共享，万德斯积极营造良好的学习氛围。公司号召全体员工设立“共享书屋”，在公司职工活动中心面向全体员工开放，鼓励员工通过各种学习途径提升自我、超越自我，实现员工与企业的和谐发展。

海尔之小微

海尔成立于1984年，从一家欠下巨额债务的电冰箱厂，发展成拥有全球十佳智能家电品牌的国际知名企业。海尔在其发展过程中，经历了从全球品牌战略到小微企业网络化战略的转变，并提出了共创共赢的人单合一双赢商业模式。在人单合一双赢模式中，“人”是指员工，“单”是指用户的需求，这一模式打破了传统的管理思维，把传统的制造企业转变成平台管理公司，通过用户驱动达到动态均衡，最终实现员工自我价值和用户价值的融合。

为适应这一全新的商业模式与公司的多次战略转型，海尔致力于组织结构的不断变革，用纵横交错的网状关系取代原有的传统单向链条式的关系，实现价值链向价值网的逐步转化。在企业平台化、用户个性化、员工创客化战略指引下，海尔进入了小微、创客阶段。海尔把整个企业集团分解成并联的、灵活的和员工自主管理运营的小微企业，在物联网平台上通过公开的共享平台，与用户直接对接，将组织变革的重心放在实现物联网时代的零距离、去中心化和分布式网络上。为此，海尔需要建立扁平化的组织结构，在整个组织范围内进行资源分配，而不是由总部对资源进行掌控。海尔小微企业组织结构灵活，适应性强，一般由一人至几十人不等的小微主、创客、平台主所组成。他们以“单”聚散，自由进行选择和组合，自主经营，自负盈亏。根据各小微企业的特点，一般可将其分为创业小微、转型小微和生态小微。目前，在海尔打造的共享、开放式创业平台上，已有 200 多家创业小微企业、4000 多个小微节点、100 多万个微店。大量的资源和人才集聚在海尔这个开放的大平台上，为海尔创造出更大的商业价值。

【问题】

（1）结合美的组织结构演变，说明其组织变革的动因。在变革过程中，美的采用了哪些组织结构类型？它的平台事业部制组织结构能适应数智时代的发展需要吗？

（2）万德斯是如何打造学习型组织的？请根据学习型组织的特征予以分析，并给出完善的建议。

（3）海尔的小微企业是如何实现无边界组织设计的？它采用的是虚拟组织还是网络组织？

（4）访问美的、万德斯、海尔的官方网站，结合案例中的材料，推测它们未来可能采用什么样的组织结构。

8. 魏建军和他的“长城”

从时尚先生到沙漠车神，堪称汽车圈内“流量明星”的魏建军，是长城汽车股份有限公司（简称长城汽车）的掌门人。军人家庭出身的他，管理风格就两个字：严谨。

1990 年魏建军接手时，长城汽车还只是一家汽车改装企业，当时员工只有 60 人。在员工心目中，他属于那种“天不怕地不怕”的人。为了让处于亏损困境的公司起死回生，凭着对汽车的挚爱，他跑遍全国，远赴美国和东南亚，终于发现了新的商机：皮卡车！魏建军决定放手一搏，生产皮卡车——迪尔。凭借该车型价格低、能拉人、能装货的优点，长城汽车在当时我国城镇化大潮中崭露头角。

在我国加入世界贸易组织（Word Trade Organization，WTO）后，许多企业面临一场“大溃败”，可汽车消费却迎来了前所未有的井喷式发展。然而，由于缺乏核心技术、经营不善，大部分利润被外资企业赚取，长城汽车也陷入同样的困境。魏建军深知，不能贪大求全，要在一个领域做专、做精，才能真正做大、做强。于是，他再次推陈出新，决定打造一款 SUV 新车型——塞弗。该车型入门款以低于 8 万元的售价，创下了长城汽车“让穿平底鞋的消费者也能开得起 SUV”的神话。2003 年，长城汽车一举夺得国内皮卡和 SUV 市场的销量冠军，并连续 10 余年蝉联该纪录。

为了实现更有效的管理，魏建军开始建立相应的制度与规则。他率先垂范，成为践行者。员工们称他是“吃粗粮，干细活”的老黄牛。每天清晨，人们都能看到他比第一批员工早到工厂，先出席早晨例会，然后到工厂车间巡视，是名副其实的公司“巡检员”。由于汽车质量关乎人的生命安全，作为长城汽车的“首席产品经理”，长城汽车总部曾有一层车库停满了公司生产的各种汽车，供他拆装。他很少缺席公司每周四举行的评价对策会，根据市场反馈的问题提出对策，并在下一周提交解决方案。作为军人的后代，魏建军行事雷厉风行，坚持效率第一，在长城汽车内部推行军事化管理，并辅以严格的奖惩制度。独一无二的权威和严厉的作风，让魏建军博得了“魏监狱长”的绰号。有人说，在长城汽车做到总监职位，就成了半个军人。

然而，公司发展从来没有“一招鲜吃遍天”的先例。2019 年，几乎快倒闭的特斯拉在电动汽车行业掀起了狂潮，燃油车百年以来积累的技术壁垒在一夜之间被打破。所有人都在讲着“弯道超车”，甚至是“弯道换车”的故事。魏建军和他率领的长城汽车，也身处电动化、网联化、智能化、共享化的变局之中。他清醒地认识到，全球已迎来百年未有的大变局，如果我们看不到颠覆性的变化，那被颠覆的必定是我们。魏建军拥抱变局，踏实前行。他的改革目标很清晰，即打造一个基于产业互联网的、开放式的生态平台。一辆汽车拥有上万个零部件和上亿行代码，涉及上千家供应商。魏建军意识到，要实现改革目标，必须做到：第一，就是要团结一切可以团结的力量；第二，就是以市场和用户为导向生产产品。在此目标下，长城汽车旗下的纯电动品牌欧拉于 2018 年正式诞生。为了更直接地了解用户的需求与建议，魏建军还开放了自己的邮箱来接收客户的反馈。在一次哈弗 B06 的网络征名活动中，最后居然是哈弗大狗凭借最高票数，成为这款车型的名字。可见，长城汽车许多工作的决策已经不在高层，而是由作战群来决定。魏建军还时刻提醒自己和同事要低调行事。他深知，在这个高增长与高风险并存的发展阶段，如果懈怠，等待长城汽车的就只有“倒下”。

魏建军从一线退出后，重点做了三件事。第一件事，就是分“利”。在他看来，分钱、分权、分荣誉，实际上也是分责任。通过股权激励，公司可以让员工真正成为其“创业者”“合伙人”及“利益共同体”，让他们相信，跟随魏建军，不是为了他，而是在为自己奋斗。第二件事，就是“去总化”。魏建军发现，年轻人见了领导都不敢说话，于是，他让大家叫他“军哥”。“去总化”营造了公司员工愿意发表自己观点与想法的良好氛围。第三件事，就是从“战火”中选拔人才。只有处在战斗前线的优秀人才，才能真正了解用户需要和市场需求。为此，魏建军设立了“全球人才活水计划”，让听得见炮声的人来决策，实行大规模的岗位轮换，让年轻人到最艰苦、最具挑战的前线去锻炼，把从一线中涌现出来的有胆识、有能力的人调到更重要的岗位上。

在过去的 30 年中，魏建军更多的是以其自身的个性和价值观作为“土壤”，培植了长城汽车的企业文化。从创业初期到现在，他的梦想只有一个，那就是让中国的“长城”，变成世界的“长城”。

【问题】

（1）魏建军的什么领导特质造就了他让中国的“长城”变成世界的“长城”？

（2）魏建军采取了何种领导方式？请运用领导权变理论进行分析，并加以佐证。

（3）魏建军的分“利”、“去总化”和从“战火”中选拔人才的做法，体现了什么样的管理思想？

（4）“如果我们看不到颠覆性的变化，那被颠覆的必定是我们”，请你谈谈对这句话的理解。在全球大变局的今天，你认为未来的领导者应该怎么做？

9. 吉利的“人才森林”

吉利从“造大众买得起的好车”一跃成为“造每个人的精品车”的世界500强企业，其成功离不开“人才森林”的建设。吉利注重内生型人才培养，精心打造有温度的人才培养体系，从“大雁计划”、“2521”甄别机制、奋斗者追赶计划、蓝海计划、活力计划，到全职业生命周期关爱计划等，建立了与员工能力相适应的共生共融人才森林生态系统，吸引了来自世界各国与吉利有着相同价值观的精英人才。

“大雁计划”是吉利独创的内生型人才梯队培养机制。该计划把人才分为四类：刚进入公司的实习生属于“雏雁”；经过一年历练的应届毕业生属于“大雁”；经过3～5年的磨炼，一部分大雁成长为“飞雁”；再经过5年拼搏，一些标杆人才会脱颖而出，成为“金雁”（见图1.2）。吉利最高荣誉——第十七届书福奖的获得者、副总经理李劲峰就是从普通工人成长为企业高管的典型代表。他的身上充分展现了大雁团队“目标坚定、志存高远、自发合作、主动补位”的特点。目前，吉利内生型人才总数已经超过所有员工的1/5，为吉利“人才森林”的建设奠定了坚实的根基。

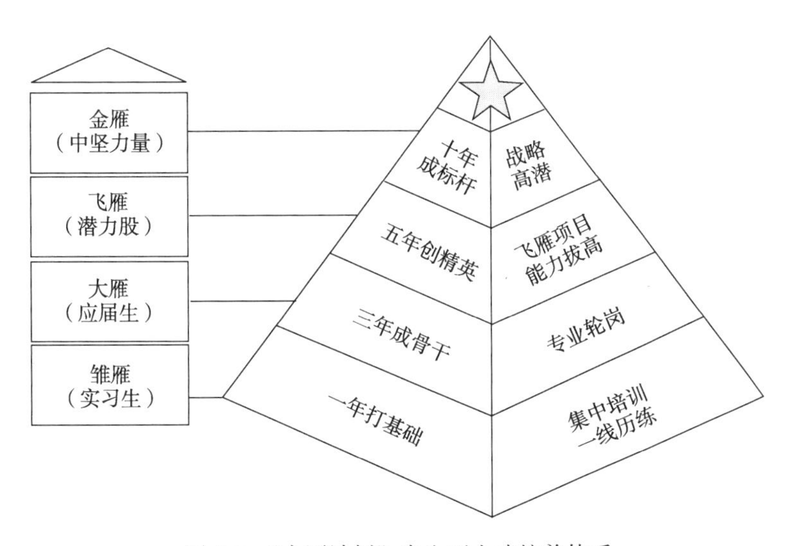

图1.2　“大雁计划”内生型人才培养体系

“大雁计划”实施后，企业通过对员工敬业度的长期调查发现，吉利各部门员工遵循着“2521”的分布规律，即前20%的员工是优秀的，50%的员工是合格的，20%的员工是需要帮扶的，最后10%长期处于低绩效状态的员工是不能胜任岗位的。基于“2521”甄别机制和CPV（capability performance value）评价模型，吉利人力资源部根据员工的绩效贡献划分等级，建立了星级奋斗者激励机制。对绩效特别优异的员工，提供更好的待遇及晋升机会；对后10%的员工也不是简单的“末位淘汰”，而是让“暂时落后”的员工通过“奋斗者追赶计划”参加相关职业技能培训，培训合格者可以重返工作岗位，培训后若仍不能胜任工作，将予以淘汰。

在员工们看来，培训是吉利给员工最好的福利。2020年年初疫情的暴发和不断扩散，引发了全球性的公共危机，也加剧了吉利员工的焦虑、懈怠。对此，吉利果断决定，将“2521”的员工绩效考核机制转变成“2422”，创建了奋斗者追赶营，推出全新的“蓝海计划”。其目的是在工作负荷低的同时，抓紧时间对员工进行培训，激发其潜力。该计划为公司不同部门提供针对性的培训内容，采用了问题解决、训战结合、自主学习等不同模式。

为了激发关键岗位上的员工始终充满活力地工作，吉利引入了“活力计划”这一内部人才轮转机制。该计划秉持成就员工的理念，通过轮岗使员工走出温水煮青蛙的舒适区，不断寻找更适合自己的岗位，培养一专多能的人才。优秀人才的流动，使吉利的整体管理效率大幅提升。

随着工作强度的增加，吉利的管理人员也努力打造让员工宾至如归的工作环境。吉利总裁安聪慧发现，由于担心孩子在幼儿园没人接，员工们总会在临近下班前的一小时走神。为解除他们的后顾之忧，吉利建立了多所“吉利幼儿园”，并制订了与员工工作时间一样的时间表。从此之后，无论员工几点下班，幼儿园都会有老师照顾孩子。

吉利的管理者不仅把自己放在员工的位置上，而且从员工的角度，设计了一套从员工入职到退休的“全职业生命周期关爱计划”。在入职时，为员工发放新人大礼包、提供入职辅导、开展“梦启航”活动等，以此提升员工对公司的归属感；在试用期间，通过培训新员工、签订师傅带徒弟协议、建立导师制、绩效辅导、组织新员工座谈会等方式，帮助员工更快地融入团队；在职业发展阶段，公司将提供个性化、体验式的培训服务，以及共享服务产品和管理平台，提升员工的综合能力和专业能力，并设立任职资格制度，建设星级发展通道，提供内部轮换和国际化轮换的机会，提高员工的获得感和成就感。

吉利倡导员工要快乐工作、快乐生活，并将每年的6月26日定为员工关爱日。针对军人家属、少数民族、留学回国人员、志愿者、先进标杆等员工群体，吉利精心打造超乎预期的关怀体验。据统计，除了基本的社会保障外，吉利每年都会为员工及其配偶、父母、子女投保，包括意外/疾病身故、重疾及门（急）诊等。到2019年年底，商业保险已覆盖吉利22万名员工及其家属，涵盖2.2万多个家庭、111名员工子女教育援助，资助金额达49.7万元。

吉利秉承“寻找同路人”的核心用人理念，提倡“尊重、适应、包容、融合”的企业文化，吸引了来自世界各地的精英。吉利之所以能够快速发展，离不开其健全的人才培养系统和开放的用人观念。也正是在持续的探索、创新过程中，吉利才逐步建立了自身独特的“人才森林”。

【问题】

（1）“大雁计划”中的雏雁、大雁、飞雁、金雁分别对应着需求层次论中的哪一个层次？

（2）吉利推行了大雁计划、“2521”甄别机制、奋斗者追赶计划、蓝海计划、活力计划、全职业生命周期关爱计划等一系列人才培养机制，请运用相关激励理论分析这些激励计划为什么有效。

（3）大雁团队具有“目标坚定、志存高远、自发合作、主动补位”的特点，请运用成就需要理论进行分析。

（4）“2521”到“2422”甄别和考核机制的转变，为什么能进一步激发员工的潜力？

（5）从吉利人才森林生态系统中，你认为是什么吸引着来自世界各地优秀人才的加入，从而使吉利走向成功的？

10. 京东：仓配协同，高效物流

号称拥有“亚洲一号”大型智能仓库的京东，凭借业内领先的大规模、高智能物流仓配网，使京东物流的自营配送服务覆盖了全国99%的人口，当日达或次日达服务也成为其高效物流的真实写照。为了满足消费者更具个性化、多样化、高品质化的要求，京东物流建设了以仓储为核心、六大网络（仓储网络、配送网络、综合运输网络、冷链网络、大件网络及跨境网络）高效协同的数智化物流网络[①]。独创推行的“云仓”模式，加上自身拥有的自营核心资源，使京东物流在国内一体化供应链物流服务市场中独占鳌头。那么，京东物流是如何通过有效控制，实现仓配协同的呢？

（1）精准化商品采购

为保证商品质量，京东坚持源头采购，从采购、运输一直到仓储的全过程，均实施高标准的作业流程，并配有智能运输设备，以实现物流全程可追溯。前期，京东通过运筹优化算法对顾客需求进行精准预测，科学确定商家入仓的商品种类及数量，做出合理的采购规划，以降低商品滞销和积压风险。在销售过程中，为了避免在用户下单时出现缺货现象，京东授权供应商自动补货，同时采购人员也会根据前端的商品销售情况及时补货。京东还会根据价格变动后商品的流量变化、库存周转情况及风险控制平台，对商品定价的合理性进行评估和修正。

（2）智能化库存规划

在仓储环节，京东采用自营仓配型物流模式，打造了以仓储为核心的高效协同物流网络。目前，京东拥有超1500个仓库，总仓储面积超过3000万平方米，凭借数智化能力实现商品、库存、订单全部可视化，实现了订单与库存之间的有效协同。京东将预测算法、库存模型和大数据应用到库存管理系统中，通过需求预测来确保在用户下单前将商品送至离消费者最近的仓库，并利用大数据进行合理的仓网、库存规划，力求在库存最小化和营运资金有效利用及提高库存率之间达到平衡，使客户体验更优。这一高效协同物流网络，有效降低了货品滞销和积压的风险，避免了因订单大幅增加物流爆仓的情

① 中国贸促会研究院. 一体化供应链物流服务发展白皮书[EB/OL]. [2023-04-30]. https://www.xdyanbao.com/doc/ra0zdx1k14.

况，提高了周转效率，实现了降本增效。

（3）精细化入库管理

入库前，京东会先对商品进行抽检，尤其是生鲜商品，并给每件商品贴上条形码以便后续识别。京东还建立了存货盘点清查制度，采取定期与不定期盘点相结合的方式，对商品数量及质量进行抽查，抽查比率大于 20%。入库后，管理人员通过扫描条形码，将商品信息实时传入仓储设备控制系统，以实现对库存商品的可视化管理。用户下单后，仓库管理人员无须核对商品名称，便可直接根据系统记录到相应货架取货。为了方便拿取，商品通常不按类别摆放，而是根据销量，将底部区域和靠近通道的货架留给畅销商品，同时根据历史数据，将相关度高的商品摆放在一起。在促销期间，库存位置也会同步改变，以满足商品促销过程中的快速拣选需求。

（4）可视化物流追踪

在运输环节，京东采用可视化物流追踪系统，其信息系统连接了所有用户、资金及每一件商品。依靠地理信息系统，管理人员随时可以在系统中查询配送路线、车辆位置信息、包裹分配时间、客户交接时间等后台数据，以实现对物流运行状况的实时控制。通过分析这些数据，管理人员可以合理地调配服务区域的工作人员，从而有效节省运输时间，优化配送流程。

（5）多元化配送设备

在配送环节，京东采用去中心化网络的方式，在计算出社会成本最优方案后，系统会自动将订单信息传达至最靠近消费者的网点，再由该网点进行配送。截至目前，京东物流拥有约 20 万名配送人员和 700 余辆智能快递车。为打通“最后一公里”和提供“最后 100 米”的末端配送服务，京东也加快了在机器人、无人机配送领域的探索与布局，以更好地满足农村电商物流需求。目前，京东物流无人配送已经覆盖了城市社区、办公楼宇、商业园区、酒店、公寓住宅、校园、商超、门店 8 大场景①。

长期以来，京东物流始终坚持“体验为本、技术驱动、效率制胜”的核心发展战略，形成了辐射全国的物流网络，为消费者提供高效而温暖的高品质物流服务。凭借全国第一的仓网数量及高度协同的多层级物流基础设施和仓配网络，京东物流的自营配送服务覆盖了全国 99%的人口，94%的区县和 84%的乡镇可实现当日达或次日达，真正做到了高质高效。

【问题】

（1）京东的物流管理采用了哪些控制方法？请具体说明。

（2）京东物流是如何通过有效控制，实现仓配协同的？请列出其基本的控制步骤。

（3）京东是如何做到一体化供应链物流实时控制的？其体现了哪些控制的基本要求？

---

① 京东物流官网. 智能快递车亮相首届数贸会,京东物流无人配送覆盖 8 大场景[EB/OL]. [2023-04-30]. https://www.jdl.com/news/2678/content00964?type=0.

（4）京东物流始终坚持“体验为本、技术驱动、效率制胜”的核心发展战略，这一战略是如何影响其进行有效控制的？

11. 小小的直播间也需要管理吗

有人说，微信和支付宝改变了我们的支付方式，而线上直播的出现，更是彻底地改变了我们的消费方式。现在，我们常常会看到，一位位带货能力超强的头部主播引领出的一个个节日销售狂潮。然而，其背后离不开整个直播团队的努力，更离不开直播间的管理。

一场好的直播，必须有好的直播计划。直播间的战斗，往往在直播前很久就开始了。无论是选品、定价，还是根据客观条件进行的直播内容安排，什么时机推什么产品，什么时机用优惠留住观众，都需要广泛的调研和论证，在大数据的帮助下制订精准的计划。为什么我们会在想要某件产品的时候正好刷到头部主播的产品呢？其实，我们的需求早就在直播间的计划中了。

要做出如此周密的计划和充满趣味的直播内容，离不开一支专业团队。一场直播，看似只有一个主播，实际上却是很多工作人员共同努力的成果。直播间需要许多人同时工作运转——需要有人负责设备检查、产品链接的打开或置顶、随时注意主播用词以避免直播间被封掉……最重要的是主播旁边的助理。与主播配合默契的助理可以调动直播间气氛，吸引消费者愿意耐着性子观看产品介绍，还要在主播偶尔离开的一两分钟内，保持直播间的节奏，减少观众的流失。

孤木不成林。离开了好的团队，离开了好的帮手，即使主播能力再强，也无法单枪匹马主导商海沉浮，因此更需要头部主播或者直播间的主要管理者，有能力领导团队更好地前进。

小李作为某宝的头部主播，每播一场都能赚取很多收益，这得益于小李较高的主播素养及助理小付的默契配合。突如其来的成功让他沉浸其中，忽视了对团队的奖励，导致直播团队和助理小付被对家高薪挖走。这一突发的变故使小李频频出错，直播效果也大不如前。小李很苦恼，他决定停播一段时间，等调整好工作对接再继续直播。

小李的这一做法无疑是正确的。经过认真思考，小李认为团队中的大多数人被高薪挖走，是因为小李团队暴富后，没有及时给团队幕后工作人员涨薪，他们心里很不平衡。于是，他决定调整激励方式。小李承诺给他们按点加薪，直播团队收益越高，工作人员的工资也就越高。这一举措较好地安抚了工作人员，直播工作的难题得以解决。

好的带货主播并不少见，然而，许多头部主播湮没在了成功后的膨胀与错误带来的舆论压力之中。再火爆的直播间，能力再强的主播，如果不能从失败中学习，及时调整和控制整个流程，不断更新直播内容，即使有再好的直播效果，也不具有复现性，只不过是昙花一现罢了。

【问题】

（1）假如你是某直播间的负责人，以某类商品为例，说说你将如何在大数据时代制订精准的直播计划。

（2）如果你是主播的助理，你会采用什么样的沟通方式调动直播间气氛？

（3）作为直播专业团队的主播，你将如何改变激励方法？又如何有效控制整个流程？

12. 同济医院：一体化管理，同品质医疗

华中科技大学同济医学院附属同济医院（以下简称同济医院）创建于1900年，是一家英才名医荟萃、医疗技术精湛、诊疗设备先进、管理卓越的集医疗、教学、科研、公共卫生于一体的现代化综合性医院，综合实力居国内医院前列。同济医院着力打造质量强院，通过持续的管理创新，推出了具有同济特色的多院区管理新模式。

同济医院"一院三区"（汉口院区、光谷院区和中法新城院区）的物理格局，使得多院区存在同质管理难、品牌建立难、文化整合难、成本管控难、人员调动难的问题。为此，同济医院在三院区实施"一体化管理，同品质医疗"发展模式。"一体化管理"具体指"六个一"，即医疗管理一体化、人力资源一体化、行政管理一体化、文化建设一体化、运营保障一体化、信息系统一体化。三个院区实行人、财、物统一管理，采取统分结合的绩效管理模式，所有工作人员统一调配，财务、信息、后勤等统一管理，以确保医务人员、医疗流程、服务品质的同质化，树立同舟共济的同济品牌形象。

在医疗管理上，同济医院三个院区实行统一质量管理标准，通用定期质量简报、医疗工作例会等机制，构建系统化、信息化、精准化"三位一体"医疗质量管理平台，实现绩效考核、制度流程、医疗监管、服务体系、环节质控一体化。

在人力资源上，同济医院在三个院区定期轮换主要领导、管理负责人，定期轮岗运营、行政和医务人员，统一管理同一科主任并按需长驻新院区，要求所有二、三级教授每周至少有一个专家门诊时间在新院区（光谷院区或中法新城院区）坐诊，统一招聘、培训和考核所有医务人员。

在行政管理上，三个院区实行"同一品牌、同一法人、同一制度、同一人员、同一保障、同一班子"的管理模式，统一调配工作人员，统一管理财务、后勤、信息等，使各院区在业务流程、管理制度和服务水平等方面保持一致。

在文化建设上，三个院区实行文化谱系一体化、外观设计一体化。各院区秉持同一理念、同一风格进行建筑设计，在公共区域、病房使用同一套视觉形象识别系统，保持相同的色调搭配和装饰风格，建立一体化的视觉感知系统和文化感受。

在运营保障上，三个院区实行统一管理标准，包括运营管理一体化、后勤保障一体化、招标采购一体化、物资药品一体化。例如，大型医疗设备联合招标、统一采购，医疗标本运输采取定时定点管理，药品和物资供应实行集中配送，各院区间安排职工免费

通勤车与患者转运车。医院建立了临床共享服务中心和运营共享服务中心，助力多院区的精细化运营管理。

在信息系统上，同济医院创建“同济云”多院区一体化信息平台，通过平台的“五个一”（一张卡、一个数据库、一套信息系统、一套数据标准、一张专网）建设，实现三个院区信息的互联互通，成为国内上线较早、规模较大的大型医院云平台。“同济云”提供一系列的共享服务中心，支持跨院区就诊、床位预约、检验检查预约、阅片、病历调阅、结算等，实现了多个院区线上与线下业务的一体化。

为真正实现多院区同品质医疗，同济医院构建了“垂直化＋扁平化”的质管组织结构，实行条块结合的管理模式，在各院区设领导团队，医院领导班子成员担任负责人。在光谷院区和中法新城院区设综合办公室，负责人由院办公室兼任主任；将医务处、护理部、门诊办公室整合成医疗办公室，由医务处副职兼任主任，负责日常医疗管理；医务部门和各科室采取统一的质量管理标准，定期对三个院区进行同步质控监督；各专科实行垂直化管理，统一布局，院区统筹设置病区，均由同一科主任负责管理。所有人员统一管理，科室副主任、高级职称医务人员在三个院区轮转驻点。三个院区同一专科实行同一党（总）支部，同一科护士长，同一核心组，同一人力资源，同一成本运营，同一绩效核算①。

为使患者及时就医、高效看病，同济医院以物联网、云计算、大数据等新兴技术为支撑，在“同济云”平台建立医疗资源调度、临床和运营三大共享服务中心，实现跨院区的人、财、物统一调配。患者可就近选择院区就诊，标本通过转运车运至主院区实验室集中检测出报告，检查影像由主院区医师远程阅片写报告。2021 年度，医院跨院区入院证月均超 5000 份，跨院区检验检查月均超 30000 人次。通过数字化技术，同济医院真正做到了管理归一、数据归一、流程归一，提升了医院的资源利用率和患者就医的获得感。

【问题】

（1）同济医院在多院区实施的“一体化管理”，体现了哪些管理职能？为什么？

（2）同济医院的“垂直化＋扁平化”质管组织结构，属于何种组织结构类型？它对于实现“一体化管理，同品质医疗”有效吗？为什么？

（3）如果你是同济医院的一名高层、中层或基层管理者，请从医疗管理、人力资源、行政管理、文化建设、运营保障、信息系统等方面，提出进一步完善多院区“一体化管理”的建议。

13. 华为授权：彻底拯救自己

华为在创业初期，采取“大权独揽，小权分散”的授权方式。任正非凡事都亲力亲

---

① 中国卫生杂志. 武汉同济医院：一体化管理实现同质化医疗[EB/OL]. [2023-4-30]. https://mp.weixin.qq.com/s/U4JYDEDM_qgVpJu3WabpSg.

为，事必躬亲。军人出身的他，凭着强大的意志力和果断的决策力，使华为得以生存、发展起来。然而，随着公司规模的扩大，任正非发现：管理者疲于奔命，整天有忙不完的工作，自己很辛苦，而下级似乎无事可做。可见，合理地将权力下放给下属十分重要。若下属得不到授权，很多工作就无法开展。

作为管理者，任正非认为要善于授权。他将公司在发展战略、文化建设等重大问题上的决策权牢牢掌握在自己手中，而将研发、干部任用、薪酬分配等方面的权力充分下放。不仅如此，华为还力求使决策进一步规范化和制度化。

在重要的研发项目立项会议上，只要“工兵型领袖”郑宝用说一句“任总，这个会你不用参加了，我会把结果告诉你的”，任正非会立即离开会场，让郑宝用全权负责会议，进行讨论并做出相关决定。正是因为任正非善于授权，才使得像郑宝用这样的管理者的才能被充分地挖掘出来。

任正非强调管理者要敢于授权，不要将大事小事都揽在自己身上，搞个人英雄主义。他还形象地打了一个比喻：“就像一列火车从广州开到北京，有数百人搬了道岔，有数十个司机接力，不能说最后一个驾车到达北京的人就是英雄。任何一个希望自己在流程中贡献最大、青史留名的人，一定会成为黄河的壶口瀑布，成为流程的阻力！”

智慧的管理者应该学会有效授权，做一个聪明的懒人。在一次华为市场部高层会议上，市场部的“领头羊”孙亚芳正在和副总们讨论人力资源和市场策略的相关事宜。此时，任正非走进会议室，突然打断众人的交谈，厉声说道：“市场部应该选那些有狼性的干部，你们的某办事处主任，我认为这样的干部就不能晋升。”任正非话音刚落，孙亚芳就站起身来说：“老板，他不是你说的这样子，你对他不了解，不能用这种眼光来看他。”任正非沉默了一会儿，转身离开时说了一句：“你们接着讨论吧。”经过此事之后，任正非强调管理要下沉，给予中层、基层管理者较大的决策权。任正非不但没有打压孙亚芳，反而听取了她的意见，后来将该办事处主任提拔成了华为的副总裁。

华为不单单是让听得见“炮火”的人决策，其充分授权还体现在用人不疑、疑人不用上。对于那些有才华、有能力的人，任正非大胆放权。他将权力下放给那些还未走出校门的实习生，让他们负责数百万美金项目的研发；让几个年轻人来负责公司的运营；让 30 岁以下且毫无国外市场经验的销售和研发人员去国外开拓市场。这并不是因为公司无人可用，而是公司信任他们。

任正非常说：“授权不等于彻底放权，如果把权力都放出去了，那企业还要管理者做什么？”对于一些不称职的领导人员，任正非认为，在竞争越发激烈的市场上，没有哪一个公司能够担保自己是“战场”上的“常胜将军”。对公司内“摸鱼”的员工，要以责任制来淘汰；对懈怠的部门负责人，要进行处分；对绩效高的部门负责人，要进行嘉奖。华为之所以对领导干部如此严厉，就是要保证每个人在领导岗位上都有担当。任正非对华为的领导们反复强调，如果团队出了问题，领导要敢于负责，不能把责任推到下属身上。

华为一路走来，若不是对那些“稚气外露”的华为人给予了足够的信任，若不是对那些“懈怠”的华为人给予了严格的监管，怎么会有今天的成就？正是任正非的充分信任，很多华为人愿意承担风险，艰苦奋斗，并在短短十年的时间内，奠定了华为举世瞩目的地位。

【问题】

（1）华为是如何进行有效授权的？请举例说明。

（2）“授权不等于彻底放权”，你如何理解这句话？为什么说授权并不意味着授责？

（3）松下幸之助说：“用他，就要信任他；如果不信任他，就不要用他。”这句话体现了什么授权原则？请结合案例材料具体分析。

14. 让数据跑起来

随着财政资金的投入与教育资金的多元化，高校的财务管理呈现出业务内容多、金额大、涉及面广的特点。互联网时代对高校财务管理提出了更高的要求。因此，中国地质大学（武汉）（以下简称地大）于 2021 年启动管理与服务机构改革，成立财务与资产管理部，将原来的财务处、国有资产监督管理委员会办公室、国有经营性资产监督管理委员会办公室、采购与招标管理中心合并，以优化财务监管工作流程，创新财务管理机制。财务与资产管理部设有 10 个科室，统筹进行学校财务会计、采购招标事务及学校行政事业性国有资产、经营性国有资产的监督管理，提升学校财经持续保障能力、财经治理能力和财经服务水平。

“排长队，报账难”，曾经是高校财务报销的形象写照。无论是天不亮就赶来排队等待报销的师生，还是为报销满负荷工作的财务人员，大家都牢骚满腹。为了解决“排长队，报账难”这一困扰高校财务报销工作的大难题，地大财务处首先启动师生的身份认证，并对网上银行的支付系统等进行了信息化改造。2015 年，地大在武汉高校中率先推出了网上报账系统，为广大师生带来了全新的财务报账体验。学校的专项资金、地调财务等的会计核算也被整合到了网上报账系统，从而形成了一个集预算、核算和决算于一体的财务管理服务信息平台，同时还开通了网上缴费、银校直联、预算管理、财务查询、酬金发放、一卡通等功能，为师生提供了更快捷、便利和全面的服务。

一系列智能举措的出台，极大缩短了师生的报账时间。然而，对于非财务专业的高校师生而言，由于高校的会计业务和会计体系比较复杂，加上会计业务流程尚未完全实现标准化、信息化，难免会出现一些因政策理解不透彻、网上填报信息后仍需要人工手动修正等实际问题，直接影响了“互联网＋”新型会计报销模式的实施效果。为了解决财务报销“最后一米”的发展难题，2017 年，地大在教育部直属高校中，率先上线会计标准化建设系统。该系统针对普通财务、地调财务、后勤财务、医院财务等不同的业务板块进行会计核算标准化管理，进一步推动学校的财经管理智能化建设，用通俗易懂的图片将报销制度、报销流程以信息化的方式呈现，让师生少跑路、少签字、少盖章，实现了“让数据多跑路，师生少跑腿”，提高了一次报销的成功率。

为进一步推进财务管理服务改革，切实解决师生报销交单时间与地点受限的问题，2020年，地大在两个校区推出了24小时、365天不停歇的报销单投递机，为广大师生提供全天候的报销单据接收服务，极大提高了师生财务业务的办理效率。为了简化审批手续，2022年，地大正式上线在线审批系统（C端+移动端），增加了各类管理系统功能，简化了科研经费上账和发票开具等流程，让师生少跑腿，为教师有更多的时间潜心教学与科研营造了良好的外部环境。

为向服务单位提供“零距离”的专业化财务服务，财务与资产管理部全面启动财经对口服务工作，扩大服务范围，2022年下半年，开始开展“一对一”的专人对口服务。财务与资产管理部每位员工都会与一个学院和管理服务机构“结对子”，通过“一对一”的沟通联系机制，为广大师生提供全方位、细致周到的服务。

财务与资产管理部通过规范的管理、有温度的措施，为师生提供更贴心、优质和精准的服务，为学校教学与科学研究健康、稳定发展提供了财务保障。

【问题】

（1）地大财务管理改革的动因是什么？

（2）地大财务与资产管理部实施了哪些变革方案？（可结合结构变革、技术变革、人员变革展开回答）

（3）互联网技术对高校的财务管理工作会产生怎样的影响？请结合地大实际，给出进一步完善的方案。

15. 零差错的北京冬奥会

正当世界因疫情而冰封时，北京冬奥会如春天般如期而至。2022年2月4日晚8时，第24届冬季奥林匹克运动会在国家体育场盛大开幕。早在2008年8月8日，北京奥运会曾以恢宏磅礴的气势震撼世界。在2022年冬奥会上，在爱与光的汇聚中，晶莹剔透的冰雪五环、浪漫唯美的雪花火炬、诗意盎然的二十四节气倒计时，中国人再次向世界展现了独特而浪漫的一面。这场奥运冰雪盛会的圆满举办离不开各部门的协调配合与有效控制，尤其是承担通信服务工作的工信系统。他们凭借密切协作和周密部署，高标准、高质量地完成了通信和网络安全的各项保障任务，真正做到了“零干扰、零故障、零事故”。

（1）无线电安全保障——“零干扰”

在北京冬奥会开幕式前夕，为了防止无线电干扰隐患，无线电管理部门统筹军地频率资源，对冬奥会指挥调度、文艺演出、电视转播、科技冬奥、计时记分等所有频率需求进行审批，提供协调保障，累计为49个国家（或地区）的190家中外机构审核颁发两万余张无线电设备频率许可证和14万余枚无线电发射设备专用标签。通过汲取前5次开幕式彩排中的工作经验，冬奥会无线电安全保障指挥中心对所发现的问题逐项清零，以保证开幕式正式演出时的零瑕疵。

在保障期间，冬奥会无线电安全保障指挥中心共派出200余名无线电保障人员，启动了北京市内 21 个固定监测站，在国家体育场内及周边部署 6 个机动监测点和 9 辆移动监测车[1]，对开幕式核心区、各场馆、首都机场等重点频段进行保护性监测，排查无线电干扰隐患，并以“事不过夜”的标准处理各类突发事件。同时，还在安检口派驻 108 名无线电设备安检人员，对即将进入各场馆核心区的无线电设备进行检查，不放过任何一个细节，严防不符合规定的无线电发射设备进入核心区，从源头上彻底消除干扰隐患。

在开幕式期间，无线电管理部门向各场馆派驻专业保障团队，对直播转播、指挥调度、文艺演出等重点频段进行不间断保护性监测，15 个军地成员单位工作人员全程值守，全力保障冬奥会的无线电安全。在此期间，各单位无线电频率使用井然有序，48000 余台无线电设备工作正常，各场馆电磁环境良好可控，实现了两万余条频率分配“零差错”，38 万台（次）无线电设备“零干扰”，无线电安全保障“零失误”。

（2）信息通信保障——“零故障”

信息通信是北京冬奥会保障的重要一环。为圆满完成任务，工信系统自 3 年前就开始筹备通信保障工作。国家体育场及周边地区采用先进技术手段，87 个场馆及连接场馆的道路实现了 5G 网络全覆盖，网络容量相比 4G 扩大 20 倍以上，成为世界 5G 速率之最。同时，利用 5G 切片、小区合并、载波聚合、“IPv6＋”等技术搭建立体的多维网络，不仅为冬奥会赛事的超高清直播提供了有力的保障，还为现场工作人员、运动员及媒体记者提供了大容量、高速率、低延时的通信保障服务。

开幕式期间，场馆内近 4 万人同时使用通信网络。为实现国家体育场及周边区域通信网络的稳定运行，通信系统以最高标准、最严要求做好保障工作，提前对该区域进行网络扩容优化，通过 70 余次通信应急演练，全面开展隐患排查整治，不断调整优化通信保障预案，确保网络运行安全。除此之外，北京、河北两地共投入 1.6 万名通信保障人员，在国家体育场内外及周边区域部署应急车 13 辆、人员 144 名，全力保障开幕式期间的网络畅通。赛事期间，相关部门每日对传输线路、数据中心、通信枢纽等设施进行巡查巡检，实时开展网络监控，保证隐患问题动态清零，高效完成了通信保障工作，为这场精彩纷呈的冰雪盛会提供了安全平稳的网络环境，真正实现了冬奥会信息通信保障“零故障”。

（3）网络安全保障——“零事故”

加强网络安全是北京冬奥会顺利举行的重要保障。为此，工信系统根据保障任务要求，联合其他部门共同开展网络安全应急演练，对京冀等重点地区的网络安全隐患进行全面排查，并制定应急预案，以确保重要网络基础设施、域名系统和重点网站系统风险清零，将各类风险和隐患控制在最低。

在保障期间，网络安全应急指挥中心牵头，联合中国移动、中国电信、中国联通、京冀两地通信管理局、中国卫通、中国互联网络信息中心、阿里、腾讯等单位，工作人员 24 小时坚守在一线，开展应急值守工作，加强对重点网站和网络系统域名的连续监测，以及对恶意程序、恶意域名、黑客攻击等网络安全漏洞的防护，处置各类网络安全威胁

---

① 搜狐网. 冬奥会，通信保障“零故障”、网络安全“零漏洞！”[EB/OL].[2023-04-30]. http://news.sohu.com/a/520865738_121124371.

17 个，封堵恶意程序发送端 IP 地址 4000 余个，有效保障了冬奥会重点网站的安全稳定运行，实现了网络安全保障“零事故”。

在“天下一家”的绚烂焰火中，2022 年北京冬奥会圆满落下帷幕。作为“双奥之城”的北京，不仅给笼罩在疫情阴霾下的世界点亮了奥林匹克之光，也通过通信网络，将真实、生动、热情和富有文化底蕴的中国呈现给世界，成就了一场简约而不简单、空灵又壮观的视觉盛宴。在这场冰雪盛会中，通信服务保障是场接力赛，也是场持久战。正是工信系统千万颗扎在工作岗位上的“螺丝钉”，为冬奥会通信构筑起了坚实的屏障。

【问题】

（1）北京冬奥会的通信服务保障采用了哪些控制类型？请具体说明。

（2）在北京冬奥会上，工信系统真正做到了“零干扰、零故障、零事故”，这体现了哪些控制原理？

（3）请结合控制的步骤，具体说明工信系统是如何保障通信服务与网络安全的。

（二）微视频：与管理大师对话

1. 微信群聊，与大师对话

本书提供的微视频由师生共同创作，集各种管理理论与思想的精髓，通过解决现实世界中的管理问题，将学生置身管理大师们的对话情景中，巧妙设计人性假设、激励理论与领导理论的不断演进过程，撰写群聊脚本，并拍摄而成。

学生可以扫描书中的二维码观看 3 部 9 集微视频，或阅读 VCR 原文，分别进入人性假设篇、激励篇和领导篇的与管理大师对话情境，参与新任经理小李、高明与管理大师们对人的本性、如何有效激励员工和领导有方的讨论，并完成以下任务。

（1）第 1 部：人性假设篇

①请归纳出四种不同的人性假设观点，举例说明其不同点。

②我国古代的“性恶论”与“性善论”分别对应四种人性假设中的哪一种？我国古代什么理论或思想与复杂人假设观点相一致呢？

（2）第 2 部：激励篇

①试比较需要型、过程型和状态型激励理论的不同，影响激励的主导因素有何不同？

②你认为应该如何激励高成就需要的员工？

（3）第 3 部：领导篇

①参与管理大师们对特质理论的讨论，从华为创始人任正非身上归纳出区分领导者与非领导者的主要特质。

②身临其境体验领导行为理论、领导权变理论的应用，运用管理方格论、菲德勒模型、领导生命周期理论，说明领导的有效性受哪些因素的影响。

以上任务可以由个人或小组来完成，学生将所学知识融会贯通，通过反思、升华形成自己的认识，然后在课堂上分享各自的观点。教师点评个人或小组发言，总结人性各种假设、激励理论和领导理论的要点，解析其中的关键点，诠释激励的本质、领导权变理论的精髓等，引导学生形成辩证、批判性的思维，掌握有效激励与卓越领导的技巧。

2. VCR 原文

第 1 部　管理大师：人性假设篇

出场人物：小李、孟子、荀子、泰勒、梅奥、麦克莱兰、马斯洛、麦格雷戈、薛恩、费德勒、劳伦斯

第 1 集　经济人与社会人

链接：视频 1.1_第 1 部第 1 集
人物：小李、孟子、荀子、泰勒、梅奥

孟子：（哎哟 emoji）终于有个小年轻进来啦！

梅奥：（oh!表情包）Nice to meet you, Li.

小李：（可爱 emoji）前辈们好，我是小李。

孟子：（你好 emoji）

小李：最近，我被工作上的一些问题困扰了很久，想向前辈们学习管理方法（卑微 emoji）。

孟子：我喜欢求知若渴的年轻人。

孟子：小李，说说你的困扰吧（正经 emoji）。

小李：我最近刚刚晋升为经理。

梅奥、孟子、泰勒：（鼓掌 emoji）

小李：还不太适应管理者的角色呢……

孟子：（然后呢 emoji）

小李：我以前是一名普通的 HRBP 专员，能把自己的工作安排得井井有条。

小李：如今当了经理，却不知如何管理下属。（难受 emoji）

小李：唉！我说的话常常被下属反驳，大家都不太愿意做事。

孟子：（摸摸头 emoji）

孟子：人性之善也，犹水之就下也。

孟子：人生来都是善良的，你对他们好，他们也会对你好。（摊手 emoji）

荀子：（不 emoji）孟子此言差矣。

荀子：人之生也固小人。

荀子：这些员工不愿努力工作，乃是他们的天性。

孟子：（不 emoji）他们自己不努力工作。

孟子：其实心里呐，也是不安的。

孟子：应循循善诱。

荀子：不，化性起伪。

荀子：你得对他们多加批评才是。

泰勒：我很认同荀子的观点。

泰勒：我在米德维尔钢铁公司时，工人们普遍“磨洋工”。（思考 emoji）

泰勒：神仙都不能使他们干得快些。（摊手 emoji）

小李：那该怎么做呢？

泰勒：首选“大棒＋胡萝卜”的做法。

泰勒：用高标准定额和金钱刺激，迫使他们好好干。

孟子：（昂 emoji）

小李：我明白了。

小李：首先得把管理制度化，让大家明白做事的标准。

荀子、泰勒：（嗯嗯 emoji）

（三天后）

小李：（我回来了 emoji）大家我回来了。

泰勒：怎么样了？

梅奥、孟子、荀子：（怎么样了 emoji）

小李：我给大家立了很多规矩。

小李：定点上下班，没完成工作该批评就批评。

泰勒：效果怎么样？

小李：确实，员工们开始认真做事了。

荀子：（鼓掌 emoji）

小李：但部门氛围死气沉沉的，只能勉强完成任务。（叹气）

小李：个别有个性的员工很难管。

小李：惩罚制度对他们来说，形同虚设。

梅奥：（思考 emoji）还是应以人为中心嘛。

梅奥：泰勒，还记得你的差别计件工资制吗？

梅奥：因为过于苛刻，引发了全国工人总罢工。

泰勒：（哭泣 emoji）

孟子：（哦吼 emoji）

梅奥：员工也是人！

梅奥：所以我们要多关心员工，照顾他们的情绪。

梅奥：我做霍桑试验时，大家工作可积极了。

孟子：（认可 emoji）梅奥所说在理啊！

孟子：应该以人为本（高兴 emoji）

小李：看来，我得改变一下管理风格了。

小李：多多关心他们。

小李：大家自然会积极工作（自信 emoji）

孟子：（加油 emoji）

第 2 集 自我实现人

链接：视频 1.2_第 1 部第 2 集

人物：小李、麦克莱兰、马斯洛、麦格雷戈

小李：之前大家的提议真的有效果呢！（兴奋 emoji）

麦克莱兰：（哦？ emoji）

小李：但是平时办公室里只有老高、小刘等几位员工活跃些。

马斯洛：（说来听听 emoji）

小李：比如，张玲报了许多兴趣班，她喜欢唱歌、跳舞。

小李：她公司外的朋友多，工作能力强。

小李：但平时上班倒不怎么说话。

马斯洛：（思考/疑惑 emoji）看来张玲的社交需求已经基本满足了，这对她的吸引不大。

麦克莱兰：归属需要对她更重要。

马斯洛：是的。

麦克莱兰：是的。

小李：经你们这么一说，有点儿道理。

马斯洛：那当然。

小李：按理说她应该能很快完成工作任务。

麦克莱兰：（+1 emoji）

小李：但最近也不知道她在忙什么。（疑惑 emoji）

小李：都一周了，竟然还没有把报告交给我。

麦格雷戈：（思考 emoji）（what!！ emoji）那你们平日里相处得如何呢？

小李：挺愉快的呀（嘻嘻 emoji）。

麦格雷戈：其实，每个人都愿意努力工作，也能自我管理。（工作管理 emoji）

马斯洛：（赞同 emoji）
麦克莱兰：或许是权力需要没有满足吧。（好笑 emoji）
小李：（瑟瑟发抖 emoji）行，我再观察观察她。
马斯洛：（去吧 emoji）

（一周后）
小李：我回来啦！
麦克莱兰：张玲怎么样了？
马斯洛：（等待 emoji）
小李：由于报告迟迟没有上交。
小李：周一部门例会后我找她聊了聊。
小李：询问她是否有难处。
麦克莱兰：（然后呢 emoji）（歪头歪脑 emoji）
马斯洛：你还真是八卦呀！（看戏/吃瓜 emoji）
小李：她隐晦地表达了工作枯燥，没有挑战性。
小李：所以没有动力去做。
马斯洛：（思考 emoji）看来这就是问题所在啊。
马斯洛：她更希望获得工作中的成就感。（摊手 emoji）
麦格雷戈：你看看她最擅长什么？
麦克莱兰：（严肃 emoji）
麦格雷戈：要想办法把她的潜力全都挖掘出来。
小李：（OK emoji）我重新调整一下她的工作。
小李：她有带管培生的经验。
小李：我准备让她去负责新一届的管培生项目。
马斯洛：（点头 emoji）我觉得可行。
麦格雷戈：期待效果哦。（期待 emoji）
马斯洛、麦克莱兰：（＋1 emoji）
马斯洛：（＋3 emoji）（＋4 emoji）

第3集　复　杂　人

链接：视频1.3_第1部第3集
人物：小李、麦格雷戈、薛恩、费德勒、劳伦斯

麦格雷戈：张玲的管培生项目进展如何？（好奇 emoji）
薛恩：（充满好奇 emoji）

小李：（开心 emoji）项目进展顺利，她比以前投入多了。
麦格雷戈：（优秀啊 emoji）
薛恩：（点赞 emoji）
麦格雷戈：Good job!
小李：管培生们都很喜欢她，她也很有成就感。
小李：那以后只需满足他们的自我实现需求了。（闪亮眼 emoji）
麦格雷戈：没问题。
薛恩：（No!！ emoji）我不赞同。
薛恩：人的需求是多种多样的，还会不断发生变化。
麦格雷戈：那你们怎么认为……
薛恩：（思考 emoji）应根据人的不同需求，采取不同的管理方式。
小李：同一部门的人，也得用不同的管理方式吗？
劳伦斯：（当然 emoji）人是复杂的。
薛恩：（没错 emoji）没有适合任何组织、时间和个人的统一的管理方式。
小李：（我明白了 emoji）
小李：每个人的需求是不一样的。
小李：有的人喜欢多拿奖金。
小李：有的人希望得到重用。
薛恩：（是这样的 emoji）而且，人会随条件变化产生新的需求。
费德勒：（赞同 emoji）
薛恩：（鼓掌 emoji）
费德勒：不仅如此。
费德勒：还有上下级关系的好坏、职位权力的强弱。
费德勒：这些因素都影响着有效的领导方式。
费德勒：不要忘了，还有任务职责是否明确。（思考 emoji）
小李：所以管理方式也得因情景而异。
费德勒、薛恩：（夸夸 emoji）
劳伦斯：我们要学会因地制宜。
劳伦斯：没有放之四海而皆准的方法。
薛恩：（星星眼 emoji）这就是管理的艺术性所在啊。
小李：大师，我悟了。
劳伦斯、薛恩：（点赞夸夸 emoji）
小李：（努力奋斗 emoji）

（一周后）
小李：我回来啦，大师们。
劳伦斯、薛恩：（欢迎 emoji）

费德勒：小家伙，你的部门管理得如何了？（好奇 emoji）
薛恩：（好奇 emoji）
小李：多亏了大师们，现在大家都干劲儿十足。
小李：这次例会老板特意表扬了我们，我们部门可有活力了。
薛恩：（好运 emoji）祝你好运，年轻人。
麦格雷戈：Good luck。

第2部　管理大师：激励篇

出场人物：马斯洛、赫兹伯格、麦克莱兰、弗鲁姆、奥尔德弗、斯金纳、亚当斯

第1集　需要型激励理论

链接：视频2.1_第2部第1集
人物：马斯洛、赫兹伯格、麦克莱兰、弗鲁姆、奥尔德弗

马斯洛：（问号 emoji）这是啥群？
赫兹伯格：我也有和马斯洛同样的疑问。（问号 emoji）
麦克莱兰：（你猜 emoji）
弗鲁姆：讨论如何有效激励新生代员工的群。
马斯洛：新生代员工是活跃于职场中的90后吗？
弗鲁姆：（是的 emoji）
弗鲁姆：他们有比金钱更高的追求。
赫兹伯格：马斯洛，那你的需求层次论还适用吗？（疑问 emoji）
马斯洛：当然，需求层次论同样适用于新生代员工。
马斯洛：如果员工追求更高的目标。
马斯洛：说明他们基本的生理和安全需求已经得到满足了嘛。
赫兹伯格：（思考 emoji）新生代员工，他们更在乎工作的创造性和自我价值的提升。
马斯洛：所以当低层次需求满足了，就会追求更高层次的目标啊。
赫兹伯格：对于新生代员工，赏识、提供成长的机会更重要。
麦克莱兰：这么说来，你们不觉得成就需要理论很贴合当下年轻人的想法吗？
麦克莱兰：新生代员工渴望成功，不畏惧高强度的工作。
麦克莱兰：追求成功才是他们努力工作的驱动力。

弗鲁姆：（惊讶 emoji）

马斯洛：（笑 emoji）这不就是我提出的尊重和自我实现需求吗？

麦克莱兰：（哦？ emoji）

弗鲁姆：（抱拳 emoji）

麦克莱兰：（对呀 emoji）我就是在你的需求层次论的基础上做了小小的补充。（得意 emoji）

弗鲁姆、赫兹伯格：（点赞 emoji）

赫兹伯格：马斯洛老兄厉害。

赫兹伯格：需要型激励理论的先行者。（点赞 emoji）

马斯洛：（得意 emoji）谬赞谬赞。

奥尔德弗：我没来晚吧。

马斯洛：没呢。

马斯洛：我们正在讨论当中。

奥尔德弗：其实我曾经在需求层次论的基础上，提出了 ERG 理论。（笑看 emoji）

麦克莱兰：（递话筒 emoji）

奥尔德弗：马斯洛，“90 后”员工已经基本满足了生理需求。

马斯洛：可以说大部分需求已经得到满足。

奥尔德弗：那更需要满足的是他们的社交需求。（思考 emoji）

奥尔德弗：提供给他们在工作中成长的可能性。（摊手 emoji）

马斯洛：是啊。

麦克莱兰：（点头 emoji）

奥尔德弗：如何激励新生代员工，在管理实践中非常复杂。（思考 emoji）

马斯洛：人在每一个时期都有一种需求占主导地位。

马斯洛：只有当较低层次的需求满足了，较高层次的需求才显得重要。

奥尔德弗：要是人们发现较高层次需求很难满足，自然又会转向寻求较低层次需求的。

麦克莱兰：（言之有理 emoji）

奥尔德弗：（高兴 emoji）

麦克莱兰：你们看库格公司的小赵，其基本的生理需求还没有得到满足，怎么跟他谈更长远的发展需求？（疑问 emoji）

赫兹伯格：（思考 emoji）对小赵这类员工而言，如果公司的管理方式、薪金等处理不当，很容易使他们产生不满情绪。

奥尔德弗：（思考 emoji）

赫兹伯格：像这类因素不能有效地激励他们努力工作。

马斯洛：如你所言，那什么因素能够有效激励员工呢？

奥尔德弗：（若有所思 emoji）

赫兹伯格：就我多年的研究来看（思考 emoji），领导的赏识、成长的可能性和成就感等才是激励员工的主要因素。

马斯洛：这些因素的满足会大大地提高员工积极性。

赫兹伯格：我的研究结果就是如此。

麦克莱兰：那如果没有满足，会打击他们的积极性吗？

奥尔德弗：（然后呢？emoji）

赫兹伯格：（不会！emoji）

赫兹伯格：他们只是会维持在原有的水平。

马斯洛：小赵需要面对生存压力。

马斯洛：他的主导需求是生理和安全需求。

奥尔德弗：但是对于已经满足生理和安全需求的员工，可以尝试用更高层次的需求来激励他们。（可爱 emoji）

麦克莱兰：新生代员工希望获得价值认可。

马斯洛：他们渴望在工作中实现尊重需求。

麦克莱兰：可以给员工“试错”和成长的机会。

麦克莱兰：为员工创造或提供不同平台和机遇。

赫兹伯格：（鼓掌 emoji）这与本人提出的“激励因素”，有异曲同工之妙啊。

奥尔德弗：万变不离其宗。

奥尔德弗：要根据新生代员工实际的需求来制定相应的激励政策。（摊手 emoji）

弗鲁姆：诸位的发言真是精彩呀。（点头 emoji）

赫兹伯格：要找出对新生代员工行为起决定作用的因素。

弗鲁姆：关键是要弄清相互关系，才能预测和控制员工的行为。（点赞 emoji）

马斯洛：那我们下回继续讨论吧。

麦克莱兰：好的，马斯洛，下回聊。

奥尔德弗：（下次一定 emoji）

麦克莱兰：（+1 emoji）

第 2 集　公平理论与强化理论

链接：视频 2.2_第 2 部第 2 集

人物：斯金纳、马斯洛、弗鲁姆、赫兹伯格、亚当斯

斯金纳：（嘿，老伙计们 emoji）

斯金纳：我最近和一个工作了几年的小朋友聊天。

马斯洛：呀，斯金纳，你们都聊了些什么？（好奇 emoji）

斯金纳：聊当下的小朋友们在工作中追求什么。

弗鲁姆：（好奇 emoji）

马斯洛：据我观察，现在的这些年轻人，普遍追求精神的满足和自我价值的实现。
弗鲁姆：（思考 emoji）
斯金纳：他最近想要跳槽。
马斯洛：（哦？ emoji）
弗鲁姆：（咦？ emoji）
斯金纳：（唉！ emoji）
斯金纳：但疫情后，整个行业都不景气。
马斯洛：是啊。
赫兹伯格：这次疫情的影响很大。
马斯洛：还是保障基本需求最重要。
弗鲁姆：（嗯嗯 emoji）
斯金纳：其实也是他们公司对员工激励的举措不当。
赫兹伯格：（思考 emoji）
马斯洛：（没错 emoji）
赫兹伯格：一个公司，员工基本的需求得满足吧。（对吧 emoji）
斯金纳：这得看从哪个方面来讲了。
斯金纳：他们公司的硬件还是不错的。
斯金纳：薪资在行业内处于中上水平。
马斯洛：（旁观 emoji）
弗鲁姆：（啊……这……emoji）
斯金纳：但他还是觉得自己遭受到不公的待遇。
亚当斯：是觉得自己做的工作比别人多。
亚当斯：然后拿一样的工资？（疑惑 emoji）
弗鲁姆：（疑惑 emoji）
斯金纳：（嗯嗯 emoji）
斯金纳：上班摸鱼，但会在领导面前邀功的人，却拿着与他差不多的工资。
马斯洛：（这合理吗 emoji）
亚当斯：斯金纳，这涉及公平问题。（思考 emoji）
亚当斯：其实，人不仅关心自己经过努力所获得的报酬。
弗鲁姆：（沉思 emoji）
亚当斯：还关心自己的报酬与他人的差别。
弗鲁姆：（思考 emoji）当员工感受到不公平的对待时，就会挫伤他们工作的积极性。
马斯洛：（说得没错 emoji）
弗鲁姆：公平对待则会使其心理得到满足，进而激励他们努力工作。
弗鲁姆：是这样吗？（思考 emoji）
亚当斯：（对 emoji）是这个道理。
马斯洛：（有道理 emoji）

赫兹伯格：（点赞 emoji）

弗鲁姆：（明白了 emoji）

斯金纳：当员工感受到不公平时，可以从个人和组织两方面来缓解情绪。

亚当斯：你那个小朋友可以改变一下比较的对象。

亚当斯：调整自己的投入，以缓解自己的负面情绪。

亚当斯：他们公司需要量才而用，确保程序公平。

弗鲁姆：（思考 emoji）

亚当斯：因为过程公平比结果公平更容易影响员工。

弗鲁姆：（看戏 emoji）

斯金纳：其实公平理论更多的是从组织层面来缓解员工的不公平情绪。

亚当斯：（对 emoji）

马斯洛：斯金纳，你还和小朋友聊了些什么？

斯金纳：小朋友说我是他的偶像。

弗鲁姆：（哟！emoji）

斯金纳：在工作中经常用我的强化理论来引导下属的一些行为。

弗鲁姆：（斜视 emoji）现在的年轻人怎么就喜欢上你这个偶像呢？

马斯洛：（不敢相信 emoji）

斯金纳：（哼 emoji）

弗鲁姆：（白眼 emoji）

斯金纳：不行吗？

弗鲁姆：（摊手 emoji）

斯金纳：年轻人眼光好，慧眼识英雄。

赫兹伯格：（对 emoji）

弗鲁姆：（看戏 emoji）

赫兹伯格：斯金纳的强化理论在实践中的确很有用。

马斯洛：强化理论强调，当人们的行为产生的结果有利时，这种行为就会重复，反之就会减弱或消失。

弗鲁姆：（思考 emoji）

斯金纳：（没错 emoji）就是这样。

马斯洛：那可以通过奖励引导员工的行为。

马斯洛：然后通过正面结果对员工行为进行有效强化。

弗鲁姆：（哦吼 emoji）

马斯洛：反之，则减少相应的行为。

斯金纳：（对 emoji）

弗鲁姆：（明白了 emoji）

斯金纳：这就是正强化和负强化。

赫兹伯格：那如果出现不好的行为怎么办呢？

斯金纳：（疑问 emoji）
斯金纳：可以惩罚或者不予理睬。
弗鲁姆：（看你 emoji）
斯金纳：避免出现员工行为与组织不相容的情况。
赫兹伯格：（明白了 emoji）
马斯洛：看来你和小朋友相处还不错。
斯金纳：（当然啦 emoji）
弗鲁姆：（昂 emoji）
斯金纳：看到我们的成果被他们改良使用，真的特别满足。
马斯洛：（真棒 emoji）
亚当斯：其实和年轻人多沟通，观察新生代员工的行为，对于我们的研究是大有裨益的。（没错 emoji）

第3集　期 望 理 论

链接：视频 2.3_第 2 部第 3 集
人物：麦克莱兰、马斯洛、斯金纳、弗鲁姆

麦克莱兰：（哦，老伙计们 emoji）
麦克莱兰：最近忙什么呢？（我的关心来咯 emoji）
马斯洛：最近看了关于不同时代的人对离职的态度。
马斯洛：虽然不确切，但是挺好玩的。
斯金纳：（哦吼 emoji）
斯金纳：怎么个好玩法？马斯洛。
马斯洛：

"60后"：什么是离职
"70后"：为什么要离职
"80后"：别的公司收入更高，我就离职
"90后"：领导骂我，我就离职
"95后"：感觉不爽，我就离职
"00后"：领导不听话，我就离职

斯金纳：（吃瓜 emoji）
马斯洛："80 后""70 后""60 后"的员工，更多的是为了满足生理和安全的需求。
马斯洛："90 后"的新生代员工，更加注重自我，追求更高层次的需求。

弗鲁姆、斯金纳：（思考 emoji）

弗鲁姆：青年一代，更加清楚自己所追寻的目标，也愿意为之付出努力。

麦克莱兰：他们重视自我体验及自我价值的实现。

麦克莱兰：在工作中喜欢影响和控制他人，而不愿受他人控制。

麦克莱兰：寻求被他人喜欢或接纳的归属感。（狗头 emoji）

斯金纳：（思考 emoji）

马斯洛：新生代的员工更愿意将生活和工作分开来。

马斯洛：努力平衡二者之间的关系。

弗鲁姆：（思考 emoji）其实对于他们来说，工作能够提供给他们真正需要的东西。

斯金纳：（重量级认可 emoji）

弗鲁姆：不管是成就感、归属感还是权力，人们采取某种行为的动力，取决于他们愿不愿意做，以及是否能做成。（一本正经 emoji）

麦克莱兰：新生代员工愿意做出某些行为，还是因为能产生令他们满意的结果。

弗鲁姆：（你说得不无道理 emoji）

马斯洛：组织和个人的目标保持一致。

弗鲁姆：（嗯嗯 emoji）

斯金纳：（虚心求教 emoji）

弗鲁姆：（嗯嗯 emoji）

弗鲁姆：切实考虑各自的效价，还有设定合理的期望值。

弗鲁姆：那些可望而不可及的目标，是不会有人愿意为之付出过多努力的。

麦克莱兰：（点头 emoji）

马斯洛：因为一不小心就会竹篮打水一场空。

斯金纳：（震惊 emoji）

弗鲁姆：马斯洛的中文学得不错嘛。

马斯洛：客气客气。

麦克莱兰：无论采取什么样的激励方式，只有员工行为符合企业目标，企业满足员工所需，才能够对新生代员工形成有效的激励。

马斯洛：（确实如此 emoji）我们也要与时俱进才行。

弗鲁姆：故步自封是不会成功的。（赞同 emoji）

斯金纳：多观察，多实验。

麦克莱兰、斯金纳：（加油 emoji）

第3部 管理大师：领导篇

出场人物：阿尔波特、鲍莫尔、怀特、巴斯、布莱克、利克特、费德勒、斯托、高

明、布兰查德、赫塞

第 1 集 特质理论

链接：视频 3.1_第 3 部第 1 集

人物：阿尔波特、鲍莫尔、怀特、巴斯

阿尔波特：（嘿，老伙计 emoji）快来看看我的新宝贝。

鲍莫尔：（睁大双眼 emoji）

阿尔波特：拍照像素高清，还能防水。（点赞 emoji）

怀特：（哇哦 emoji）这款手机性能不错，是什么牌子的？

阿尔波特：怀特，这是中国生产的手机，是华为最新款。

巴斯：华为的老总是任正非吗？（疑惑 emoji）

鲍莫尔：（任正非的微笑 emoji）

阿尔波特：（是的 emoji）他老厉害着呢，是华为的创始人。

怀特：他是一位卓越的领导者。

阿尔波特：（嗯嗯 emoji）我喜欢华为的产品，也特别欣赏任总卓越的领导才能。

巴斯：他的家庭基因一定特别优秀吧。

阿尔波特：（赞同，鼓掌 emoji）

鲍莫尔：任总真是集智慧、果断、自信、博学于一身呀！（小杰瑞的肯定 emoji）

怀特：我尤其欣赏他的远见卓识以及运筹帷幄的能力。

怀特：这些品质是后天习得的吗？

阿尔波特：（不对 emoji）怀特，他是天生的领导者，这些特质是与生俱来的。

巴斯：这些领导特质是可以通过后天培养的呀。

阿尔波特：（不 emoji）我觉得，他就是个天生的领袖。

阿尔波特：后天可没法儿造就如此出色的领导者。（得意 emoji）

鲍莫尔：任总不仅正直、果敢、勇于开拓，而且经验丰富、知识渊博。（肯定 emoji）

怀特：这么看来，他是天赋和教育的完美结晶。（点名表扬 emoji）

怀特：优秀的品质使他散发独特的领袖魅力。

巴斯：（赞同，鼓掌 emoji）任总独特的个人魅力同样也影响着他的员工。

阿尔波特：（哟 emoji）我喜欢他这该死的魅力。

巴斯：（Oh, my god！ emoji）我对他充满了好奇。（满脸好奇 emoji）

阿尔波特：他目标坚定，责任心强，是一位真正成功的企业家。（优秀 emoji）

怀特：他努力为客户创造最大的价值。

鲍莫尔：（激动 emoji）

怀特：（伙计们 emoji）我一定要去试试华为的产品。

巴斯、鲍莫尔：（ + 1 emoji）

阿尔波特：（+3 emoji）

第 2 集　行为理论

链接：视频 3.2_第 3 部第 2 集

人物：怀特、布莱克、利克特、费德勒、斯托

怀特：哦，天呐！

怀特：现在流行的领导特质理论，真是比星期天早晨烤焦的面包还糟糕。

布莱克：（是啊 emoji）如果只把领导从员工里找出来，那谁来找出领导里的好领导呢？

怀特：（若有所思 emoji）

怀特：（是啊 emoji）布莱克~你真是个天才。

怀特：据我观察，现在的领导模式可以分成 3 种。

怀特：独裁式、民主式和放任式。

利克特：（优秀啊 emoji）

怀特：民主式是最好的领导方式。

怀特：这香甜的民主自由的空气啊。

怀特：（享受的眼神 emoji）

费德勒：（但是！ emoji）让员工参与决策，会不会影响决策效率啊？

费德勒：员工要是胡乱决策怎么办？

怀特：（啊这……emoji）

利克特：（听我说 emoji）其实领导决策并没有那么复杂。

利克特：无外乎员工导向和工作导向两种罢了。

利克特：要么注重效率，要么注重人际关系。

费德勒：你不是还制作了利克特量表，对此进行量化吗？（观察 emoji）

利克特：没错。（不愧是我 emoji）

费德勒：受你启发，我用最难共事者（least preferred coworker，LPC）问卷调查来划分领导者的类型。

斯托：（我听不懂，但我大受震撼 emoji）

利克特：（嗯?emoji）你说什么？

斯托：（哈哈哈 emoji）我说利克特高见。

斯托：我从定规和关怀两个维度来划分领导方式。（膨胀 emoji）

怀特：在你的四分图中，是不是低定规、低关怀的领导方式效果最差？

斯托：不，不，怀特，高定规、低关怀的领导方式效果才是最差的。

斯托：高定规、高关怀的领导者，才是员工心之所向啊。

布莱克：（不对 emoji）斯托，我怎么听说你的实验结果和你的结论，有时候对不上呀。

斯托：这。

斯托：小概率事件。

斯托：小概率事件。

斯托：休得胡言乱语。（怒 emoji）

怀特：我在制作“美队盾牌”小游戏中，发现了世界上最硬的物质为斯托的嘴。

斯托：（我太难了 emoji）

怀特：你也来试试吧。

斯托：（我太难了 emoji）

布莱克：（兄弟们 emoji）

布莱克：我将关心工作、关心人的程度分别作为横纵坐标。

布莱克：各分为九等份，制成方格图。（不愧是我 emoji）

怀特：那不就得到 81 种领导方式了？

布莱克：想来世间领导者就算无奇不有，我的表格亦可无所不包。（自豪 emoji）

费德勒：你这方法好是好，也可以很好地细化领导方式。

费德勒：但是到底什么样的领导方式才是最有效的呢？（疑惑 emoji）

布莱克：当然是团队型啦。（鼓掌 emoji）

费德勒：（虚心求教表情包）布莱克，你可有研究数据佐证呀？

布莱克：（啊这……emoji）

布莱克：暂时还没有（尴尬 emoji）@怀特，你呢？

怀特、斯托：（唉 emoji）

布莱克：（叹气 emoji）

怀特：我只提出了 3 种领导方式，你竟弄出 81 种领导方式，想来这等难题，世间也无人可解。

利克特：（难过 emoji）

斯托：（愁啊 emoji）

费德勒：（唉 emoji）

布莱克：（晕 emoji）

第 3 集　领导权变理论

链接：视频 3.3_第 3 部第 3 集

人物：高明、布兰查德、赫塞、费德勒

高明刚到武汉分公司任总经理，面对不同类型的下属，他希望通过自己的有效领导，提升公司业绩。这时，他进入了一个神奇的微信群。

高明：各位前辈们好。

布兰查德、赫塞、费德勒：（欢迎 emoji）

高明：我是你们的骨灰粉，高明。（激动 emoji）

高明：刚到库格武汉分公司担任总经理。

费德勒：（优秀 emoji）小伙子年纪轻轻，就干到总经理位置，很优秀呀。

高明：（开心 emoji）谢谢前辈们夸奖。

高明：可我在管理工作中遇到了一些困难。

费德勒：（怎么了 emoji）

布兰查德：（说来听听 emoji）

赫塞：（哦？ emoji）

高明：我刚上任，发现下属的职责划分不清晰。

高明：每次工作任务下达后，经常都是王洁一人完成的。

布兰查德：其他人在干什么呢？（疑问 emoji）

高明：小赵工作经验少，常常不知道怎么做。

高明：老张认为自己是老员工，事情应该由新人做。

费德勒：（若有所思 emoji）这种工作关系肯定持久不了，王洁会心生不满的。

高明：是的，希望各位前辈给我支个招儿。

赫塞：（思考 emoji）

费德勒：（不要慌，问题不大 emoji）高明，你是总经理，大权在握，下属必须服从你的领导。

高明：是的，总部已经充分授权给我。

高明：要求我年底必须提升分公司业绩。（难过 emoji）

费德勒：（听我说 emoji）刚到新公司，要进行新的团队建设嘛。

费德勒：想要得到他们的认可与支持，还是需要下功夫的。（摊手 emoji）

高明：（难过 emoji）可下属会刻意避开和我的直接接触。

高明：他们都是通过电子邮件和我联系。

费德勒：（莫慌 emoji）看来，你与下属关系还不够亲密，任务职责也不够明确嘛。

费德勒：整个领导环境不利啊。（摸头 emoji）

高明：那我该怎么做呢？

费德勒：你可以采用任务导向型的领导方式。（沉思 emoji）

赫塞：合理划分工作职责。

赫塞：明确员工工作任务。

赫塞：避免活儿让一个人做。（严肃 emoji）

费德勒：当领导环境逐步好转时，可考虑关系导向型的领导方式。（不错 emoji）

赫塞：高明，说说你的员工，都是些什么人。

高明：小赵是刚入职的新员工，工作积极性高，但能力有限。

高明：老张是个老员工，喜欢在办公室吹嘘自己过往的辉煌业绩。（叹气 emoji）

高明：王洁是公司引进的人才，是个能力出众的女强人。

布兰查德：（思考 emoji）小赵成熟度较低，工作经验少，可以先安排一些简单的任务锻炼他。

赫塞：你可以采用说服式的领导方式。

布兰查德：老张经验丰富，有能力，但不愿意做事。

费德勒：（赞同 emoji）

赫塞：（点头 emoji）你应该与他多沟通、多鼓励。

赫塞：采用参与式的领导方式比较好。

布兰查德：王洁能力强，也愿意主动工作。

赫塞：那就给她压担子，让她独立开展工作，但不要过多插手。

（该放手的时候放手 emoji）

高明：让她一个人做，会不会出问题呀？（担心 emoji）

布兰查德：她有能力完成任务，授权有利于她开展工作。

费德勒：（没错 emoji）

赫塞：小伙子，你要相信自己的下属。

布兰查德：权力的合理下放能够使你的管理更有效。

赫塞：看来，授权式领导对她最有效啊。

高明：（鞠躬 emoji）感谢各位前辈的指点。

费德勒：（加油 emoji）

布兰查德：（相信自己！年轻人 emoji）

赫塞：（加油 emoji）

二、明 道 篇

明道篇，即明德篇，汇集了中华优秀传统文化、中国管理历史上璀璨的管理思想、成功的管理实践、管理伦理与哲学故事等，蕴含着中华民族卓越的管理智慧、丰富的管理经验与方法。通过本篇的练习和基于团队学习（team based learning，TBL）的翻转课堂，学生能够掌握管理之魂，感受决策之道、科学用权、组织有力、领导有方、控制有效的管理艺术与魅力，传承中华优秀传统文化与管理思想，“树”情感认同。

（一）管理之魂

1. 子贱的管理之道

孔子有位学生叫子贱。一次，子贱奉命担任某地方的官吏。到任以后，子贱并不是忙于政务，而是时常弹琴自娱，可是他所管辖的地方却被治理得井井有条，民兴业旺。这使得那位卸任的官吏百思不得其解，因为他每天起早摸黑，从早忙到晚，也没有把地方治理好。于是，他请教子贱：“为什么你能治理得这么好呢?”子贱回答说：“你只靠自己的力量，所以十分辛苦；而我却是借助别人的力量来治理，结果事半功倍。”

【问题】

根据上述材料，谈谈你对管理的理解。你认为管理的本质是什么?

解析：

（1）管理的诠释

管理是指管理者在一定的环境条件下，通过实施计划、组织、领导和控制等职能，以人为中心来协调各种资源，以便有效率和有效果地实现组织目标的过程。管理的功能是通过科学的方法来提高资源的利用率，从而达到以有限的资源实现尽可能多的渴望的目的。

（2）管理的本质

尽管管理工作形式多样，但其基本内容与本质是相同的，即协调。协调就是使个人的努力与组织的目标相一致。管理的目标，也是衡量管理工作好坏的标准，即高效率（正确地做事）、高效果（做正确的事）。管理者从事管理有四项基本职能：计划、组织、领导、控制。可见，每一项管理职能、每一种资源都要进行协调，协调的中心是人。

2. 刘备与诸葛亮

刘备作为三国中最重要的人物之一，其军事政治才能一直被后世津津乐道。很多人认为他能力平平，但是桃园三结义，他结交了关羽、张飞；三顾茅庐，他成功地请出诸葛亮，使天下最优秀之人能够为其所用。

因为粮草不济，诸葛亮准备撤军，退兵时吩咐部下："今日我们大军可分五路而退，今日先退此营，如果营内有一千兵，就造两千灶，明日造三千灶，后日造四千灶，每日退军，添灶后退。"军师杨仪疑惑，便问道："昔日孙膑擒拿庞涓，每日添兵减灶而取胜，今日丞相退后，为什么添灶而退？"诸葛亮答："司马懿非等闲之辈，此人善能用兵，且生性多疑，知道我们撤退肯定追赶，如果看到我们军营每日增灶，他肯定不知道我们退还是没退，因此不敢来追。这样我们大军慢慢退去，就不会损兵折将了。"果然不出所料，司马懿看到蜀军分兵退去，但营灶却每日增多，怀疑诸葛亮表面退军却设有埋伏，于是不敢追赶，错失良机。

【问题】

（1）请根据上述材料，说明刘备具备的哪些管理技能造就了他的成功。

（2）诸葛亮具备哪些优秀管理者的能力？

（3）请结合所学的管理理论，分析刘备成功的原因。

3. 王珐的识才之眼

在一次宴会上，唐太宗对王珐说："你善于鉴别人才，尤其善于评论，不妨从房玄龄等人开始，逐一评价一下他们的优缺点，同时将你自己与他们比较一下，你在哪些方面比他们优秀？"王珐回答说："孜孜不倦地办公，一心为国操劳，尽心尽力去做每件事，这方面我比不上房玄龄。常常向皇上直言建议，认为皇上能力德行比不上尧舜，这方面我比不上魏征。文武全才，既可以在外带兵打仗做将军，又可以进入朝廷管理百官担任宰相，这方面我比不上李靖。向皇上报告国家公务，详细明了，宣布皇上的命令或者转达下属官员的汇报，能坚持做到公平公正，这方面我不如温彦博。处理繁重的事务，解决难题，办事井井有条，这方面我也比不上戴胄。至于批评贪官污吏，表扬清正廉洁，疾恶如仇，好善喜乐，这方面比起其他几位能人来，我也有一日之长。"唐太宗非常赞同他的话，而大臣们也认为王珐完全道出了他们的心声，都说这些评论是正确的。

【问题】

请运用相关的管理理论对上述材料进行分析说明。

4.“神偷”退兵

《淮南子·道应训》记载，楚将子发喜欢结交有一技之长的人，并把他们招揽到麾下。有位其貌不扬、号称“神偷”的人，也被子发待为上宾。一次，齐国进犯楚国，子发率军迎敌，与齐军交战了三次，全都败下阵来。子发旗下的那些能人悍将在强大的齐军面前也无计可施。这时“神偷”请战，他在夜幕的掩护下，将齐军主帅的睡帐偷了回来。第二天，子发派使者将睡帐送还给齐军主帅，并对他说：“我们出去打柴的士兵捡到您的帷帐，特地赶来奉还。”当天晚上，“神偷”又去将齐军主帅的枕头偷来，再由子发派人送还。第三天晚上，“神偷”连齐军主帅头上的发簪子都偷来了，子发照样派人送还。齐军上下听说此事，甚为恐惧，主帅惊骇地对幕僚们说：“如果再不撤退，恐怕子发要派人来取我的人头了。”于是，齐军不战而退。

【问题】

请你谈谈楚将子发的用人之道对管理者的借鉴意义。

5. 唐太宗的管理伦理

唐太宗统治期间，人民安居乐业，开创了贞观之治的太平盛世。这离不开唐太宗执政理念中蕴含的宝贵的管理伦理思想。唐太宗目睹了强盛的隋王朝由于隋炀帝施行暴政而灭亡于农民起义的风暴，感受到人民群众的伟大力量，提出了“君，舟也；民，水也。水能载舟，亦能覆舟”的论断。唐太宗还主张：“为君之道，先存百姓，君依于国，国依于民。”

唐太宗重视人才，善于用贤。他认为：“为政之要，惟在得人”“致安之本，惟在得人”。他不仅把敢言直谏的魏征称为“镜子”，而且颁布了《荐贤举能诏》，鼓励推举人才。唐太宗认为选用人才，必须以道德品行、学问见识为根本。由于他知人善任，才选拔了一批治国安邦之才，使国家走向繁荣兴盛。

【问题】

请从管理的内涵出发，分析唐太宗为什么主张“以民为本”。

6. 一举三得

宋祥符年间，宋真宗的寝宫突发火灾，大火把皇宫烧成了废墟。皇帝命大臣丁谓负责修复皇宫。工程之浩大，用料之多，运输距离之遥远，使得初步估算的工期长达25年。丁谓经过深思熟虑，统筹谋划，制订了一个一举三得的方案，将皇宫前的主要街道挖成河道，挖出来的土就地烧制成建筑用的砖瓦；同时将附近汴河的水引入该河，建筑材料则借助木筏通过该河直接运至皇宫的施工现场；待皇宫竣工后，所有的废砖烂瓦填入该河，修复街道。挖河这一举措，解决了就地取土、方便运输、清理废墟三个难题，不仅节省了大量的资金，而且大大缩短了工期，获得成功。

【问题】

“一举三得”方案反映了什么管理思想？

（二）决策之道

1. 草船借箭

东汉末年，刘备、孙权联手抗击曹操南下大军。孙权手下的周瑜十分妒忌诸葛亮的才干。一天，周瑜在商议军事时提出让诸葛亮3天内赶制10万支箭，谁知诸葛亮满口答应3天造好，并立下了军令状。第一天、第二天，诸葛亮并无动静，只是请鲁肃帮他借船、军士和草靶子。第三天，诸葛亮邀请鲁肃一起去取箭。这天，大雾漫天，对面曹军看不清船上的人。天还没亮，诸葛亮下令开船直奔曹营，并让军士擂鼓呐喊。当时鲁肃大惊失色，诸葛亮泰然自若，笑道：“我料想重雾之中曹操必不敢出兵。你们只管酌酒取乐，待雾散便回。”曹操见重雾迷江，船上人影若现，担心有埋伏，于是下令万余弓弩手朝来船射箭。一时间，箭如雨发，船两边都插满了箭，诸葛亮下令回师。等曹操醒悟过来想追也来不及了，10万支箭就这样被诸葛亮“借”到手了。周瑜得知借箭的经过后长叹一声：“诸葛亮神机妙算，我真不如他。”

【问题】

请结合上述材料，具体说明科学决策的过程。

解析：

决策是为了达到某一特定目标，采用一定的科学方法和手段，从若干个方案中选择一个满意方案的分析判断及实施过程。决策的过程分析如下。

（1）确定决策目标：3天内赶制10万支箭。

（2）拟订备选方案：方案A是集中工匠造箭；方案B是借箭。

（3）对备选方案进行评价与选择。

方案A：工匠造箭难度大。

因周瑜十分嫉妒诸葛亮的才干，他定会想方设法阻挠工匠们造箭，且3天造10万支箭工期短，制作量大，很难完成，故方案A不可行。

方案B：草船借箭可行。

草船借箭方案的可行性分析如下：

①诸葛亮预测到三天后一定有大雾。

②曹操性格多疑，其水军战斗力弱，大雾天气，曹操怕中埋伏，又无水战经验，贸然出兵吃亏，用弓箭退敌是最佳选择。

③曹军弓箭储备充足。

④鲁肃是一个值得信赖的人，可以向他借船、军士和草靶子。

⑤计算需要多少船只和多少草靶子，完成“借”10 万支箭的目标。

⑥测算借箭船只到达的位置，用绳索把草船连接起来，一字排开，在借箭过程中调转方向，使受箭的面积更大。

（4）方案实施，执行决策。

诸葛亮向鲁肃借船 20 只，各船配备 30 余人，用草覆盖船身，将 20 只船用长锁相连，在大雾漫天时前行，待靠近曹操水寨时，船只头西尾东一字排开，士兵擂鼓呐喊，随后调转方向，头东尾西，受箭完毕后便收船急回。方案实施到位，借箭成功。

2. 马谡街亭之战

诸葛亮平定南中后，兴师北伐。魏明帝曹叡派张郃带五万大军去祁山抵抗，诸葛亮派遣马谡去守卫汉中咽喉之地街亭。面对祁山地形，马谡刚愎自用、死守兵书，违抗诸葛亮近水扎营的命令，也不顾副将王平的建议，坚持让军队驻扎在山顶，希望居高临下作战，不料被切断水源，致使大军溃败，街亭失守。

【问题】

请运用所学知识，分析马谡街亭失守的原因。

3. 空城计

三国时期，诸葛亮北伐，司马懿带领十万兵马绕开蜀国大队，直奔诸葛亮的驻地阳平。当时阳平城里只有两千多老弱残兵，大多是文官，大家都很惊慌，只有诸葛亮从容不迫。他吩咐人打开城门，叫几个士兵扮作老百姓打扫城门，自己坐在城头上把香点燃，开始缓缓弹琴。生性多疑的司马懿在城门前看到这样的情景，认定必有重兵埋伏，便命令全军撤退。诸葛亮和阳平城里的百姓也因此脱险。

【问题】

诸葛亮采用了何种决策类型？他的决策为什么会取得成功？

4. 奇货可居

濮阳商人吕不韦到邯郸去做买卖，见到秦国入赵当人质的公子异人，回家便问父亲：“农耕获利几何？”父亲回答说：“十倍吧。”他又问：“珠宝买卖盈利几倍？”父亲答道：

“一百倍吧。”他又问：“如果拥立一位君主呢？”他父亲说：“这可无法计量了。”吕不韦说：“如今即便我努力工作，仍然不能衣食无忧，拥君立国则可泽被后世。我决定去做这笔买卖。”

【问题】

请根据上述材料，说明吕不韦的决策属于何种决策模式。为什么？

5. 田忌赛马

齐国使者到大梁来，孙膑以刑徒的身份秘密拜见，用言辞打动了齐国使者。齐国使者认为此人是个奇人，就偷偷地把他载回齐国。齐国将军田忌非常赏识他，待如上宾。田忌经常与齐国众公子赛马，设重金赌注。孙膑发现他们的马脚力都差不多，马分为上、中、下三等，于是对田忌说：“您只管下大赌注，我能让您取胜。”田忌答应了他，与齐王和各位公子用千金作赌注。比赛即将开始，孙膑说：“用您的下等马对付他们的上等马，用您的上等马对付他们的中等马，用您的中等马对付他们的下等马。”三场比赛结束后，田忌一场败而两场胜，最终赢得齐王的千金赌注。田忌把孙膑推荐给齐威王。齐威王向他请教了兵法，封他为军师。

【问题】

请结合材料，说明计划中目标设定的科学性。

6. 奇袭乌巢

官渡之战开始时，曹操面临“粮草不济，士卒疲乏”的窘境，而袁绍拥有十万大军，连营十里，粮草充足。如果双方陷入持久战，那么曹操失败的可能将被无限放大。而在袁绍谋士许攸投奔曹操后，曹操得知了袁绍的最大弱点：乌巢！曹操开始考虑袭击乌巢的可能性。粮仓把守不严，袁绍十万大军的粮草都在乌巢，断了粮草，袁军将不战自乱。曹操麾下的“虎豹骑”机动性强，且大营防守严密，可以抵挡袁绍一段时间的猛攻。曹操初步拟订了夜袭乌巢的计划。曹操与袁绍自小相交，他深知袁绍生性优柔寡断，根据敌我双方特点，认为奇袭乌巢计划有着极大的收益与不小的成功率，因此做出了亲自率兵夜袭乌巢的决策。曹操亲领五千精锐骑兵攻打乌巢，最终大败袁军，取得官渡之战的胜利。

【问题】

曹操取胜于袁绍靠的是什么？结合决策的基本过程，分析一项决策的成败取决于哪些因素。

（三）科学用权

1. 王熙凤协理宁国府

《红楼梦》里，王熙凤协理宁国府期间，通过立规矩、任务分工、严厉执行，将宁国府管理得井井有条。凤姐说："如今可要依着我行，错我半点儿，管不得谁是有脸的，谁是没脸的，一例现清白处治。"她把下人分配成组，各组人数不一，给各组安排不同的任务，分别负责宁国府内茶饭供应、杯碟茶器收管、监收祭礼等各项事务，府内的一草一苗一件，或丢或坏，赏罚分明。对于偷懒的，赌钱吃酒的，打架拌嘴的，凤姐正色道："经我查出，三四辈子的老脸就顾不成了。如今都有定规，以后那一行乱了，只和那一行说话。"

【问题】

（1）运用三种领导方式理论分析王熙凤的领导风格。

（2）根据菲德勒模型，说说为什么王熙凤的领导方式有效。

解析：

（1）根据三种领导方式理论，领导方式分为独裁式、民主式和放任式三种。王熙凤的领导风格属于独裁式。

（2）领导的有效性受个人特质、行为和风格、环境等因素的影响。根据菲德勒模型，领导者究竟应该采取什么样的领导方式，取决于领导者的特征、被领导者的特征和领导环境等因素。领导环境受职位权力、任务结构、上下级关系三大因素影响。菲德勒通过研究分析得出结论：当领导环境较好或较差时，应采用任务型的领导方式；而当领导环境中等时，应采用关系型的领导方式。王熙凤协理宁国府期间，面临的领导环境处于较差的状态，因此她采取任务型的领导方式是有效的。

2. 唐朝监察制度

唐朝的监察制度包括御史台纠察制度和谏官言谏制度：前者用来解决统治阶级的内部矛盾；后者则作为君主专制的调节器。唐朝还建立了从中央到地方严密的行政监察系统，其监察机构独立性强，不隶属于任何机构，直接对皇帝负责。具体地，唐朝在中央设置御史台作为最高监察机构，下设台院、殿院、察院三院；在地方监察方面，派遣监察御史出巡地方，这一职责由察院负责。在地方设置观察使、巡院、录事参军事等系统，加强中央对地方的管理。从制度设计来看，呈现出一定程度的分权制衡特点。

为了有效地履行监察职能，唐朝采用多层次、全方位的监察方式。御史台作为中央最高监察机构，通过台、殿、察三院的不同分工，从不同的角度各自监督朝廷百官；在地方既有垂直于中央领导的地方独立监察机构察院，又有地方政府对下属的分级监察。此外，唐朝还采取定期与不定期监察相结合的方式。从监察内容上看，唐朝监察机关不仅对司法和审判进行监督，还对礼仪、政纪、财政经济等方面进行监督。

【问题】

（1）请根据上述材料，运用相关知识说明唐朝分权制衡的好处。

（2）你认为现代企业可以借鉴唐朝的这种成功做法吗？为什么？

3. 宋朝权力制衡术

北宋王朝建立之初，宋太祖赵匡胤南征北战基本上完成了统一大业，然而在征战中却爆发了内部地方将领李筠、李重进的叛乱。宋太祖统率精兵御驾亲征，最终平息了这场叛乱。平定叛乱后，宋太祖忧心忡忡，他担心不知何时又会冒出几个“李筠”“李重进”，于是决定从根本上解决失序的中央与藩镇强弱关系。

正当赵匡胤迷茫之际，宰相赵普为他提供了一个思路。赵普认为地方藩镇的强势，根本原因在于它们拥有政治上的权力、经济上的支撑、军事上的底气，只要削夺其权、制其钱谷、收其精兵便能令皇权稳固，天下太平。赵普一针见血的形势分析，令赵匡胤茅塞顿开。

当时内外部环境错综复杂，人事关系处理稍有不慎，新政权就会面临夭折的危险。赵匡胤经过深思熟虑后决定恩威并施，通过一场酒局，兵不血刃地把兵权重新收归中央。收回兵权后，权力的重组成为关键。赵匡胤先是在军制上废除了禁军一把手殿前都点检一职，取而代之的是殿前都指挥使、侍卫马步军都指挥使、侍卫步军都指挥使，增设三个办事衙门。三个衙门之间相互独立、互不统属，又增设枢密使一职来发兵。枢密院又与三个衙门相互制衡，彼此掣肘。在官制上，以同中书门下平章事为正，以参知政事为副，不断分化相权，整体上呈现“二府三司制”的中央政制。

【问题】

赵匡胤是如何处理好集权与分权关系的？

4. 毛泽东的授权艺术

作为领导者，即使你有三头六臂，使出浑身解数，也不可能包揽一切。领导者必须学会分身术，也就是授权。

毛泽东的经验是：“放手让他们工作，使他们敢于负责；同时适时地给以指示，使他们能在党的政治路线下发挥其创造性。”

毛泽东敢于授权。在井冈山时期，有一次，毛泽东研究过作战方案后，拉着陈毅就往外走。陈毅感到莫名其妙，毛泽东解释道：“战斗马上就要打响了。我们快走，让他们指挥去！我们在这里很麻烦，弄得指挥员很难下决心，你在这里，他要征得你的同意，不征求你的意见，独断专行，担心将来要受批评，打了败仗，说他目无党的领导；要征求你的意见呢，结果商量来商量去，错失了战机。让他一个人在那里当机立断，要么马上进攻，要么立即撤退，要么迂回，要么把预备力量全都用上，避免多头指挥。”

毛泽东接着又说：“其实，我们也没有实际作战经验，我们只管抓作战计划，定下来后，就让他们有经验的人去搞。”毛泽东这种敢于授权的用人之术，使陈毅大为折服。

毛泽东甚至主张授权时要冒一点险。他说：“凡事不冒险，就不成功，许多成就就是经过冒险才得来的。”

在革命战争年代，毛泽东对彭德怀这位骁勇善战的军事家，更是大胆授权。朝鲜战争爆发后，彭德怀出任中国人民志愿军司令员，率部队赴朝作战。彭德怀一上任，就充分地行使了他的职权。经过 67 天的战斗，最终迫使美军退守于“三八线”。在要不要过“三八线”的问题上，彭德怀和毛泽东出现了意见分歧。毛泽东从政治利益考虑要求过“三八线”，而彭德怀从当时的实际出发，反对过“三八线”，坚持持久的阵地防御战计划。彭德怀向毛泽东阐明自己的看法后，得到了毛泽东的支持。正是因为毛泽东尊重彭德怀的意见，让他充分使用职权，才迫使美方坐到了谈判桌前。

毛泽东一向反对保姆式的领导方法。他不仅敢于授权，还善于授权。这也印证了美国企业家查雪尔所言：“授权，是一个事业的成功之途。”

【问题】

（1）从毛泽东身上，你学到了哪些授权技巧？

（2）如何才能做到善于授权？

5. 用权不科学的唐玄宗

唐玄宗李隆基是唐朝在位时间最长的皇帝，在他的带领下，王朝中兴，开创了唐朝的极盛之世——开元盛世。然而，他在位后期，却爆发了长达八年的“安史之乱”，为唐朝由盛转衰埋下了伏笔。其中一个重要原因在于唐玄宗用权不科学。

首先，唐玄宗将地方重要官职给亲信家族掌管，这使得皇帝的亲信家族势力日益强大。亲信家族会慢慢地为自己的私利而切断对中央的忠诚，转而想谋取更大的利益。这些地方豪强有了一定的实力，便可能会出现与中央政府对抗，拥兵自重、割据一方的局面。其次，朝廷存在权臣把持朝政的现象，一些大臣的权力早已超越了他们的官职，这些官员同时掌握着大量军队与财富。他们经常擅自行动，几乎脱离皇帝的统治，再加上地方势力的支持，他们的力量进一步增强。最后，由于唐玄宗擅自分封土地，被分封的地方相对独立，中央缺乏对其的控制。这种局面给封地的实际掌权者割据并形成独立势力带来了便利。

由于唐玄宗用权不科学，中央政府逐步失去了对地方的实际控制权，各地方势力伺机而动。这也是导致唐朝出现藩镇割据局面的重要原因。

【问题】

根据上述材料，试分析唐玄宗用权不科学的原因。他应该如何科学用权？

（四）组织有力

1. 火烧赤壁

208年，曹操率大军攻打江东，孙刘联军合作抗曹。面对巨大的实力差距，孙刘联军的战略家们对战争展开了深入的分析。首先是诸葛亮舌战群儒，孙权挥剑断桌，坚定了内部主战的决心。其次，因曹军不善水战，孙刘联军采取离间计，让曹操放弃了投降且熟悉水战的将领，来增强自身的战略优势。孙刘联军决定使用火攻，派出庞统诈降，投奔曹操，欺骗曹操用铁索将曹军船只连在一起抵御风浪。最后，使出苦肉计，黄盖成功取得了曹操的信任，在诸葛亮推测出东风将至之时，带数十条装满燃料的战船降曹。在快到曹军战船时，黄盖点燃柴草，火借风势向曹军烧去。曹军因不熟水性，且船又连在了一起，死伤无数。

【问题】

根据上述材料，试分析火烧赤壁成功的原因。

解析：

（1）交战的可行性分析

①曹操北方不安定；②远途奔袭，战力疲乏；③曹军不习水战，水土不服；④长江天险，孙刘结盟。

（2）战役风险与目标

主要的战役风险：①敌强我弱；②众谋士主和。

作战目标：借东风，火烧赤壁。

（3）成功的原因分析

之所以能实现以少胜多的大逆袭，其成功的原因在于：

①启动了战役的全过程管理，涉及规划、执行、监督等过程。

②认清战役相关方，采用“离间计”“连船计”“苦肉计”，成为其取胜的关键。

③在规划、管理与监督相关方参与的过程中，规划阶段突出重点管理；管理阶段，周瑜充分发挥了沟通技能、人际关系与团队技能；监督阶段，周瑜密切关注着黄盖、曹营的动态，以确保作战计划的顺利实施。

2. 明朝中央集权制

从秦朝时期的三公九卿、隋唐时期的三省六部、宋朝时期的二府三司，到明朝时期的六部三司厂卫等，中国古代各朝代政权组织基本上采用中央集权制。以明朝为例，明太祖废丞相，权分六部，同时设厂卫特务机构，加强对官吏的监视和人民的镇压。在地方，明政府设三司，分别掌管地方的行政、司法、军政，三司直接隶属中央（见图 2.1）。

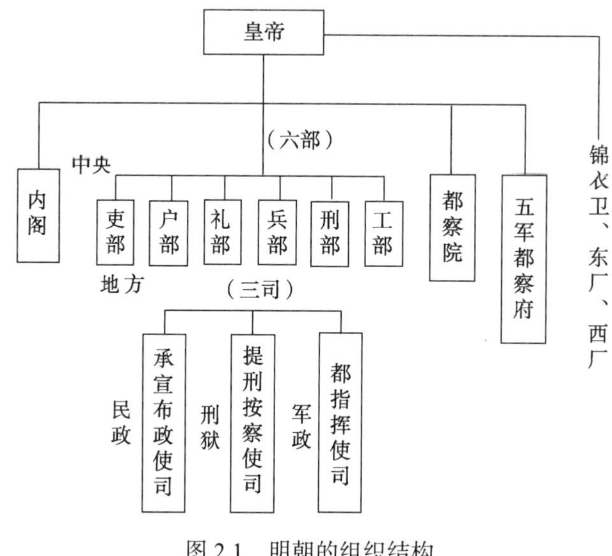

图 2.1 明朝的组织结构

【问题】

从明朝的组织结构图中，你认为它采用的是何种组织结构类型？有何优缺点？

3. 汶川地震中的中国力量

2008 年 5 月 12 日，四川省汶川县发生了自新中国成立以来破坏性最强、波及范围最广、灾害损失最重、救灾难度最大的一次地震。“5·12”汶川地震发生后，中共中央当即把抗震救灾确定为全党全国最重要、最紧迫的任务。在国务院抗震救灾总指挥部的直接领导下，四川省委、省政府率领 8600 万人民沉着应对，省政府迅速启动应急 I 级响应，及时召开新闻发布会向社会通报震情灾情，省领导分别带队赶赴一线组织指挥。省委、省政府立即成立四川省“5·12”抗震救灾指挥部，统一领导、统一指挥。震后不到 3 小时，四川全省的省、市、县、乡抗震救灾组织指挥体系基本形成。四川省指挥部迅速组织协调各方救援力量赶赴灾区，紧急组织地方部队、公安民警、公安消防近 4 万人就地就近投入救灾。灾区各市（州）、县（市、区）、乡（镇）党委政府也依法全面履行属地应急责任，依托内外救援力量和资源，实施各项决策，开展工作，确保抢险救灾工作在最短时间内进入有序状态。

【问题】

汶川地震中抢灾救灾成功的关键是什么？体现了哪些组织原则或要素？

4. 科举制度

科举制度是中国古代官方选拔官员的重要制度，始于隋末唐初，一直延续至清朝末期。科举制度通过层层考试选拔人才，打破了古代社会以门第而论的特权局面，寒门士子也能得到“学而优则仕”的上升机会。

隋唐时期的科举主要分常科和制科两类。常科包括秀才、明经、进士、明法、明书、明算六科，其中以进士科地位最高，逐渐成为国家高级官吏的主要来源。

宋代注重文治，科举考试分为州试、省试、殿试三级，逐层选拔，形式更为规范。

明清两代，科举更盛。科举制度的考试分为三级：乡试、会试和殿试。乡试是在县城举行的，考生必须通过乡试才能参加会试；会试成绩优秀者可以参加殿试；殿试则是在皇帝面前举行的。考生通过不同等级的考试获得地位不等的官职。

科举制度的基本原则是唯才是举，按照个人才能选拔人才，不分贵贱，不论门第。通过科举制度，国家择才而用，选拔得当的官员，从而确保国家政权运行的公正性和稳定性。

【问题】

（1）科举制度对现今的组织人才选拔有何借鉴意义?

（2）科举制度在中国古代的政治制度中是如何起到权力制衡作用的?

（五）领导有方

1. 曹操割发代首

三国时期，曹操发兵宛城时规定：“大小将校，凡过麦田，但有践踏者，并皆斩首。”曹操的官兵在经过麦田时，都下马用手扶着麦秆，小心地一个接着一个走过麦地，没一个人敢践踏麦子。老百姓看见了，没有不称颂的。

一天，曹操正在骑马，忽然，田野里飞起一只鸟儿，惊吓了他的马，马一下子蹿入田地，踏坏了一片麦田。曹操立即叫来随行的官员，要求治自己践踏麦田的罪行。官员说：“怎么能给丞相治罪呢？”曹操说：“我亲口说的话都不遵守，还会有谁心甘情愿地遵守呢？一个不守信用的人，怎么能统领成千上万的士兵呢？”随即抽出腰间的佩剑准备自刎，众人连忙拦住。这时，大臣郭嘉走上前说：“古书《春秋》上说，法不加于尊。丞相统领大军，重任在身，怎么能自杀呢？”于是，曹操就用剑割断自己的头发说：“那么，我就割掉头发代替我的头吧。”曹操又派人传令三军：“丞相践踏麦田，本该斩首示众，因为肩负重任，所以割掉头发替罪。”自此再也没人敢随便践踏麦田了。

【问题】

根据领导影响力来源，曹操运用了哪些领导权力？如何科学使用权力?

解析：

影响力是指一个人在与他人的交往中，影响和改变他人心理和行为的能力。领导的影响力有两个基本来源：一是正式权力，包括法定权、强制权、奖励权；二是非正式权力，包括模范权和专长权。曹操主要运用了法定权、强制权和模范权。

为了确保领导者在实际工作中正确地使用权力，必须坚持权力使用的三大原则：一是慎重用权，二是公正用权，三是例外处理。

2. 岳飞的领导之方

宋朝实行募兵制（即国家高薪吸引百姓自愿成为雇佣兵）。对雇佣兵而言，命比钱重要，再加上宋朝重文轻武的风潮加持，宋军的战斗力很弱，屡战屡败，直至亡国。但岳家军例外。岳飞认为："文臣不爱钱，武臣不惜死，天下太平矣。"岳飞不仅流泪书写诸葛亮的《出师表》，以表示"还我河山"的决心，还身体力行"尽忠报国"。岳飞对岳家军的要求极为严苛，不仅训练量大，日常纪律要求也极严格，"冻死不拆屋，饿死不掳掠"便是对此的最好写照。在严格的纪律约束下，岳家军养成了令行禁止、雷厉风行的军风，上下齐心。岳飞本人身为大将，每战都身先士卒。虽然岳飞领导的岳家军只有 3 万人，但都勇敢善战，屡战屡胜，赢得了"撼山易，撼岳家军难"的威名。

【问题】

（1）岳飞作为领导者，靠什么使岳家军创造了非凡的业绩？

（2）为什么同样采取募兵制，宋军屡战屡败，而岳家军屡战屡胜？

3. 墨子门生

耕柱是墨子的门生，他老是挨墨子的责骂。一次，墨子又责备了耕柱。耕柱觉得非常委屈。在许多门生之中，大家都认为耕柱是最优秀的，但他却偏偏常遭到墨子指责，让他觉得很没面子。耕柱问墨子："老师，难道在这么多学生当中，我竟是如此差劲，以至于要时常遭您老人家责骂吗？"墨子听后，丝毫不动肝火："假设我现在要上太行山，依你看，我应该用良马来拉车，还是用老牛来拖车？"耕柱答："再笨的人也知道要用良马来拉车。"墨子又问："那么，为什么不用老牛呢？"耕柱答："理由非常简单，因为良马足以担负重任，值得驱遣。"墨子说："你答得一点也没错，我之所以时常责骂你，正是因为你能够担负重任，值得我一再地教导与匡正你。"

【问题】

请运用相关激励理论分析说明墨子的用才之道。

4. 三国群雄的领导力

在《三国演义》中，群雄们的割据混战也离不开领导力的交锋。首先便是揭开三国帷幕的张角，作为太平教教主，张角动员人民的能力可谓登峰造极。然而，由于缺乏解决难题的能力，面对庞大的起义军，他逐渐失去了控制力，起义军各自为政，形成一盘散沙，最终被诸侯收编消灭。袁绍也是如此。作为河北义士，袁绍能吸引来一群有能之士，却无法整合他们解决问题，最终也以失败收场。董卓、吕布则相反，董卓率领的西凉军实力超强，在战场上无往不利，吕布更是万夫莫当。然而，两人皆因不得人心，招致众人反对以致灭亡。反观曹操、孙权、刘备三人，皆是靠自己的人格魅力和政治主张吸引来一批能人贤士，并且善于利用他们解决问题，因此才会有天下三分的雄伟历史。

【问题】

（1）请运用相关领导理论，分析三国群雄各自的领导风格。

（2）领导力大师海菲兹将领导力界定为动员群众解决难题的能力。结合上述材料，谈谈你对这句话的理解。

5. 一鸣惊人

战国时期齐国有一个名叫淳于髡的人，他善于劝谏，常用一些有趣的隐语来规劝君王，使君王不但不生气，还很乐于接受。当时齐威王在即位一段时间后，沉迷于酒色，不管国家大事，每日只知饮酒作乐。文武百官荒淫放纵，各国都来侵犯，国家危在旦夕。淳于髡知道后，便想了一个计策，准备找个机会劝谏齐威王。

一天，淳于髡见到了齐威王，就说："大王，为臣有一个谜语想请您猜一猜。这个谜语是，齐国有只大鸟，住在大王的宫廷中已经整整三年了，可是它既不振翅飞翔，也不发出鸣叫，只是毫无目的地蜷伏着。大王您猜，这是怎么一回事呢？"齐威王一听，就知道淳于髡是在讽刺自己像那只大鸟一样，身为一国之尊，却毫无作为。他沉吟了一会儿后，对淳于髡说："嗯，你不知道，这一只大鸟，它不飞则已，一飞就会冲到天上去；它不鸣则已，一鸣就会惊动众人。你等着瞧吧！"从此，齐威王不再沉迷于饮酒作乐，开始治理国政。他召见全国官吏，尽忠负责的给予奖励，腐败无能的加以惩罚。结果，全国上下很快就振作起来，到处充满蓬勃的朝气。他还着手整顿军事，壮大武力，展现国家的威望。各国诸侯听到这个消息以后都很震惊，不但不敢再来侵犯，甚至还把原先侵占的土地都归还给齐国。齐国的声威竟维持长达三十六年。齐威王的这一番作为，真可谓"一鸣惊人"呀！

【问题】

（1）根据上述材料，说明沟通的重要性。

（2）成功的管理者必须具备虚怀若谷、善纳如流的品质，要虚心听取下属的意见。谈谈你对这句话的看法。

（六）控制有效

1. 扁鹊的医术

魏文王问名医扁鹊："你们家兄弟三人都精于医术，到底哪一位最好呢?"扁鹊答："长兄最好，中兄次之，我最差。"魏文王再问："那么，为什么你最出名呢？"扁鹊回答："长兄治病，是治于病情发作之前。由于一般人不知道他事先能铲除病因，所以他的名气无法传出去。中兄治病，是治于病情初起时。由于一般人以为他只能治轻微的小病，所以他的名气只及于乡里。而我是治于病情严重之时。由于一般人都看到我做大手术，所以以为我的医术高明，名气因此响遍全国。"

【问题】

请根据上述材料，分析说明扁鹊三兄弟分别属于哪种控制类型。

解析：

控制的类型主要有前馈控制、现场控制和反馈控制。根据上述材料，扁鹊三兄弟中大哥、二哥与扁鹊分别采用的是前馈控制、现场控制和反馈控制。

2. 郑人买履

战国时期，有一个郑国人，想为自己买一双新鞋子。去集市之前，他找来一小段绳子，用它比着自己的脚，量好脚的尺寸，然后就高高兴兴地出门了。

然而，到了鞋铺，他才发现量好尺码的绳子被他忘在家里了。于是，他连忙对鞋铺的老板说："对不起，瞧我这记性，在家量好了鞋的尺码却忘了带，我得回家取来绳子才能买鞋。"说完，他转身就往家里跑。眼看天色不早了，他以最快的速度返回家中，拿了小绳又急急忙忙赶往集市。但是，集市已经散了，鞋铺也打烊了，他没买成鞋子。

郑国人垂头丧气地回到家里，邻居问他出了什么事，他就把事情的经过一五一十地讲述了一遍。邻居听了问道："你买鞋的时候为什么不用自己的脚去穿一下，试试鞋的大小是否合适呢？"这个郑国人一脸严肃地回答说："那可不成。量出来的尺码才可靠，我宁可相信量好的尺码，也不相信自己的脚。"

【问题】

请结合控制的三个步骤，分析郑人买履失败的原因。

3. "及时雨"宋江

"及时雨"宋江能够想人之所想，急人之所急，也因此成为一百零八个好汉中被人崇拜的大哥，最终成为梁山的首领。一提到绿林好汉，大家都想到“大碗喝酒，大口吃肉”，都是一些只图一时痛快、很难被约束的人。然而，他们却愿意服从宋江的领导。宋江靠自己的人格魅力，靠一个“替天行道”的组织目标，在梁山建立了井井有条的秩序。宋江采取结果导向、以业绩说话的控制手段，在带着一帮人马上梁山时，就语出惊人：“休分功劳高下，一行旧头领去左边主位上坐，新到头领到右边客位上坐。待日后出力多寡，那时另外定夺。”他带头响应结果导向的管理，在每次打城头之际，都亲临一线，取得了斐然的战绩，连一直居首位的晁盖也倍感压力，发誓要亲自参战立功。

【问题】

“及时雨”宋江是如何做到有效控制的？他遵循了哪些有效控制的原则？

（七）基于 TBL 的翻转课堂

1. 儒法道思想与人性假设

以孔子、孟子为代表的中国古代儒家思想，主要体现在《论语》《孟子》等著作中，倡导“人性本善”；法家思想倡导“人性本恶”；以老子的《道德经》、庄子的《庄子》为代表的道家思想，则倡导“人性自然”。

法家思想的精华是讲究人人平等的法治；儒家思想的精华是建立在仁、义、礼、智、信基础上的德治；道家崇尚“无为而治”的管理法则，其思想的精华是以自觉为前提的无为而治。然而，法家不太注重人际和谐，儒家不追求效率和效益，道家忽视制度的重要性。

【问题】

请运用管理学基本知识和理论，以小组为单位，回答以下问题并完成任务。

（1）从儒家、法家、道家思想中，如何汲取其精华，实现人、效率、制度三者的融合？请给出融合方案。

（2）当你分别持儒家、法家、道家思想时，将如何设计某单位或部门人员的奖金分配激励方案？

【课前准备】

（1）查阅有关儒家、法家、道家思想的文献资料，选择最有参考价值的 5～10 篇文献。

（2）登录课程网站[①]，重温管理学相关知识点：管理的概念、人的本性假说、激励

① 国家来华留学英语授课品牌课程网站（https://glx.cug.edu.cn/）或国家级精品资源共享课网站（https://www.icourses.cn/sCourse/course_2692.html）。

理论等。

（3）撰写小组分析报告（思想集锦、管理学解析、材料与文献来源等）。

（4）小组成员分工协作，集体讨论形成汇总成果，制作 PPT 或微视频，准备课堂展示。

【课中分享】

（1）每个小组课堂分享汇报 10 分钟。

（2）回答提问 5 分钟。

【课后总结】

（1）根据问题讨论、课堂展示、问题应答，形成最终小组报告（形式自拟，要求 1000 字以上，列出主要参考文献 5～10 篇）。

（2）提交小组报告和 PPT（或微视频）。

2. 毛泽东与周恩来：同心、协力、共命

材料一

毛泽东与周恩来

儒学大师马一浮曾在中南海怀仁堂挥笔写下两副诗联，分别赠给毛泽东和周恩来。赠予毛泽东的诗联是："使有菽粟如水火，能以天下为一家。"通过这副诗联，我们看到的毛泽东是一位提出理论、原则，绘制新中国发展蓝图的人。赠予周恩来的诗联是："选贤与能讲信修睦，体国经野辅世长民。" 通过这副诗联，我们看到的周恩来是将原则具体化、目标步骤化，使蓝图进入可行性操作之中的人。马一浮以其深厚的中华优秀传统文化的功底，用两副诗联阐述了对毛泽东与周恩来之间协力合作关系的深刻认识。

在群星灿烂的中国历史大舞台上，毛泽东扮演的是总战略家、理论家、总决策者的角色，周恩来扮演的是总管家、实干家、总执行者的角色。就像郭沫若所说，毛泽东与周恩来两人是"同心、协力、共命"的关系。两人的"协力"是和而不同的协力，是差异互补的协力。

遵义会议以后，周恩来为了让毛泽东集中精力思考战略性的和理论上的重大问题，经常有意识地使自己主要扮演执行者、管理者的角色。新中国成立后，更是如此。周恩来多次对经济部门的负责同志说，毛主席听汇报看文件只记几个大数就够了，他是办具体事的，要记一些具体数字。有一次，一位曾在周恩来身边工作多年的同志问他，为什么不做些理论工作？周恩来严肃地说："你怎么也讲这个话？我们这么大的一个国家，有那么多具体的事，总要有人去管的。我多管些这类事，就可以让毛主席有更多的时间去考虑一些更大的问题。"

材料二

新中国总管家：周恩来

周恩来成长为新中国总管家一个重要的主观因素与个人追求有关。周恩来自到东北读书，目睹了沈阳日俄战争的遗迹，感受了中国积弱积贫的现状，就开始有了救国救民的思想，并立下“为中华之崛起而读书”的志向。到了南开学校，他在《尚志论》作文中说：“立志者，当计其大舍其细。”到了日本，他说：“有大志向的人，便想去救国，尽力社会。”

总管家需要具备善于协调、精于中和、长于求同存异的才能和智慧。周恩来在南开学校读书时，就已开始锻炼这种才能和智慧。对如何处理中国文化与外国文化的关系，周恩来主张得其中以导国人。

关于义和利，孟子曾对梁惠王说：“王！何必曰利？亦有仁义而已矣。”英国的古典经济学开山祖师亚当·斯密著有《国富论》。周恩来反对把孟子和斯密的义利观对立起来，作《子舆氏不言利，司密氏好言利，二说孰是，能折衷言之欤》。周恩来认为处神州存亡危急之秋，二氏之说，“若分而行之，适足以促吾国之亡”。他主张法二氏之说，合而行之，“民德民生，双峰并峙，两利皆举”。

对于退让和竞争，中国的老子主张退让，欧洲的赫胥黎主张竞争。有人认为这两个人的学说冰炭不同炉。周恩来作《老聃赫胥黎二氏学说异同辩》，认为“二氏固未为冰炭，且所持之道，实一而二，二而一也”。老子的“退让”是针对中国春秋时的争权夺利提出来的，意在“冀世人醒悟，守真返璞，知死明生，勿逾分作私利之争，宁退让保故有之我”。赫胥黎的“竞争”是针对欧洲中世纪宗教神权提出来的，意在“使人民咸知人我以形躯而分，生死以强弱为判”。

回观周恩来的总理生涯，不正是处处表现出善于协调、精于中和、长于求同存异的才能和智慧吗？

【知识点】

管理者、领导者、管理者角色、管理者素质、管理的本质

【问题】

请根据上述材料，以小组为单位，回答以下问题并完成任务。

（1）从毛泽东与周恩来两人“同心、协力、共命”的关系中，谈谈管理者与领导者有何不同。如何理解“领导补充了管理，但不能替代管理”？

（2）从周恩来的总理生涯中，谈谈管理者应具备怎样的素质。

（3）根据明茨伯格的管理者角色理论，毛泽东与周恩来分别扮演了哪些角色？

（4）有人说，管理的本质是协调。请列举案例（或补充素材）中能体现管理这一本质的例子。

【课前准备】

（1）查阅有关文献资料，选择最有参考价值的5～10篇文献。

（2）登录课程网站，重温管理学相关知识点：管理的本质、管理者素质、管理者、领导者、管理者角色理论等。

（3）撰写小组分析报告（管理学解析、材料与文献来源等）。

（4）小组成员分工协作，集体讨论形成汇总成果，制作PPT或微视频，准备课堂展示。

【课中分享】

（1）每个小组课堂分享汇报10分钟。

（2）回答提问5分钟。

【课后总结】

（1）根据问题讨论、课堂展示、问题应答，形成最终小组报告（形式自拟，要求1000字以上，列出材料与文献来源）。

（2）提交小组报告和PPT（或微视频）。

3. 璀璨的中国管理思想

管理思想的历史源远流长，从尼罗河畔第一个古王国的建立，到古埃及的金字塔、中国的万里长城，发展至今少说也有6000年的历史。无数的管理思想和实践汇聚成川流不息的管理历史长河，而中国的管理思想和管理实践，更是这条滔滔长河中最璀璨的一条支流。请从管理之精髓、决策之道、科学用权、组织有力、领导有方、控制有效、管理伦理七个方面探寻中国管理之奥秘，凝练出中国的管理思想。

【问题】

请以小组为单位，回答以下问题并完成任务。

（1）寻找中华优秀传统文化中成功的管理实践、管理伦理与管理哲学故事，选择能体现中国管理思想或实践的事件或故事。

（2）针对上述七个方面，至少写出七个管理故事情节。

（3）请给出对应的知识点，并运用管理学知识进行分析。

【课前准备】

（1）围绕上述七个方面，查阅资料与文献，筛选中国管理思想或实践的故事与事件。

（2）撰写小组分析报告（内容包括管理故事或事件原文、涉及的知识点、管理学解析、材料与文献来源等）。

（3）小组成员分工协作，集体讨论形成汇总成果，制作PPT或微视频，准备课堂展示。

【课中分享】

（1）每个小组课堂分享汇报 10 分钟。

（2）回答提问 5 分钟。

【课后总结】

（1）根据问题讨论、课堂展示、问题应答，形成最终小组报告（形式自拟，要求 1000 字以上，列出主要参考文献）。

（2）提交小组报告和课堂展示 PPT（或微视频）。

4. 贾母的领导力

材料一

贾母对王夫人笑着说："我打发人请你来，不为别的。初二是凤丫头的生日，上两年我原早想替她做生日，偏到跟前有大事，就混过去了。今年人又齐全，料着又没事，咱们大家好生乐一日。"王夫人笑着回答："我也想着呢。既是老太太高兴，何不就商议定了？"贾母听后，越发高兴起来，赶忙派人去请薛姨妈、邢夫人等，又叫人去请姑娘们和宝玉，那府里珍儿媳妇和赖大家的等有头脸管事的媳妇也都叫了来。

说着，大家早已合算了，共凑了一百五十两有余。贾母说："一日戏酒用不了。"尤氏说："既不请客，酒席又不多，两三日的用度都够了。头等，戏不用钱，省在这上头。"贾母说："凤丫头说那一班好，就传那一班。"凤姐儿说："咱们家的班子都听熟了，倒是花几个钱叫一班来听听罢。"贾母说："这件事我交给珍哥媳妇了。叫凤丫头别操一点心，受用一日才算。"尤氏答应着。又说了一会儿话，都知道贾母累了，众人才渐渐地都散出来。

材料二

邢夫人原觉得有了王熙凤后，贾母对自己日渐冷落，于是在贾母大寿之日故意挑了王熙凤做事的不妥之处放在众人面前说道。凤姐一边生气一边羞愧，回到自己房里偷偷哭起来。鸳鸯把这事报给了贾母。贾母关心地问鸳鸯什么事竟惹得凤丫头哭了。听后贾母看清了事情的原委，表示王熙凤这事处理得很好，这才体现了王熙凤明白礼节，而邢夫人平时就憋着气，又不好发作，所以今天揪着这个作法子，分明是在大家面前给王熙凤难堪罢了。鸳鸯作为贾母代言人，立马去众人面前帮王熙凤立威说："还提凤丫头虎丫头呢，她也可怜见儿的。虽然这几年没有在老太太、太太跟前有个错儿，暗里也不知得罪了多少人。总而言之，为人是很难做的。若太老实了没有个机变，公婆又嫌太老实了，家里人也不怕；若有些机变，未免又治一经损一经。如今咱们家里更好，新来的这些底下奴字号的奶奶们，一个个心满意足，都不知要怎么样才好，稍有不如意，不是背地里咬舌根，就是挑三窝四的。之前怕老太太生气，鸳鸯我一点儿也不肯说。若再有人这样干，就告诉老太太，大家别想过太平日子。”

材料三

王熙凤生病，探春和李纨协理荣国府。王熙凤平时靠的是权威式管理，一旦管少了，下属就开始反弹，各种怠工，甚至聚众赌博。贾母知道自己这个不管事的当家主母必须出来管一管事了。于是，贾母找来探春和李纨，问明情况，开始了一番谆谆教诲：“你一个姑娘家，如何知道这里头的利害。你自以为赌钱只是平常事，只不过起些争吵罢了。殊不知夜间赌了钱，就少不了喝酒；喝了酒，就少不了乱闯房门。夜深人静藏贼引奸引盗，他们什么事做不出来。况且园中人员关系复杂，人群混杂，偷盗事小，若再惹出其他什么事，可不是小问题，这事岂可轻恕。”探春听后，便默默回到座位坐下了。

材料四

府里有人聚众赌博，探春和李纨管事还不够熟练，贾母命即刻查了头家赌家来，有人出首者赏，隐情不告者罚。林之孝的媳妇等人见贾母动怒，谁敢徇私，立即风风火火地把人叫齐，一一盘问。贾母先问赌博大头是谁，涉及金额多少。原来一个是林之孝的两姨亲家，一个是园内厨房内柳家媳妇的妹妹，一个是迎春的乳母，这是三个为首的。贾母便命人将骰子牌一并烧毁，将所有的钱入官分散给大家，将为首者每人打四十大板，撵出去，永不再用；其余的人每人打二十大板，扣三个月工钱，分去打扫厕所。又将林之孝的媳妇训斥了一番。

【问题】

请根据上述材料，以小组为单位，回答以下问题并完成任务。

（1）根据领导生命周期理论，判断材料一至四中贾母分别采用了哪种领导方式。这些方式是否有效？为什么？

（2）请运用菲德勒模型，分析贾母领导的有效性。

（3）除了贾母外，从《红楼梦》中再寻找能体现任务型领导和关系型领导的例子。

【课前准备】

（1）阅读《红楼梦》，查阅有关文献资料，选择最有参考价值的5～10篇文献。

（2）登录课程网站，重温管理学相关知识点：领导者、领导生命周期理论、菲德勒模型等。

（3）撰写小组分析报告（管理学解析、材料与文献来源等）。

（4）小组成员分工协作，集体讨论形成汇总成果，制作PPT或微视频，准备课堂展示。

【课中分享】

（1）每个小组课堂分享汇报10分钟。

（2）回答提问 5 分钟。

【课后总结】

（1）根据问题讨论、课堂展示、问题应答，形成最终小组报告（形式自拟，要求 1000 字以上，列出材料与文献来源）。

（2）提交小组报告和 PPT（或微视频）。

三、究　微　篇

究微篇，即筑基篇，汇集了互联网练习、问题透视与管理技能训练、管理大师经典著作赏析。通过本篇的练习，学生运用所学知识解决管理问题，体验互联网学习的乐趣，由现实数据或调查结果透视管理问题，掌握管理技巧，赏析大师经典著作，培养批判性思维，形成管理志趣，“培”自主精神。

（一）互联网练习

1. 角色与技能

浏览网页，搜索三种不同类型的组织，如一家公司、一家医院、一所学校，了解它们的管理者是如何履行管理的四大职能的，列出他们扮演了什么管理角色，在工作中更多地运用了何种管理技能。

2. 用艺术整合科学

浏览网页，寻找管理是科学、管理是艺术、管理是用艺术整合科学的足迹，列出其中最有力的证据，完成表 3.1 的内容。

表 3.1　佐证的证据

	管理是科学	管理是艺术	管理是用艺术整合科学
佐证证据 1			
佐证证据 2			
佐证证据 3			
佐证证据 4			
佐证证据 5			

3. 管理的环境

搜索一家公司的网页，了解该公司所处的环境对其组织绩效产生的影响，并从一般环境和具体环境入手，分析哪些环境因素对其组织绩效产生了较大影响。该公司的应对措施是否有效？如果不是很有效，请给出更好的应对措施。

4. 管理理论的丛林

登录相关网站，选择你感兴趣的五个代表性组织，了解其管理的演进过程，寻找各种管理理论和思想的践行者，描述该组织的管理者采用了以下哪种管理理论学派的思想，并分析其有效性。

（1）科学管理理论。

（2）古典组织管理理论。

（3）人际关系学说。

（4）系统管理学派。

（5）权变理论学派。

（6）决策理论学派。

（7）管理科学学派。

（8）社会系统学派。

5. 璀璨的管理思想

管理可以追溯到远古时期。浏览网页或查阅相关资料，了解早期成功的管理实践和璀璨的管理思想，写出能反映下列管理思想的远古时期的小故事。

（1）系统管理。

（2）权变管理。

（3）授权原则。

（4）例外原则。

（5）集权与分权。

（6）X 理论。

（7）Y 理论。

（8）以人为本。

6. 决策模式

浏览网页，搜索一家你感兴趣的组织，了解它在过去三年里所做的决策，并分析这些决策属于程序化决策，还是非程序化决策。该组织采用了何种决策模式，是理性决策、有限理性决策，还是直觉决策？

7. 愿景与目标

浏览网页，搜索一家你感兴趣的组织，了解其愿景或使命、价值观、目标及战略等信息，分析该组织的愿景或使命、目标和价值观是如何影响其战略计划制订的。

8. 目标设定

浏览网页，搜索一家你感兴趣的公司，了解其组织的总体战略目标，以及细化到各部门、各岗位的具体目标，分析其目标设定的科学性，判断其是否符合目标管理原理。

9. 部门化趋势

浏览网页，基于以下的部门化方式，寻找采用相应部门化方式的组织，说明其组织结构类型，判断它们是属于机械式组织还是有机式组织，从中归纳出现代组织部门化的趋势。

（1）职能部门化。

（2）产品部门化。

（3）顾客部门化。

（4）地区部门化。

（5）过程部门化。

（6）跨职能团队。

10. 组织结构

浏览网页，寻找符合下列组织结构类型的组织，描绘其组织结构特征。为了在组织中有效地工作，你作为管理者在以下组织开展工作时，应具备什么样的管理技能？

（1）团队结构。

（2）矩阵结构/项目结构。

（3）事业部矩阵型。

（4）无边界组织。

（5）学习型组织。

11. 迥异的领导风格

浏览网页，寻找符合下列不同领导风格的领导者，运用相关的领导理论予以分析，并说明其适用的场景。同时，思考这些不同领导风格的领导者所具备的领导特质有何不同，从中归纳出现代领导者突出的领导特质。

（1）民主式领导。

（2）独裁式领导。

（3）放任式领导。

（4）任务导向型领导。

（5）关系导向型领导。

（6）授权式领导。

（7）团队型领导。

（8）领袖魅力型领导。

（9）愿景型领导。

（10）变革型领导。

12. 高成就需要者

浏览网页，寻找符合高成就需要者的例子。他们的主管是如何激励他们的？如何将高成就需要者培养成为优秀的管理者？请找出管理实践中的例子予以佐证。

13. 有效的激励手段

浏览网页，了解不同公司对员工的激励手段或措施，寻找有效激励的手段，并列出其具体应用情形。这些激励手段为什么是有效的？除了以下提及的激励手段外，还有哪些有效的激励手段？

（1）认清个体差异。

（2）运用目标。

（3）个别化奖励。

（4）奖酬与绩效挂钩。

（5）检查公平性系统。

（6）不要忽视金钱的作用。

14. 领导的影响力

浏览网页，寻找拥有下列不同权力来源的领导者，并列出其应用情形，思考这些领导者的权力有何不同。

（1）法定权。

（2）奖赏权。

（3）强制权。

（4）专长权。

（5）感召权。

15. 控制系统

浏览公司网页，了解不同公司的控制系统。它们分别采用了哪些控制类型？描述这些公司的具体做法，分析其控制系统的有效性。如果不是很有效，请给出完善的建议。

16. 控制方法

浏览公司网页，寻找预算控制、质量控制、成本控制、作业控制等的典型例子，或者事前控制、现场控制、反馈控制的例子，并说明它们分别采用的是什么样的控制标准。如果标准制定不合适，请给出合理的建议。

（二）问题透视与管理技能训练

1. 机器人也需要管理吗

毫无疑问，机器人与人工智能技术将持续地被引入工作场所，从早期的工厂、工业设施，到现在的办公室、商场、超市、医院、学校等。未来的工作场所很可能尽量多地使用更快捷、更有责任感的机器人“员工”。这些机器人“员工”将改变管理者的工作内容，使管理者的工作变得更富有挑战性。

【问题】

（1）管理机器人属于管理工作吗？

（2）如果必须管理人和机器人，你认为作为一名管理者，其工作有何不同？请从管理的职能观、角色观和技能观的角度予以分析。

2. 做事的境界：追求极致

张一鸣作为字节跳动公司的创始人，堪称人才管理的标杆。他追求做事的五种境界，引领团队追求卓越。

第一个境界：做满了。把事情做满只是自我安慰。

第二个境界：做好了。做不好就别做了，要做就必须做到最好。

第三个境界：有没有“新好”。不但做了，做好了，而且做好了一些新的事情。

第四个境界：做对了。解决关键问题并且有效果。

第五个境界：用户体验好。那才是真的好。

【问题】

从效率与效果的角度，谈谈你对张一鸣追求极致地做事的五种境界的理解。

3. 乐队指挥还是提线木偶

一位经理能在多大程度上控制自己的事务？对于这个问题，彼得·德鲁克给出了明确而形象的答复：经理有责任创造一个比其部分之和更为巨大的真正整体，一个能产生比投入资源之和更大的生产性整体。我们可以把他比喻成一个交响乐团的指挥。通过他的努力、想象力和领导艺术，把具有各种不同音乐效果的各个乐器的演奏变成一个生动的音乐整体。当然，乐队指挥还得服从作曲家的乐谱，他只是一个协调者。而经理既是作曲家又是乐队指挥。

然而，苏恩·卡尔森在对经理们进行系统研究后，却持不同的看法：在我们进行研究之前，我总把总经理看作是乐队的指挥，一个人站在他的指挥台上。现在，在某些方面，我有点倾向于把他看成是木偶戏中的木偶，数百人拉线并迫使他行动。

【问题】

（1）从管理职能的角度，你如何看待这两种观点？

（2）请用一句话来描述经理应该起什么作用。

4. 卓有成效的管理者

彼得·德鲁克在《卓有成效的管理者》一书中指出，有效的管理者具备以下六大特征。

（1）重视目标和绩效，只做正确的事情。

（2）一次只做一件事情，并且只做最重要的事情。

（3）作为一名知识工作者，管理者知道自己所能做出的贡献：创造新思想、远景和理念，他的目标在于提高整体的绩效。

（4）在选用管理者时，他注重的是出色的绩效和正直的品格。他关心的是一个人能做什么，而不是他不能做什么。他致力于充分集中人员的知识和技能，利用这些优势达成组织的目标。

（5）知道增进沟通的重要性，有选择性地收集所需要的信息。

（6）只做有效的决策。

【问题】

对于彼得·德鲁克关于有效管理者的六大特征，谈谈你的理解。

5. 管理者画像

管理者通常被划分为基层管理者、中层管理者、高层管理者三个层级。

高层管理者是组织的“头部力量”，作为决策层，主要考虑组织的发展战略、整个组织的设计、与组织外部的沟通与联系。其画像被描述为设立组织目标、创新战略决策、监督中层管理者、连接内外讯息。

中层管理者是组织的“腰部力量”，作为中坚层，起承上启下、沟通协调的作用。他们贯彻执行高层管理者的决策，监督和协调基层管理者的工作。其画像被描述为贯彻高层决策、指导下层执行、监督协调工作、沟通协调平衡。

基层管理者是组织的“腿部力量”，作为执行层，对一线人员进行指导和培训，做好组织协调，有效化解冲突。其画像被描述为传达上级指示、分配工作任务、深入基层实际、保证任务完成。

【问题】

（1）高层、中层、基层管理者的职责有何不同？请为他们描绘理想的管理者画像。

（2）当下不少著名企业将“腰部瘦身”的方式作为提升效率的优选手段，你如何看待？

6. 塑造一个更好的老板

当谷歌决定“塑造一个更好的老板”时，它做了自己最擅长的事情——看数据。谷歌将“短语、语言、赞美和抱怨”与寻找一位优秀老板的原因相关联。这个名为 Oxygen 的项目检查了大约 100 个变量，最终确定了谷歌最有效的管理者的 8 个特征。

（1）为团队制定清晰的愿景和战略。

（2）帮助你的员工职业发展。

（3）表达对团队成员成功和幸福的兴趣。

（4）掌握技术技能，为团队提供建议。

（5）做一个好的沟通者，倾听你的团队。

（6）做一名好教练。

（7）富有成效，注重结果。

（8）赋予团队权力，不进行微观管理。

【问题】

请分别运用管理职能观、明茨伯格的管理者角色观和卡特兹的管理者技能观，描述 Oxygen 项目的发现。

7. 管人还是管事

研究者对管理者喜欢做的事情进行了调查，被调查的来自五个国家的管理者们都表示，他们最喜欢的工作就是引导他人、建立人脉关系及领导创新，最不喜欢的工作是监控下属、处理文书工作及进行时间压力管理。

【问题】

结合所学知识，谈谈管理者的工作应该包括哪些内容。

8. 从程序员到首席执行官

某公司总经理雷洋是计算机专业出身。在升任公司首席执行官时，他内心有过挣扎，从程序员转变成经理，面临有三大障碍：第一，程序员都是完美主义者，不能容忍漏洞，而管理者要学会眼睛里能揉进沙子，得学会容忍，有时候甚至需要学会妥协。第二，从写程序到做管理，要学会拿放大镜去看别人的优点。第三，写程序更多的时候只需要跟计算机沟通，是在自己的国度里自由驰骋，而做管理者不仅要学会跟别人沟通，还需要有很高的沟通技巧。

【问题】

（1）雷洋作为首席执行官与程序员，其角色有何不同？

（2）请你谈谈雷洋作为首席执行官，其管理工作应该包括哪些内容，他最需要加强什么管理技能。

9. 无能的领导者

智联招聘《职场人年中盘点报告》数据显示：因领导想离职的员工的占比高达46.3%，接近半数。其原因主要有以下几个。

（1）和领导三观不合。

（2）领导业务水平不高，不懂装懂。

（3）领导决策力不行，优柔寡断。

【问题】

（1）你会因为这样的领导离职吗？为什么？

（2）根据调查结果，你认为这些领导者应加强哪些管理职能及管理技能？

10. 科学管理是万能的吗

汤姆·彼得斯认为，管理根本不存在一般模式，即使有也不是成功的标志，因为企业的成长不可能总是一成不变的，若按昨日的模式运转，那么今天注定要失败。

弗雷德里克·温斯洛·泰勒认为，在物质方面的直接浪费，人们是可以看到和感觉到的，但由于不熟练、低效率或指挥不当而出现的浪费，人们既看不到，又摸不到。所有的日常活动中不注意效率的行为都在使整个国家的资源遭受巨大损失，而补救低效能的办法不在于寻求某些出众或是非凡的人，而在于科学地管理。

【问题】

请结合相关管理学理论，谈谈你对两位管理大师管理理念的认识。

11. 能力的相对重要性

现代“经营管理之父”亨利·法约尔认为，每一项基本职能对应一种专门的能力，分别为技术能力、商业能力、财务能力、安全能力、会计能力及管理能力，并调查得出每一种能力在大型企业人员和管理者能力中的相对重要性（见表3.2）。

表3.2 大型企业人员和管理者能力相对重要性比较 %

	人员类别	能力						
		管理	技术	商业	财务	安全	会计	总值
大型企业	工人	5	85	—	—	5	5	100
	工长	15	60	5	—	10	10	100
	车间主任	25	45	5	—	10	15	100
	分厂长	30	30	5	5	10	20	100
	部门领导	35	30	10	5	10	10	100
	经理	40	15	15	10	10	10	100
联合企业	总经理	50	10	10	10	10	10	100

【问题】

（1）请结合上述结果，说明这六大能力对于高层、中层、基层管理者有何不同。

（2）根据相对重要性的数据，你可以得出什么结论？该结论与卡特兹三大技能理论一致吗？

12. “暖心计划”

阿里巴巴秉承“奔跑在路上，暖意在心上”的理念，2021年公布了多项关怀员工的“暖心计划”。

（1）陪伴假：推行7天全薪陪伴假，聚焦家庭陪伴，希望员工留出更多的时间陪伴家人。

（2）康乃馨计划：属于家人关怀项目，包括阿里员工父母每年可享受免费体检服务，员工子女与本人一同享有百万级医疗保险保障。除国家法定节假日和全薪年假外，阿里员工每年还有探访亲友的专程路途假。

（3）育儿假：为子女3周岁以内的员工提供10天全薪育儿假，方便员工有更多的时间陪伴年幼子女成长。

（4）长期服务假：主张让员工快乐工作。为感谢员工对阿里巴巴的长期奉献，工作每满 10 年的员工即可享受 20 天全薪假期。

（5）绿色出行交通补贴：为培养员工的绿色低碳观念，阿里巴巴为员工每月增加 800～1200 元的交通补贴，鼓励绿色错峰出行。

（6）灵活办公制度：允许员工每周最多一天时间自由选择办公地点，以便他们在遇到恶劣天气、突发情况或需要兼顾家庭事务时，可自行决定在效率最高、最舒适的地方工作。

【问题】

阿里巴巴的系列“暖心计划”体现了哪些管理理论的思想？请结合上述材料具体说明。

13. 离职圈

优秀的人也喜欢扎堆。当这种人才流动时，他们在离职后会自发建立各种群。互联网企业员工离职后抱团现象尤为普遍，如阿里的“前橙会”、百度的“百老汇”、华为的“华友会”、腾讯的“南极圈”和“单飞企鹅俱乐部”、盛大的“盛斗士”、新浪的“毕浪”、金山的“旧金山”等互联网公司离职圈。此外，还有顺丰的“丰云会”、比亚迪的“迪创会”、金蝶的“蝶代”、九鼎的“九友会”、京东的“东成西就”、摩拜的“摩蹬家庭”、携程的“海豚湾”等。有趣的是，腾讯还专门为离职员工提供毕业礼品、离职证明、人才推荐绿色通道等。

各种离职圈成就了离职人新的梦想，为创业者提供融资、人才等资源对接，如“南极圈”获得了“腾讯产业共赢基金”的千万级天使轮投资，“单飞企鹅俱乐部”每年都对外发布腾讯系创业者融资榜单。离职群已逐渐演变成一种有规模、有运营的组织形式——一个让原公司及圈内同行都无法忽视的资源聚集地。

【问题】

（1）千姿百态的离职组织满足了离职人的何种需求？它属于非正式组织吗？

（2）请结合人际关系学说，具体说明离职圈对企业的影响。

14. 参与是万能的吗

参与被认为是人际关系领域最容易被误解的观点之一。在某些管理者看来，参与是一种万能药、操纵工具、花招或威胁手段。有人赞美，有人谴责，有人运用它大获成功。

支持派认为，参与是具有魔力的方法，能化解冲突与分歧，甚至就像一道万能公式，能解决管理中的任何问题，而不必考虑管理者自身的能力。

反对派认为，参与是个危险的想法，它使管理者让出了权威，并使一切失去控制。参与无疑是在浪费时间，削弱管理能力。

实用派认为，将参与当作实用的工具。管理者运用它让他人完成他们希望完成的事情，借此迷惑他人，使其以为自己参与了决策。持这种观点的管理者通过巧妙的手段使别人说出管理者心中的想法，却以为是自己提出来的意见。

融合派认为，参与不是万能药或魔力公式。管理者不会毫无限制地运用，也不会一味地攻击，更不可能把参与当成迷惑他人的工具。

【问题】

（1）上述 4 种观点，你更认同哪一种？为什么？参与和授权有何不同？

（2）有人认为，参与应该被视为“一种自然的采取融合原则和自我控制的管理方式”，你如何看待？

15. 管理的“百慕大三角”

人事管理通常有 3 种基本的思想，分别为组织理论、工业工程和行为科学。

组织理论家把人的需要视为不理性的、多变的和多样的，因此管理者的主要职能就是随情境变化而做切实的工作。只要工作的组织形式适当，就会产生有效的工作结构，自然会形成最佳的工作态度。

工业工程学家认为，人是被动的，受经济因素激励，把人放在最有效率的工作岗位，能最好地满足人的需要。因此，管理的目标是制定最合适的激励体系，按最能充分利用人类机器的方式设计具体的工作。通过高效运作的工作结构设计，企业就能获得最优化的工作组织形式与合适的工作态度。

行为科学家关注的是群体情绪、个体员工的态度，以及组织的社会环境和心理环境。他们强调各种保健因素和激励因素中的一种或多种需要。他们的管理方法一般强调某种形式的人际关系教育，希望注入健康的员工态度，创设契合人类价值观的组织环境。他们认为，良好的工作态度将带来高效的工作和组织结构。

对于组织理论家和工业工程学家不同方法的总体效果，一直有着激烈的争论。显然，两种方法都取得了很好的效果。但让行为科学家困惑不解的是：最终使组织花费更多的所谓人的问题，如跳槽、缺勤、工作失误、违反安全规则、罢工、对产出的制约、工资上涨和福利提高等，其代价到底有多大？另外，行为科学家难以证明使用他们的方法后人事管理有明显的进步。

【问题】

（1）上述三种观点，你认同哪一种？为什么？

（2）基于组织理论、工业工程和行为科学的人事管理永恒的三角，你认为如何才能走出行为科学家的困境？

16. 有趣的访谈发现

赫兹伯格与助手一起对 200 名工程师、会计师进行了调查。12 次调查中，他们发现的影响工作态度的各种因素如图 3.1 所示。在此基础上，他们提出了双因素论。这些调查涉及 1685 名员工样本，调查对象包括基层主管、职业女性、农业管理人员、即将退休的男性管理者、生产主管、食品处理人员、军官、科学家、教师、护士、工程师、技术人员、会计师、管家、女性装配工、工头等。

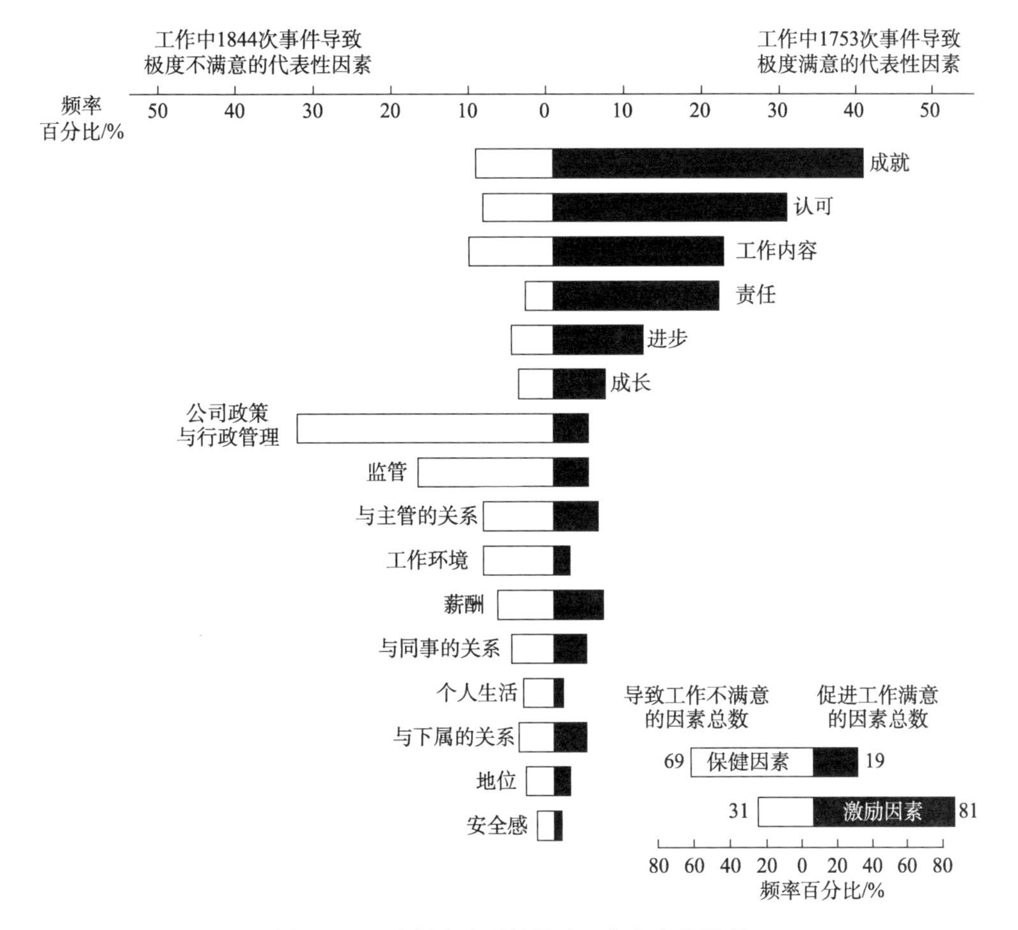

图 3.1 12 次调查发现的影响工作态度的因素

通过对 1844 人次的调查，赫兹伯格发现，造成员工工作态度非常不满意的原因主要有以下 10 个方面：公司政策与行政管理、监管、与同事的关系、与主管的关系、与下属的关系、薪酬、安全感、个人生活、工作环境和地位等。

赫兹伯格从 1753 人次的调查中发现，使员工感到非常满意的因素主要有以下 5 项：

工作富有成就感、工作成绩能得到认可、工作本身富有挑战性、职务上的责任感、个人发展的可能性。

访谈问题涉及：工作中发生的哪些事件让你们感到极度满意，或者极度不满意？等等。调查结果显示：在所有促成工作满意的因素中，81%来自激励因素；在所有导致员工工作不满意的因素中，69%来自保健因素。

【问题】

请参考上述调查方式，针对大学生设计调查问卷与访谈提纲，并回答以下问题。

（1）你认为大部分大学生目前处于需求层次的哪一层次？最大的需求是什么？

（2）请结合问卷调查与访谈活动，列出他们主要的保健因素和激励因素。

17. 新生代员工的职场期望

当新生代员工涌入职场时，他们拥有强烈的自我意识和独特的个性特征，与以往的员工形成了鲜明的对照，新生代员工对于职业的选择也更加多元、自由。智联招聘2021年9月发布的《Z世代职场现状与趋势调研报告》显示：

超八成的Z世代拥抱“灵活就业”，但他们同时也担忧收入的稳定性；

Z世代比职场前辈更渴望高收入，同时期待个人成长；

Z世代不如前辈“肯吃苦”，37.8%的“95后”求职时关注办公环境；

Z世代想要拥有话语权，开始抛弃“分工明确”的固化职场；

Z世代渴望在情感上得到平等对待，实现付出与收入的平衡；

五成以上的Z世代感受不到工作的价值和意义，感觉自己是“工具人”。

【问题】

请结合相关管理理论，谈谈要满足新生代员工的职场需求，应从哪些方面着手。

18. 需求不可逆吗

马斯洛的需求层次论将人的需求划分为5个层级，且有先后次序与等级之分。

A. 地震中人们冒着生命危险去寻找食物。

B. 淡泊名利，潜心钻研发现“青蒿素”的屠呦呦。

C. 穷人很少参加排场讲究的社会活动。

D. 一个安全需要占主导地位的人拒绝接受富有挑战性的工作。

E. 那些未达到最低生活标准、急于要养家糊口的人。

F. 个人取得额外成就而很快获得组织赠予奖金的人。

【问题】

以上不能用需求层次理论进行合理解释的是哪种情形？请根据需求层次理论说明原因。

19. 无精打采的员工

奔腾是一家软件开发公司，其员工多是刚毕业参加工作一两年的年轻人。公司人力资源部部长认为，刚毕业的年轻人应该比较喜欢挑战，于是他向公司总裁提出了具有挑战性的员工激励方案。该方案强调表彰、提升、给予更大的个人责任和股票期权计划等。可让他万万没有想到的是，该方案交由员工讨论时，员工们却完全提不起兴趣，还抱怨公司让他们加班太多、薪水不高、休假太少等。

【问题】

试分析奔腾员工抱怨的原因。该公司要激励员工，应从哪些方面着手？

20. 人性假设面面观

对于人的本性的认识，荀子、孟子、梁启超、告子分别提出了自己的观点（见表 3.3）。

表 3.3 对人的本性认识的不同观点

提出者	荀子	孟子	梁启超	告子
理论/观点	性恶论	性善论	尽性主义	流水人性
内涵	目好色，耳好声，口好味，心好利，骨体肤里好愉逸	恻隐之心，羞恶之心，辞让之心，是非之心	把个人的天赋良能发挥到十分圆满，人人可以自立	人性无善与不善，决诸东方则东流，决诸西方则西流

【问题】

试分析上述理论或观点分别对应着谢恩对人的 4 种假设中的哪一种。请说明理由。

21. 需求的金字塔

某公司调查了影响员工工作效率与积极性的主要因素，结果如下：

（1）休息和茶点时间。

（2）基本工资。

（3）通情达理的上司。

（4）工作头衔。

（5）创造性、挑战性的工作。

（6）安全的工作环境。

（7）和谐的工作团队。

（8）增加奖励工资。

（9）参与决策制定。

（10）舒适的工作条件。

（11）福利。

（12）亲密的工作伙伴。

（13）同事或上司的赞扬和认可。

（14）晋升。

（15）合理的工作时间长度。

（16）普遍加薪。

（17）与客户间的互动。

（18）对工作本身负有责任。

（19）工作的弹性和自主性。

（20）工作保障。

【问题】

（1）请将上述因素分别归入马斯洛需求层次。

（2）上述因素中，哪些属于保健因素？哪些属于激励因素？

22. 抗美援朝

1950年6月，美国总统杜鲁门下令美国空军介入朝鲜战争。以美国为首的“联合国军”于9月15日在仁川登陆，很快将战火燃烧到鸭绿江畔。朝鲜战争的爆发，使刚刚诞生不到一年的新中国面临重要的抉择。作为一百多年来饱受战乱的新生国家，新中国将何去何从？面对号称世界第一强国的美国，中国共产党领导人做出了出兵朝鲜、抗美援朝的决定，开启了中国人民伟大的“抗美援朝、保家卫国”战争，从而创造了震惊世界的光辉业绩，成为中国人民不畏强暴、反抗侵略的伟大壮举，谱写了新中国历史上的辉煌篇章。

【问题】

（1）中国共产党领导人做出的“出兵朝鲜、抗美援朝”的伟大决定，属于何种决策？

（2）试分析伟大的抗美援朝战争取胜的根本原因。

23. 头脑风暴式决策

假定让你在某城市新建的商务中心开一家酒店，你与合伙人拥有开办各种类型酒店的资源，而现在面临的问题是该城市已拥有不同档次、不同类型的酒店。

【问题】

（1）请运用头脑风暴法进行决策，决定新开酒店的类型。头脑风暴法有何利弊？

（2）请说明决策的具体步骤与预期成果。

24. 不确定型决策

某运动中心为适应市场上不断增长的用户需求，拟采用 3 种方案：（1）对现有中心进行改造；（2）扩建；（3）外包。其决策损益如表 3.4 所示。该中心采用何种方案最优？

表 3.4 决策损益

单位：万元

决策方案	损益值（自然状态）			
	高需求	中需求	低需求	无需求
改造	500	250	–250	–450
扩建	700	300	–400	–800
外包	300	150	–100	–100

【问题】

（1）分别采用乐观法、悲观法、最小后悔值法进行决策。

（2）为什么采用三种不同的决策方法确定的最优方案不同呢？

25. 无人机该飞向何方

假定让你新建一家无人机公司，你需要考虑该公司目前所处的内外部环境，明确自身的愿景与价值观，进而提出公司的总体目标方案。目前，你面对的国内同类企业有大疆、极飞科技、吉影科技、易瓦特、飞马机器人、JOUAV 等。它们各自的目标描述如下。

大疆：在无人机、机器人教育、手持影像等前沿创新领域，不断创新技术产品与解决方案，打造“让生命更丰富”的梦想家园。

极飞科技：用人工智能、机器人和新能源技术为农业赋能，研发和制造民用无人机和飞行控制系统，肩负起“提升农业生产效率”的使命，实现农田无人化作业。

吉影科技：通过水下机器人和水下设备的全球布局，汇集全球海底的影像数据和海洋信息资源，成为彰显“中国蓝色实力”的世界级企业。

易瓦特：成为全球颇具影响力的民用无人机系统制造商、高端用户解决方案提供商、驾驶员培训及飞行服务商，开创航空领域技术革命，为客户提供一流产品与全方位优质服务。

飞马机器人：致力于民用超小型无人机系统的研发、生产及销售，提供便捷、易用的工业级无人机、消费类无人机及一站式空间数据系统服务，成为全球无人机行业的领导者。

JOUAV：成为全球领先的无人机系统供应商与服务商，推进工业无人机智能化、平台化、工具化变革，推动实现低空空域的价值化和商业化，让人类活动从二维上升到三维。

你所新建的无人机公司希望采取以下发展策略：

（1）全面整合企业资源，打造新的无人机品牌。

（2）加快市场网络建设，加大广告投放力度，提高市场占有率。

（3）推动零售管理精细化运营，打造专业零售运营团队，协助代理商向终端市场推广。

【问题】

（1）结合上述材料，说明拟新建无人机公司的目标是如何设定的。

（2）在拟新建的无人机公司目标设定过程中，如何体现公司的社会责任？

（3）请具体描述新建的无人机公司的愿景与价值观。

26. 6G 融通世界

2023 年全球 6G 技术大会以“6G 融通世界，携手共创未来”为主题，探讨 6G 作为未来数字世界的“超级基础设施”，如何以极致性能，支撑人、机、物的多维感知，从而赋能全社会数字化转型。

假如你是某公司未来拟推出的 6G 运营团队的负责人，需要提出一个运营的解决方案。根据推进组预测，面向 2030 年商用的 6G 网络将涌现出智能体交互、通信感知、普惠智能等新业务、新服务。预计到 2040 年，6G 各类终端连接数相比 2022 年增长超过 30 倍，月均流量增长超过 130 倍。

【问题】

（1）请为该公司制定相应的目标与战略。

（2）请针对商用 6G 网络中的新业务、新服务，为该公司制订未来 6G 技术的发展计划。

27. 新型组织：因设计而不同

德勤 2016—2020 年人力资本趋势系列报告围绕新型组织因设计而不同、改写数字化时代的规则、社会企业的崛起、领导社会企业、以人为本进行企业重塑、践行中的社会企业、在悖论中展开探索前行等主题展开，“组织设计”已成为全球高管和人力资源部门关心的首要问题，92%的问卷反馈将其列为首要任务。

德勤的系列报告揭示，组织正朝着构建生态体系和网络转变，高度授权的团队、组织结构的网络化和虚拟化趋势日益凸显。随着人工智能的快速发展，组织的变革围绕人这一核心展开。组织不再空谈使命，而是将其价值融入日常工作。

【问题】

请结合实际具体说明为顺应这一趋势，组织结构应做怎样的改变。

28. 数字时代的部门化

有关调查显示，53%的被调查者认为：移动计算将扼杀传统的办公室。为适应这种变化，许多公司中的团队数量剧增，等级制结构被摒弃，取而代之的是体现“速度、技能、灵活”的跨职能团队，它们改写着数字时代组织的部门化方式。

假设你是M公司的首席执行官，该公司是一家生产综合家用电器的公司，其产品已由单一的冰箱扩展为冷柜、洗衣机、烘干机、空调、电视机、热水器等诸多家电产品。财务、营销、生产、人事、采购、研究与开发等构成了公司的主要职能部门。随着公司的发展壮大，产品不仅在国内销售，也开始销往美国、法国、德国、英国、意大利、日本等国家和地区。为了适应数字时代的要求，公司高层决定对组织结构进行调整与变革。

【问题】

（1）试分析随着产品的多元化和国际化，何种组织结构形式更合适M公司。其部门划分可以采用哪几种方式？

（2）数字时代使得等级制结构被摒弃，M公司未来应考虑采取什么样的部门化方式？

29. 左右为难的授权

研究表明，频繁下放职权的领导者往往有更高的业务绩效，但领导者经常委派任务给下级未必会使其更快乐。有的领导者认为，如果你想把事情做好，那最好还是自己做。因为你会发现，在实际工作中，你经常以刚好相反的方式在做事情。

【问题】

（1）你认为频繁放权与牢牢地把权力据为己有相比，哪种方式更可取？为什么？

（2）结合实际，阐述你怎么做才能确保对下属的授权是成功的。

30. 新、旧权力的博弈

主宰全球的权力正在悄然发生变化。有些人相信：科技实现了乌托邦梦想，互联网时代带来了民主和繁荣；大企业和官僚巨擘将陆续倒台，而头顶自制的 3D 打印皇冠的群众将成为主宰者。这些转变的背后是两股不断增长的权力博弈：旧权力和新权力。

旧权力——类似货币，掌握在少数人手中。一旦得到，拥有者会小心翼翼地将其守护起来，拥有这些权力的人可以“挥金如土”。旧权力封闭，难以获得，由领导者驱动。旧权力是一种特权，它的运行方式是“下载”和“捕获”。

新权力——类似电流，由多种力量汇聚而成。新权力开放，鼓励参与，同侪驱动（peer-driven，来自同事、同辈、朋友之间的驱动力）。它的运行方式是“上传”并“扩散”，就像水流和电流，在汇聚时力量最大，更侧重引导而非囤积。

【问题】

新、旧权力的博弈和制衡会给管理带来什么样的影响？

31. 权威不利于激励吗

对权威持批评态度的有两种观点。第一种观点认为，接受权威就会拒绝决策过程中的参与活动。参与决策对于取得人们对决策的理解和支持具有重要意义，但却以权威为代价。参与决策制定将提高组织效率。著名的霍桑实验等研究也表明，至少在某种情况下，广泛参与决策制定工作可以增强组织决策的可接受性，尤其是对组织有关重大变革的决策。

第二种观点以马斯洛的需求层次论为起点。该理论认为，人的需求可按层次排列，由低层次的基本生理需求到高层次的自我实现需求，且低层次需求优先于高层次需求。只有前者得到满足，后者才起作用。屈服于权威不利于自我实现。由于使人处于从属的、无法发挥想象力和所期望的境地，组织将压抑人的高昂的干劲。

然而，实验与日常观察表明，人在限制最少的环境里并非处于最具创造性和自我实现的状态。

【问题】

（1）你认同上述观点吗？权威会降低激励的作用吗？

（2）如何处理好权威与参与决策的关系？

32. 如何有效授权

唐飞是一家办公设备批发商的合同部经理，他的上司郑丽丽要求他在本月底之前准备好该部门的新程序手册，简要概述与供应商进行合同谈判时需要遵循的步骤。唐飞当时正在做另一个重要项目，因此他向郑丽丽询问自己是否可以将此任务交给龚建——一位在合同部工作了3年的员工。郑丽丽对此并无意见，于是唐飞准备在晨会上授权龚建来负责该任务。

【问题】

基于以上场景，写一篇小短文来描述唐飞将如何授权。

33. 如此膨胀的机构

未来科技公司因计划引进新设备，要淘汰一批落后设备，公司董事长做出如下一系列决定。

职员问董事长："那么多旧设备，是不是考虑把它们卖给回收站？这样可以让公司回点血。"

董事长说："这些设备不能卖掉，因为现在还不怎么值钱，等以后再处理，先找个仓库存起来。"

于是，公司专门为这批设备新建了一间仓库。

董事长说："仓库需要有人值守，不然会被盗。"

于是，公司决定找个看门人来看管仓库。

董事长说："看门人没有约束，玩忽职守怎么办？"

于是又派了两个人过去，成立了计划部，一个人负责下达任务，一个人负责制订计划。

董事长说："我们必须随时了解他们的工作业绩。"

于是又派了两个人过去，成立了监督部，一个人负责绩效考核，一个人负责写总结报告。

董事长说："不能搞平均主义，收入应拉开差距。"

于是又派了两个人过去，成立了财务部，一个人负责计算工时，一个人负责发放工资。

董事长说："管理没有层次，出了岔子谁负责？"

于是又派了4个人过去，成立了管理部，一个人负责计划部工作，一个人负责监督部工作，一个人负责财务部工作，一个作为管理部总经理——对董事长负责。

董事长说："去年仓库的管理成本为35万元，这个数字太大了，你们一周内必须拿出解决办法。"

于是，一周之后，看门人被解雇了……机构越来越庞大，效率却越来越差……

【问题】

董事长的解决方案违背了什么组织设计原则？请给出改进方案。

34. 大学生最崇拜的商界领袖

对大学生开展"你最崇拜的商界领袖"课外调查，如任正非、柳传志、马化腾、张瑞敏、雷军、李彦宏、董明珠、曹德旺……请归纳出：排名前 10 的成功商业领袖具备的人格魅力与特质。例如，商界领袖的拼搏、创新等企业家精神，诚实、正直、自信、智慧、博学、责任感等领导特质。

【问题】

（1）设计“你最崇拜的商界领袖”调查问卷，并完成问卷调查。

（2）根据问卷调查结果，归纳出排名前 10 的成功商业领袖具备的人格魅力与特质。

35. 被“掏空”的领导

《2021 全球领导力展望（中国报告）》显示，拥有顶尖人才和高效领导者，对推动公司战略发展及实现未来成功至关重要。然而，全球 60%的领导者却表示，他们在一天的工作结束后，感觉自己被“掏空”，由此产生强烈的职业倦怠感。感到职业倦怠的领导者离职比例为 25%，期待通过跳槽获得晋升的领导者为 33%，远高出其他领导者。中国仅 23%的 HR 认为其领导者拥有高水平的领导力。

【问题】

（1）你认为导致领导者职业倦怠的主要原因有哪些？

（2）结合调查结果，你认为应如何提升领导者的领导力？

36. 金钱与奖牌

通用电气公司前任首席执行官杰克·韦尔奇认为，金钱是最重要的，因为奖牌会蒙上灰尘，支票则能换回现金。

华为的创始人兼总裁任正非十分重视华为的“三高”文化，他相信重赏之下必有勇夫。任正非经典的具有煽动性的激情口号和语录、关于理想的召唤和引领、运动式的自我批评交流方式等，激励着员工为华为而努力工作，成为“奋斗者”。

格力董事长董明珠既坚持“狼性”又坚持“人性”，奖金、涨薪、培训、分房等各种福利与公平晋升等激励政策层出不穷。“只要是格力员工，一人一套房”，激励着员工为格力努力做出贡献。

【问题】

（1）你更认同哪一位领导者的看法或做法？为什么？

（2）请结合相关激励理论，对上述领导者的不同看法加以分析。他们各自更关注员工哪一层次的需求？

37. 唐僧取经团队的激励

《西游记》的西天取经团队中，孙悟空机智勇敢，能力出众，但桀骜不驯，无组织，无纪律，好自行其是。猪八戒本事不大，好吃懒做，喜欢拍马屁、拨弄是非。沙和尚能力不强，忠心耿耿，人云亦云，是个和事佬。白龙马任劳任怨，性格内敛、沉稳耐心。唐僧诚实善良，一心向佛，凭慈悲之心感化徒弟，用取经目标激励他们，历经九九八十一个磨难，最终修成了正果。

【问题】

（1）唐僧、孙悟空、猪八戒、沙僧和白龙马分别处于需求层次的哪一个层次？

（2）唐僧对孙悟空、猪八戒、沙僧分别采取了怎样的激励方式？你会如何为唐僧制定取经团队激励方案？

（3）有人说，一个理想的团队离不开 4 种人：德者、能者、智者与劳者。你认为唐僧取经团队的成员各自扮演着什么角色？

（4）唐僧取经团队所折射出的管理智慧，对打造高绩效的团队有何帮助？

38. 成功“五字真经”

中国玻璃大王、福耀玻璃的创始人曹德旺，将“为中国人做一片自己的玻璃”作为福耀玻璃的发展目标与使命，赢得了“福耀玻璃——汽车玻璃全球第一”的美誉，彻底改写了中国汽车玻璃市场由国外品牌垄断的历史。曹德旺认为，自己的成功在于始终“以诚为本”。做事如同做人，不论做人做事，还是做产品，以人格做事，“诚”字当头。

曹德旺视员工为企业成功的关键，他通过设立福耀管理学院、选送技术人员到国外优秀企业深造、聘请国外知名培训机构为公司员工培训等措施，全面提升员工的综合素质。曹德旺还总结了一套成功“五字真经”：仁、义、礼、智、勇。他以身作则，满怀社会责任感和民族责任感，深深地感染着身边的员工。

【问题】

（1）从“中国玻璃大王”曹德旺身上，你认为成功的领导者应该具备什么样的人格魅力与特质？

（2）谈谈你对曹德旺成功“五字真经”的理解。

（3）有人说，公司的发展短期靠业绩，长期靠责任和使命。你如何看待这一观点？

39. 风格迥异的商界领袖

纵观成功的商界领袖，他们不仅个性鲜明，领导魅力无穷，而且领导风格也是各领风骚。

任正非虽然对大小事务的决策都会亲力亲为，但华为内部有很多自由空间供员工自主做决策。比如在公司发展战略、文化建设等重大决策上，他坚持“大权独揽，小权分散，集中力量解决重大问题”，但在技术研发、任用干部、薪酬分配等方面则是完全分权。

董明珠说：“其实做领导，我们要敢于拍板、敢于担当、敢于决策，我就是我说了算，但是有一条，要说对，不能乱指挥，拍板一定要有格局有胸怀，有自己的责任和担当，我很自豪。”

雷军认为要去管理、去关键绩效指标（KPI）、去头衔（title）。去管理，即要找到有能力、有责任心、有强大自我驱动力的员工。去 KPI，以避免掉入过度管理的深渊。去title，实现组织的扁平化。他给自己定了一个很简单的要求，就是不要过度管理一个创业公司。他说：“我想的最多的是如何简化管理，甚至不需要管理。因为在一个高速发展的时代，我思考的是什么样的公司不需要管理，什么样的人不需要管理。假如我们找到这样一群人，树立一个共同的目标，有共同的利益，这个问题不就解决了吗？”

张一鸣作为字节跳动公司的创始人，他希望给员工更多的背景信息，而不是简单地分解任务。张一鸣写自己的目标，员工看到他的目标写各自的目标，张一鸣一般很少去更改他们的目标。通过目标和关键成果（objectives and key results，OKR），整个公司所有成员的目标对齐，减少控制。

【问题】

（1）请根据上述材料，判定任正非、董明珠、雷军、张一鸣的领导风格分别属于哪种类型。

（2）从上述成功的商界领袖身上，你认为什么样的领导风格更加卓有成效？为什么？

（3）请预测未来主流的领导方式。

40. 领导方式的适用情境

以小组为单位，每人在以下理论中选择一种，并给出该领导方式的适用情境。

（1）三种领导方式理论。

（2）工作中心与员工中心理论。

（3）四分图理论。

（4）管理方格论。

（5）菲德勒权变模型。

（6）领导生命周期理论。

【问题】

（1）给出每一种领导方式的适用情境。

（2）制作一张表格，归纳在什么情形下应该采取什么领导方式。

41. “吃亏”的管理者

在管理者身上，公平是一种美德。很多学术研究证实，成功的管理者鼓励员工发声，尊重下属且一视同仁，并根据准确和完整的信息做决策。

有学者进行了一项实验，对数百名企业决策者及员工展开调查。调查涉及以下问题：

（1）管理者应该被爱戴还是被惧怕？

（2）管理者可以同时得到尊重和权威吗？

研究发现，尽管公平的管理者能赢得尊重，但他们常被认为权威不够，掌控资源和施加奖惩的能力较差，而这可能妨碍他们得到某些引人注目的关键职位。研究还发现，管理者很难同时得到尊重和权威。

然而，在许多企业中，高层晋升决策一般侧重候选人的权威而非公平性。在实验室环境下，参与实验的人给出的得分，往往是粗鲁的管理者高于温和的管理者。研究还揭示，管理者认为尊重和权威都可以帮助他们获得影响力，但两条路径互不兼容，很多人选择后者。

【问题】

（1）你认为公平的管理者容易吃亏吗？为什么？

（2）如何使风格温和的管理者也能获得权威？

42. 集体情绪管理之术

虽然管理者需要时常面对情绪激动的员工，但与个人情绪相比，集体情绪作为一种群体共享的情绪，通常表现得更为强烈，风险明显更大。专攻情绪研究的学者们在对这种集体情绪现象的特征进行分析后发现，集体情绪的强度往往远大于个人情绪，而且持续时间更长。强烈的情绪具有传染性，可以使最初没有受到某种情境或事件影响的人一同沉浸在某种特定情绪之中。那么，如何防止团队被情绪尤其是负面情绪所影响呢？心理学研究显示，可以采用情境调整、重新评估、转移或分散员工注意力和反应调节 4 种策略来防止或减弱员工的负面情绪。

假设你是一家大公司的首席执行官，几个月前公司新任命的一位区域经理上任以来备受员工非议，高层决定让你前往该地区处理这一问题，以平息员工怒火。你设想存在两种情况。

第一种情况：员工虽然对这位新任经理非常不满，但彼此尚未进行过交流，没有形成集体情绪。

第二种情况：员工之间彼此已有交流，并且产生了集体性的挫折感。

【问题】

（1）针对上述情况，你认为哪种更难应付？为什么？

（2）心理学研究提出了4种应对策略，假如你是一位管理者，你会采取什么策略或方法来调节集体情绪呢？

43. 多样化沟通

针对以下场景，你怎样与他们进行有效的沟通？

（1）当下属尽心尽力了，却没把工作做好时。

（2）当下属提出减少线下会议次数的建议时。

（3）上司要求下属完全按照他的思路和模式完成某一项工作时。

（4）作为研发团队的一员，团队成员正在头脑风暴式地讨论一个新产品创意时。

（5）作为人力资源部的经理，与财务部预算科科长商讨公司突出贡献奖的奖金问题时。

（6）作为公司新产品的代言人，对外宣传时。

【问题】

针对上述场景，分别给出沟通的方式与内容，以及需要克服的沟通障碍。

44. 受青睐的口头交谈

明茨伯格在其著作《经理工作的性质》（1973）中有一个重要发现：口头交谈方式对经理显示出强烈的吸引力。实际上，每个有关经理时间分配的研究都让人注意到口头交流的时间占据很大的比重。

劳勒、波特、坦南鲍姆（1968）研究发现，车间主任与人面谈的时间约占57%，一家制造公司的中层经理花在口头交谈上的时间约占89%。

斯图尔特（1967）研究发现，中层和高层经理各自独处的时间平均为34%，其他大部分时间花在非正式沟通上。

伯恩斯（1954）研究发现，口头交谈占了中层经理80%的时间。

【问题】

（1）针对上述研究结果，随着信息化管理的深入，你认为还需要口头交谈方式吗？为什么？

（2）请列举现代组织中口头交谈的运用场景。

45. 远程沟通的挑战

如今，世界各国企业的员工正在以前所未有的数量加入远程工作的大军中。数据分析公司提供的资料显示，远程办公的员工在家工作的时间增加了一倍多，从 2019 年每月 5.8 天增加到 2020 年的 11.9 天。

还有一项研究显示，随着远程工作常态化，预计有 80%的企业主张使用新工具和数据源来监控员工。在远程工作模式下，管理者最大的挑战就是培养自己管理远程工作员工所需的心态，他们需要一套全新的领导技能，而这些员工却是在办公室见不到的，无法做到面对面的沟通。

【问题】

（1）远程工作模式给企业的管理者带来了哪些挑战？你将如何应对？

（2）你认为哪些领导技能在管理团队远程沟通时尤为重要？

46. 流于形式的审计

某公司无专门的内部审计部门，管理人员多由公司内部某股东的亲戚担任，结果造成财务审计流于形式，账目混乱，公私不分。多数基层员工对此极为不满，认为这种家族式的管理，大家挣的钱可能很多流入了个人腰包，公司迟早会倒闭。

【问题】

你将采用何种审计控制方法来扭转公司现有的局面？请说明其依据。

47. 百味食品的控制

百味食品是一家休闲食品公司，经过多年发展，规模迅速扩张。公司之所以有如此快的发展，得益于其优良的管理。以休闲食品行业领头企业为发展目标，该公司的定位为中高端食品，对每款食品的生产和品质都高标准、严要求，从食品的原料使用量、状态，到生产机器状况都有具体的质量标准。在生产过程中，公司实行全过程监控，对每个重要环节均进行检测，力求食品在色泽、味道等方面的完美。公司在进行大量的市场调研和分析后，进行了市场策划，制定了售前服务方案，树立了良好的百味形象，还建立了售后反馈平台，提高了消费者满意度。公司还定期制定各季度的销售方案，定下收支预算。

【问题】

百味食品公司采用的控制类型有哪些？是否有效？为什么？

48.“一网两厅”一站式服务

为解决师生反映强烈的两个校区办事“来回跑”“周期长”等问题，地大推出了“一网两厅”一站式师生服务大厅，由线上服务大厅（网上厅）、线下服务大厅（南望厅、未来厅）组成，形成“一网通办、两厅同办”的集成化办理、一站式服务体系。

“两厅”设有总服务台、人工服务窗口、两校区文件转接、24 小时自助服务及综合服务 5 大功能区。总服务台提供两校区文件转接服务、线下服务预约取号及咨询服务、服务大厅物业管理与服务。人工服务窗口集成了全校各部门的线下办理事务，通过线上线下方式，师生可以在此一次性办理相关事务。两校区文件转接区设有智能文件柜系统，包含两校区文件传递、文件自助存取等功能。24 小时自助服务区为师生提供全天候便捷的自助服务。目前，地大提供 20 余项校内自助服务，还将引入洪山区政务服务一体机，可提供 600 余项政务服务。综合服务区为师生在信息查询、办事等候或班车等候期间提供服务。

地大推出的“一网两厅”，主要为师生办理日常需求多的行政审批、证明材料、用印服务、学生管理、资料发放、证件办理、后勤服务、自助服务等业务，目前已有 10 个管理服务部门入驻，为师生提供 78 项线下业务、37 项自助服务。

未来，地大将按照“一窗受理、集成服务、一次办结”的目标要求，进一步打造网络端、移动端、实体端三大场景深度融合生态，做到“校园服务全覆盖、社会服务关联办”，为师生、为一线提供“方便、高效、舒心”的优质服务。

【问题】

（1）“一网两厅”一站式服务体现了哪些控制原理？请具体说明。

（2）请为该校实现“一窗受理、集成服务、一次办结”的目标提出建议。

（3）有人说：“流程数字化的核心在于管理而非技术。”你如何看待这一观点？

（三）管理大师经典著作赏析

1. 泰勒的《科学管理原理》

科学管理理论既是资产阶级剥削的最巧妙的残酷手段，又包含一系列最丰富的科学成就。我们应立即引进计件工资制并试行实施，试行泰勒制的每一项科学的和进步的建议。

——列宁

泰勒的思想是继联邦宪法之后，美国对西方思想所作出的最持久的一项贡献。

——美国著名管理大师　彼得·德鲁克

（1）作者简介

弗里德里克·温斯洛·泰勒（Frederick W. Taylor，1856—1915 年），美国工程师、

高速钢的发明者、科学管理的奠基人。泰勒出生于美国费城一个富裕的律师家庭，中学毕业后考上了哈佛大学法律系，后因眼疾而辍学。泰勒 18 岁时，在一家蒸汽泵制造商——水利工程公司当学徒。1878—1897 年，泰勒在米德维尔钢铁公司工作。由于工作表现突出，泰勒由技工被提拔为工长、技师、总机械师。他利用业余时间学习，于 1883 年获机械工程学士学位。1898—1901 年，泰勒进入伯利恒钢铁公司工作，继续从事管理研究，先后进行了著名的搬运生铁块试验和铁锹试验，并发明了高速钢。之后，他通过演讲和写作，大力宣传与推广他的科学管理理论。1915 年 3 月 21 日，泰勒在费城逝世，在他的墓碑上，铭刻着"科学管理之父"的称号，这个称号一直被全世界的管理学界所认可。

（2）经典著作及其思想

泰勒提出的科学管理理论，也被称为"泰勒制"，其精华凝结在他的代表作《科学管理原理》（1911）中。他还出版了《计件工资制》（1895）、《车间管理》（1903）、《在美国国会听证会上的证词》（1912）。

泰勒一生都在探索如何使工作更加多产和高效，即如何提高劳动生产率。针对当时工人普遍存在"磨洋工"的现象，他开展时间与动作研究，进行了 4 个著名的试验，分别是工时研究试验、搬运生铁块试验、铁锹试验和金属切削试验。泰勒提出了工作定额原理，要求制定"合理的日工作量"。为此，他认为必须为工作配备"一等工人"，培训工人成为"一等工人"应该是企业管理者的责任。为了让工人完成高标准定额，除了要使工人掌握标准化的操作方法外，还要使用标准化的工具、机器和材料，并使作业环境标准化。同时，实行差别计件工资制，督促和鼓励工人完成甚至超额完成高标准定额。工人和雇主都必须来一次"心理革命"，劳资双方要把注意力从盈余分配转向增加盈余上来，共同努力提高劳动生产率。他还提出把计划职能同执行职能分开，为工人工作的每个要素制定科学的方法，取代旧的经验方法，实行职能工长制与例外原则。

在《科学管理原理》中，泰勒列举了改善工作效率的步骤。

——挑选一等工人：找出 10～15 个不同的人（最好来自不同的公司和地区），这些人都精通要分析的特定工作。

——工作研究、工具标准化：研究这些人在工作中的基本操作或动作的精确情况及每个人所使用的工具。

——时间研究：用秒表记录每一个基本动作所需的时间，找出做每一步工作的最快方法。

——动作研究：消除所有错误动作、缓慢动作和无效动作。

——工作标准化：将最快、最好的动作和最佳工具结合在一起，成为一个系列。

泰勒建立的科学管理理论是管理学历史上第一个理论学说，引发了管理思想启蒙运动，为管理学创下了不可磨灭的丰功伟绩。《科学管理原理》这一经典巨作是泰勒管理思想与研究成果的集中体现。泰勒反对传统的经验管理，将科学方法系统地引入管理实践，通过运用科学试验所提出的科学管理理论，生产能力普遍地成倍增长，工作时间得以缩短。可见，科学管理是对提升效率、减少资源浪费的管理实践的科学归纳和总结，宣告管理告别了传统的经验主义的低效率时代，从此进入科学管理的高效率时代。泰勒对科学管理本质的认识，开启了科学管理的时代。直到今天，它仍然是管理思想最为宽阔和坚实的基础。

尽管泰勒的科学管理思想有其局限性，局限于低层次、车间一级的管理，且视人为“经济人”“机械人”，把人当作单纯的工具而忽略了其社会需求等缺陷，但不可否认的是，泰勒是历史上少有的真正认真研究过劳动并取得卓越研究成果的人，他的思想不仅冲破了以往传统的经验管理，而且远远超越了他所在的时代，成为世界上最有影响也是影响最持久的理论。时至今日，泰勒本人及其《科学管理原理》一直被奉为管理者不可不知的经典。正因为泰勒的影响无处不在，他的工作有时被人误解为一种十分单纯的体力劳动研究，认为他提出的管理方式是用来压制工人的。历史学家在仔细分析各种资料后得出结论：一种旨在增加工商业在经济和社会方面的贡献在20世纪初出现，泰勒的成就高于任何一个人。《科学管理原理》作为一部标志着全新管理时代到来的经典之作，成为管理史上的第一座里程碑。

（3）原著选读

“搬运生铁块试验”：如何选择一等工人

泰勒需要一位能按照他的指示来完成工作的员工。他选择装载生铁块作为研究的工作任务，也就是说，搬运生铁块的工人弯下腰，扛起一块重92磅的生铁块，走一段路程，然后把它装到车皮上。

首先是要科学地挑选工人。在这种新的管理模式下和工人打交道，有一条硬性规定，一次只能与一个人谈话和打交道。这是因为每个工人都有其各自的特长和局限性，还因为我们并不是和工人的集体打交道，而是试图发挥每个人的最大潜能。第一步是要找一个适当的工人来开始我们的工作。为此，我们用三四天时间仔细观察和研究堆料场的75个人，从中挑选了4个人，他们的体力看上去每天足以搬运47英吨生铁块。之后，我们又仔细研究这4个人中的每一个人。我们查了他们尽可能时间久远的历史背景，详细打听他们每一个人的性格、习惯和抱负。最后，从4个人中挑选出一个，作为我们开始研究的最恰当的人选。他是一个身材矮小的来自宾夕法尼亚的荷兰人，人们观察到，他每天晚上干完活儿后快步走回离厂一英里（1英里=1.609千米）左右的家，人还是特别精神，就像他早上快步走来上班时一样。我们发现，他在每天挣1.15美元工资的情况下，仍能买一小块地，每天清早上班前和晚上下班后，为自己盖房子，并赶着垒墙。他还以十分“吝啬”而闻名，也就是说他爱钱如命。正如有一个人和我们谈到他时说的：“一个小钱在他看来就像车轮那么大。”这个工人我们称他为施密特。

这样，摆在我们面前的任务就缩小到了让施密特每天搬运47英吨生铁块，并使他乐于这样干。对此，我们是按以下步骤安排的：从生铁块搬运小组中把施密特招呼出来，并对他这样说：

“施密特，你是个很值钱的人吗？”

“什么？我不懂你是什么意思？”

“不！你懂。我想知道的是，你是不是一个很值钱的人？”

“这个……我还是不懂你的意思。”

“这样吧，你回答我的问题。我想知道的是，你是一个很值钱的人还是这里这些不值钱的伙计中的一个；我想知道的是，你是想挣 1.85 美元一天呢，还是满足于挣 1.15 美元一天，就像那些不值钱的伙计一样。”

“我一天要挣 1.85 美元就是一个很值钱的人吗？那对，我是一个很值钱的人。”

“你在使我恼火。当然你要 1.85 美元一天——谁都想要！你是个明白人，看来要使你成为一个很值钱的人并不难。看在老天爷面上，就甭再浪费我的时间了。好了，到这儿来，你看见那堆生铁块了吗？”

“看见啦。”

“你看见那个车皮了吗？”

“看见啦。”

“好，如果你是个很值钱的人，明天你就为 1.85 美元而把那堆生铁块装上车皮。现在，你打起精神来回答我的问题。告诉我，你是不是一个很值钱的人？”

“如果明天把那堆生铁块装上车皮就能挣 1.85 美元吗？”

“对，你当然能，一年到头，每天你将那堆生铁块装完，你就能挣 1.85 美元。那就是一个很值钱的人干的活，这道理，你心里和我一样明白。”

“那好，明天我就为 1.85 美元把那堆生铁块装上车。我能每天挣那么多钱？能吗？”

“你当然能。”

“这样我就是一个很值钱的人了！”

“好，等一等，等一等。你心里和我一样明白，明天起，你就要完全按照这个人的吩咐，从早到晚地去干活。当他叫你扛起一块生铁块并走动时，你就扛起来走你的，当他叫你坐下休息时，你就坐下。你一天就这么干。还有，不许你回嘴。一个很值钱的人就是，让他怎么干，他就怎么干，不回嘴。你明白这道理吗？这样吧，你明早就来这里干活，到晚上我就会知道，你到底是不是一个真正值钱的人。”

……

施密特开始按新要求干活了，每隔一段时间，站在他身旁带着秒表的人就会告诉他：“现在扛起一块生铁块，走。现在坐下来休息，现在走，现在休息……”就这样，叫他干活，他就干活，叫他休息，他就休息。到下午五点半时，施密特将 47.5 英吨生铁块装上了车。而泰勒在伯利恒的三年中，施密特几乎从来没有不按这种速度工作，也没有完不成布置给他的任务。（Taylor, 1911, pp. 46-47）

2. 法约尔的《工业管理与一般管理》

《工业管理与一般管理》一书中所提出的 14 条原则与 5 个管理要素，在现代管理思想中已作为普遍遵循的准则、一种公理性质的东西存在。

——《新管理时代》

法约尔的管理理论有着惊人的生命力。随着时间的流逝和学科的发展，许多雄心勃勃的理论都衰亡了，而法约尔的理论仍被认为是基本正确的。

——《管理百年》

无论从哪个方面讲，法约尔都是第一位管理思想家。当其他人集中研究工人和机械的性能时，他则把重点放在管理职位和管理者所需要的主要技能上。

——《管理大师50人》

（1）作者简介

亨利·法约尔（Henri Fayol，1841—1925年），法国杰出的管理学家，古典组织管理理论的奠基人，管理过程学派的鼻祖，第一位管理思想家。法约尔出生在法国的一个小资产者家庭，1858—1860年，就读于圣艾蒂安国立矿业学院。1860年，法约尔毕业时取得矿业工程师资格，随后进入科芒特里–富香博–德卡维尔采矿冶金公司，1888年，出任该矿业公司总经理，成功地让濒临破产的公司起死回生。他担任总经理长达52年，积累了管理大企业的丰富经验。他还在法国军事大学担任过管理教授，广泛地调查与研究其他行业的管理，77岁退休后仍在公司担任董事，还创办了管理研究中心，直到1925年12月去世。这是一位毕生都在从事实际生产经营和管理研究的人。法约尔因在矿业管理上的卓越贡献被授予国家勋章。他致力于传播他的管理理论，出席了1910年布鲁塞尔的第一次管理科学国际大会。他在法国和欧洲其他国家管理思想史上的影响并不逊色于泰勒对美国的影响。

法约尔的管理研究工作早在科芒特里公司工作期间就开始了。法约尔对公司如何经营进行了深入思考，对管理的地位、管理者技能及管理原则作了精辟论述。法约尔的组织管理理论是西方管理思想与理论发展史上的一个里程碑，他为管理理论的发展勾勒出了基本的框架，为管理学教育奠定了基础，所提出的14项管理原则至今仍是指导现代管理活动的重要准则，使管理具有普遍性、一般性。他被评为欧洲贡献给管理运动最杰出的管理学家，被后人尊称为“现代经营管理之父”。

（2）经典著作及其思想

法约尔的著述很多，其代表作《工业管理与一般管理》被称为管理史上的第二座丰碑、划时代著作，为管理学做出了重要贡献。

在《工业管理与一般管理》（1916）一书中，他第一次明确提出管理的概念，这标志着一般管理理论的形成。该书主要体现了法约尔一般管理理论思想，共分为两个部分：第一部分论述了管理教育的必要性与可能性，从技术、商业、金融、安全、财务和管理6项活动入手，提出了管理的概念，将管理从经营职能中剥离出来，并加以区分，阐述了构成企业员工价值各方面能力的相对重要性，倡导管理教育，认为管理能力是可以通过教育获得的；第二部分论述了管理的原则与要素，提出了管理的14项原则，并论述了计划、组织、指挥、协调和控制的管理五要素，即管理的5项职能。

与泰勒等人不同的是，由于长期担任企业最高领导人，法约尔积累了管理大企业的经验。他从组织金字塔顶部的总经理的角度出发，以企业整体为研究对象，寻求经过普遍经验检验及论证的、适合不同组织的有关原则、方法、程序等构成的完整体系，关注整个组织的有效性，立足于具有普遍性的一般管理。泰勒的研究则是从车间工人开始的，解决定额、队伍选择、作业方法与条件的标准化问题，寻求企业内部作业人员生产率的提升。泰勒注重科学和方法，法约尔注重原则和要素，他们的思想共同构成了古典管理理论的基石。

（3）原著选读

首次定义管理

计划、组织、协调和控制，毫无疑问是管理的一部分，正如人们通常理解的那样。

这里是否也包括指挥呢？当然不一定。然而，由于以下原因我们决定把它纳入管理：第一，属于管理责任的招聘、人员培训及建立社会组织都与指挥密切相关；第二，指挥的大多数原则也是管理的原则，管理与指挥是难以分开的，仅从研究方便起见，把这两种活动合起来更有利；第三，这种组合有利于组成一个非常重要的职能，至少与“技术职能”一样，能引起公众的注意。

因此，我使用下述定义：

管理，就是实行计划、组织、指挥、协调和控制；

计划，就是探索未来、制订行动计划；

组织，就是建立企业的物质和社会的双重结构；

指挥，就是使其人员发挥作用；

协调，就是连接、联合、调和所有的活动及力量；

控制，就是注意是否一切都按已制定的规章和下达的命令进行。

因此可以理解，“管理”既不是一种独有的特权，也不是企业经理或企业领导者的个人责任。它与其他的基本职能一样，是一种分配于领导者与整个组织成员之间的职能。

管理职能与其他 5 个基本职能（技术、商业、财务、安全、会计）显然不一样。

很重要的一点是，不要把管理与“领导”混淆起来。

“领导”，就是寻求从企业拥有的所有资源中获得尽可能大的利益，引导企业达到它的目标，保证 6 项基本职能的顺利完成。

“管理”，只是这 6 项职能中的一项，由领导保证其进行。但是，它在上层领导者的作用中占有极其重要的位置，以至于有时好像这作用就纯粹只是管理了。（Fayol, 1916, pp.5-6）

管理五要素之一：协调

协调就是指企业的一切工作都要和谐地配合，便于企业经营的顺利进行，并且有利于企业取得成功。

协调就是指各职能的社会组织机构和物资设备机构之间保持一定比例。这种比例适合每个机构有保证地、经济地完成自己的任务。

协调就是在企业的技术工作、贸易工作、财务工作和其他工作中都注意本工作对企业所有职能应承担的责任和给它们带来的后果。

协调就是要做到财政开支与财政收入成比例，工厂和成套工具的规模与生产需求成比例，材料供应与消费成比例，销售与生产成比例。

协调就是要求企业的工厂不要太大，也不要太小，使工具适合应用，道路适合车辆行驶，安全措施适合避免产生危险。

协调就是在工作中做到先主要后次要。

总之，协调就是让事情和行动都有合适的比例，就是方法适合目的。（Fayol, 1916, pp.114-115）

3. 梅奥的《工业文明中人的问题》

泰勒发现了工作，之后有人探索大规模的工作，有人将工作组织起来，但在梅奥之前，没有人发现是人在做工作。

——美国著名管理学者　怀特墨

《工业文明中人的问题》首次涉及了对人的社会与心理因素的探讨。事实上，梅奥尽其所能地为所有人在所有地方寻求发展的机会。

——美国管理学家　罗特利斯伯格

梅奥是一个充满想象的人，一个思想的激发者，一个实际研究的倡导者。他的主要产品是人，那些他影响过和帮助发展的人。

——美国管理学家　罗特利斯伯格

（1）作者简介

乔治·埃尔顿·梅奥（George Elton Mayo，1880—1949 年），行为科学的奠基人，人际关系学说的创始人，美国艺术与科学院院士，美国管理学家和心理学家。梅奥出生于澳大利亚的阿得雷德，曾先后在圣彼得学院和阿得雷德大学学习，获得逻辑和哲学硕士学位，后来又到苏格兰的爱丁堡学习医学。1911—1919 年，梅奥在澳大利亚的昆士兰大学讲授逻辑学、伦理学和哲学。第一次世界大战期间，他研究精神病理学，利用业余时间用心理疗法治疗受伤士兵，成为澳大利亚心理疗法的先驱者。1919 年，梅奥任昆士兰大学哲学教授。1922 年，梅奥在洛克菲勒基金会资助下，移居美国，成为宾夕法尼亚大学沃顿商学院的研究人员。1926 年，梅奥进入哈佛大学商学院专门从事工业研究，任哈佛大学商学院工业研究室副教授，1929 年任工业研究室的终身教授，此后一直在哈佛大学工作到 1947 年退休，并获得了“荣誉退休者”的称号。退休后，他移居英国写作，并继续从事顾问工作。1933 年和 1945 年，梅奥先后出版了《工业文明中人的问题》和《工业文明的社会问题》两部著作。

（2）经典著作及其思想

尽管梅奥从事过不同领域的工作，但使其闻名于世的最伟大的成就还是他对霍桑实验所做的贡献。1927 年，他应邀主持霍桑实验，开始了长达 9 年的实验研究，并由此创立了“人际关系学说”。1933 年，他的代表作《工业文明中人的问题》问世，内容涉及疲劳、什么是单调、霍桑实验、西部电气调研项目开发的访谈计划、什么是“士气”、工业对社会秩序的作用、政府与社会秩序的理论、管理者的问题。梅奥总结了霍桑实验的初步成果，提出了著名的人际关系学说，其主要内容可以概括为以下几点：

第一，不应把职工看成单纯的“经济人”，而应把其看作“社会人”。

第二，工资报酬、工作条件等不是影响生产率的第一因素。

第三，不能只关注正式组织，还要看到工作中间存在的非正式组织。

第四，企业领导要善于正确处理人际关系，善于听取员工的意见，能够通过提高员工的满意度来提高士气，从而提高生产率。

霍桑实验第一次把管理研究的重心从工作和物的因素转向人的因素，否定了古典管理理论对人的假设，揭示了影响员工积极性的社会和心理因素，认为影响劳动生产率的第一要素是人的士气，强调人际关系在管理中的重要作用，同时发现企业中存在非正式组织。这与科学管理认为劳动生产率取决于作业方法、工作条件和工资制度的论断形成了鲜明的对照。由霍桑实验诞生的人际关系学说在理论上修正和完善了古典管理理论，把管理研究拓展到人际行为的新领域，为现代行为科学的发展奠定了基础。

梅奥创立的人际关系学说被广泛地应用到20世纪30年代的管理实践中。自此以后，在人际关系学说的推动下，管理学家、社会学家、心理学家和人类学家纷纷围绕“人的个性、心理与行为”展开研究，相继形成了一系列理论，使行为科学成为管理史上的一个重要流派，最终使西方管理思想在经历过古典管理理论阶段之后进入行为科学管理理论阶段。

（3）原著选读

访谈计划的发现

西部电气公司历时五年多进行了一系列的工业研究，得到了基本相似的发现。“试验室”5位女工的产量在三年内持续缓慢增长，最后稳定在创纪录的“高位”。这一重要发现却忽略了在产量上升过程中研究人员会不时地改变实验条件。女工们坦率地表示对此感到困惑，但把这种变化归因于她们自己也无法明确表达的东西，即不受“试验室”以外的部门约束或“干扰”的东西。她们表现出更稳定的平衡，或者比那些处于不利情况下的工人对不利的环境有更强的抵抗力；实验证明，恢复到原来的工作条件对产出曲线或群体小组的士气并没有显著的影响。在“试验室”之外的部门进行的同等实验表明，当这种特权被取消时，士气会丧失，产出会减少。

公司通过一个访谈计划进行深入的调查实验，以发现“干扰”或限制的性质，而“试验室”是自由的。在两年半的时间里，有两万人接受了采访，调查经历了以下几个阶段：

在第一阶段，它基本上是工业性的，旨在发现工人所经历的“干扰”或限制是否与监督方法的缺陷有关。

在第二阶段，这项研究暂时被一个明显的发现所迷惑，即访谈中人的陈述并不十分可靠，不能作为改变管理政策的依据。这引发了对各种访谈心理学理论的研究，并试图将失真或夸张与这些陈述中所涉及的个人经历与背景联系起来。在这个阶段，调查倾向于在一定程度上减少外部和社会环境的影响，加强对当事人的心理分析调查。然而，作为附加产品，调查发现了一种可靠的采访技术和一些有能力的采访者。

在第三阶段，人们意识到，虽然访谈的匿名性可以获得关于个人背景方面的信息，但是失去了重新研究将陈述与实际的工业背景联系起来的可能性。也就是说，无法与特定工业状况的实际情况联系起来。因此，最后的方法创新是同时采用访谈和直接观察来研究一个工作小组中的个人。观察一个特定部门一天或一周的事件及不断改变社会交往关系，为工业文明中的人类问题研究提供了视角，据此可以解释和理解小组中的个人的许多陈述。

在霍桑实验调查的最后阶段，有可能明确指出约束和个人无用感所体现的方面。在某种程度上，可以理解这种约束的来源和在“试验室”实现的自由。（Mayo, 1933, pp.170-172）

管理者的问题

当前的紧迫问题是，行政管理精英沉迷于少数几个专业的研究，严重忽视工业组织中人和社会的因素。当务之急应该是恢复有效的人际合作，作为其前提条件，最需要的是扩展本书所报告的研究领域。在这个时代，一位管理者应该是一位合格的“倾听者”。许多精英是合格的倾听者，但是，除了自己亲身经历外，他并不能理解谈话中得到的各种各样的“回声”。不管他有多么聪明，也不管他的经验有多丰富，他的个人经历和个人思维能力上的局限性，使他只有深入了解相关研究，才能摆脱无知的境地。正如麦克道格尔所指出的，我们这个时代最令人郁闷的事实是，必需的生物学和人类学调查研究是如此不发达，以至于它们的研究结果相对来说无法用于培训管理层精英人士。英国一度要求年轻殖民地官员研学人类学，这就是20世纪我们所能举出来的唯一事例了。（Mayo, 1933, pp.183）

4. 麦格雷戈的《企业的人性面》

道格拉斯·麦格雷戈的著作《企业的人性面》揭露了泰勒主义，并且描述了一种革命性的管理方式。他是把行为科学的发现应用于商务世界的第一人。

——美国著名管理大师　彼得·德鲁克

历史发展到一定阶段，便会产生这样一种现象：某人将自己的思想浓缩进作品中，使其极具震撼力的语言，迅猛地冲击传统思想的禁锢。《企业的人性面》便是这样一部伟大的作品。

——管理学家、领导力大师　沃伦·本尼斯

麦格雷戈敏锐的洞察力就像是一道闪电，照亮了几代人的思维空间。直到今天，其著作《企业的人性面》依然能够深刻地揭露企业与人性的本质。

——乔·卡彻·格尔圣菲尔德

（1）作者简介

道格拉斯·麦格雷戈（Douglas McGregor，1906—1964年），美国著名行为科学家，管理教育学家，人性假设理论创始人，行为科学学派代表人物之一。麦格雷戈出生于美国的底特律，1932 年获得美国韦恩大学文学学士学位，1933 年获得哈佛大学文学硕士学位，1935 年获得哈佛大学哲学博士学位。1935—1937 年，麦格雷戈在哈佛大学任教，讲授社会心理学；1948—1954 年，任安第奥克学院院长；1954 年，任麻省理工学院工业管理学教授；1960—1963 年，任安第奥克学院理事。除在大学任职外，他还曾在杜威化学公司、新泽西标准石油公司、贝尔电话公司、联合碳化物公司等公司和组织的公共关系部门担任负责人和顾问。他还是美国心理学学会、美国艺术科学院及美国国家科学院的成员。

（2）经典著作及其思想

麦格雷戈在 1960 年出版的《企业的人性面》是阐释“最顶尖的商业思想”的著作，被称为“不能够也不应该忘掉的理论经典”，被看成最重要的管理著作、学者的理论标准、从业人员的行动手册。其主要内容涉及管理的理论假设、Y 理论在实践中的应用、管理能力的开发等，具体探讨了管理与科学知识、影响与控制的方法、X 理论与 Y 理论、整合管理与自我控制管理、绩效考核、薪酬管理、参与、领导力分析、管理团队等话题。

围绕组织领域最本质的一个问题“最有效的管理员工的方式是什么”，麦格雷戈在《企业的人性面》中创立了“X-Y 理论”。X 理论把人视为机器，人的行为需要外力作用才能产生，这一理论特别重视员工生理及安全的需要，认为惩罚是最有效的管理工具，而管理者的角色是家长、督导；Y 理论把人视为一个有机的系统，其行为不但受外力影响，而且受内力影响，认为人不仅是经济人，也是社会人，在不断追求满足的同时，不仅不逃避责任，反而谋求重任，所以管理者是辅助者，其重要任务是创造一个使员工发挥个人才能的工作环境。

这是两种截然不同的人性观与价值观。正如许多西方管理学家所说，这个理论从根本上改变了对组织中的人的看法。麦格雷戈强调人的潜在能力，提高了工业社会中人的作用，充分论证了“以人为中心的管理”。麦格雷戈把 Y 理论称为“个人目标与组织目标的结合”，他认为管理的关键不在于采用强硬或温和的方法，而在于管理思想上从 X 理论变为 Y 理论。因而，他的管理思想无疑是对传统管理思想的突破，在西方管理思想史上占有十分重要的地位。

麦格雷戈第一次将行为科学理论应用于商界，因提出“X-Y 理论”激励模型而著称于世。他不仅是美国著名的行为科学家和管理教育家、行为科学学派的代表人物之一，还是人际关系学派最有影响、观点被引用最多的思想家之一。

（3）原著选读

X 理论：管理与控制的传统观点

根据传统观点，在管理中应用人力资源来满足组织需求的任务可概括为 3 个命题。简单起见，我将这套命题命名为“X 理论”。

- 管理是以实现经济利益为目标，对生产性企业的元素（包括资金、原料、设备、人员等）进行组织的过程。
- 从员工角度来说，管理是指挥、激励、控制、修正其行为来满足组织需求的过程。

- 没有管理的积极干预，人们将采取消极态度不应对组织需求，甚至最终演化为抵抗。因此，管理者必须对员工进行说服、奖励、惩罚、控制；也就是说，他们的行为必须得到指挥，而这就是管理的任务。对于这一点，我们常常总结为：管理就是要求人们完成一定的工作。在这种传统理论背后，还另有许多潜在的观点，虽未明示，却流传极广。
- 大多数人都生来懒惰，只要有可能，就会少干活。
- 大多数人都缺乏雄心，不喜欢承担责任，情愿被管理。
- 大多数人都生来以自我为中心，对组织需求漠不关心。
- 大多数人都生来惧怕改变。
- 大多数人都不够聪明，很容易受到欺骗和蛊惑。

今天企业的人性方面就是根据这些观点发展而来的。传统的组织结构、管理政策、管理实践无一不反映出上述假设。（McGregor, 1960，pp.223-224）

Y 理论：个人目标与组织目标的融合

出于类似的种种原因，我们需要一种全新的人力资源管理理论，而这一理论应当建立在较为完善的人性假设和行为激励假设的基础之上。在这里，我斗胆提出相关理论，并称之为“Y 理论”。

- 管理是以实现经济利益为目标，对生产性企业的元素（包括资金、原料、设备、人员等）进行组织的过程。
- 员工并非生性喜欢抵抗组织的需求。他们之所以如此，完全是组织的环境使然。
- 自我激励、自我发展、主动承担责任、自觉主动地向组织目标努力等，都是人们主观表现出来的行为，而不是管理者强制设置的。因此，管理者有责任让员工认识到这样做的意义，并努力进行自我发展。
- 管理的任务就是营造组织环境，设定工作方法，让员工通过为组织目标努力而实现自身的目标。

这是一个创造机会、激发潜力、消除障碍、鼓励成长、提供指导的过程。正如彼得·德鲁克所说，是一种“目标管理”的方式，而不是“控制管理”的方式。（McGregor, 1960，pp.230-231）

5. 马斯洛的《人性能达到的境界》

马斯洛是自弗洛伊德以来最伟大的心理学家，毫无疑问，21 世纪属于他。

——安松尼·苏迪奇

马斯洛心理学是人类了解自己过程中的一块里程碑。

——《纽约时报》

在马斯洛去世之后的 25 年之中，他的名声没有一点下降迹象，而与此同时，弗洛伊德和荣格的名声却遍体鳞伤，布满弹痕，我认为这是非常重要的一点。我相信，这是因为，在马斯洛的思想当中，最有意义的东西，是他那个时代没有显露出来的，他的作用在未来，在21世纪一定会显露出来。

——科迪·威尔逊

（1）作者简介

亚伯拉罕·马斯洛（Abraham H. Maslow，1908—1970年），美国社会心理学家、人格理论家和比较心理学家，人本主义心理学的开创者，在世界范围内享有很高的声誉。马斯洛出生于美国纽约市的一个犹太家庭。父亲成天酗酒、母亲冷漠暴躁，使童年时的马斯洛经历了更多的孤独、痛苦与不幸，他把书籍当成避难所。他的天赋极高，1926年进入康奈尔大学，1929年转入威斯康星大学，1930—1931年先后获心理学学士和硕士学位，在著名心理学家哈洛的指导下，1934年获心理学博士学位并留校任教。1935年，马斯洛在哥伦比亚大学任桑代克学习心理研究工作助理，1937年任纽约布鲁克林学院副教授，1951年被聘为布兰戴斯大学心理学教授兼系主任，1967年任美国人格与社会心理学会主席和美国心理学会主席。1969年，离开布兰戴斯大学，成为加利福尼亚劳格林慈善基金会第一任常驻评议员。1970年6月8日，因心力衰竭逝世。

1970年8月，国际人本主义心理学会成立，并在荷兰首都阿姆斯特丹举行首届国际人本主义心理学会议。1971年，美国心理学会通过设置人本主义心理学专业委员会的申请，标志着马斯洛的人本主义心理学思想获得美国及国际心理学界的正式承认。

（2）经典著作及其思想

马斯洛的主要成就包括提出了人本主义心理学，以及马斯洛需求层次理论，其代表作品有《人的动机理论》（1943）、《动机和人格》（1954）、《存在心理学探索》（1962）、《人性能达到的境界》（1970）等。《人性能达到的境界》这一经典著作的内容主要涉及健康与病态、创造性、价值、教育、社会、存在认知、超越和存在心理学、超越性动机等。

马斯洛的人本主义心理学为其后续研究奠定了基础。其核心是人通过“自我实现”，满足多层次的需要系统，达到“高峰体验”，重新找回被技术排斥的人的价值，实现完美人格。他认为人作为一个有机整体，具有多种动机和需要，包括生理需要、安全需要、归属与爱的需要、尊重需要和自我实现需要。马斯洛认为，人的需要在不同的时期表现出来的迫切程度是不同的。人最迫切的需要才是激励人行动的主要原因和动力。同一时期，个体可能同时存在多种需要，但每一个时期总有一种需要占支配地位。当人的低层次需要被满足之后，会转而寻求实现更高层次的需要。其中，自我实现的需要是超越性的，追求真、善、美，将最终导向完美人格的塑造，高峰体验代表了人的这种最佳状态，它是人存在的最高、最完美、最和谐的状态。

马斯洛还归纳出24条超越型和健康型两种不同自我实现者的区别。前者经常有超越性体验（即高峰体验），后者则没有或者很少有超越性体验。

国际心理学界久负盛名的《普通心理学评论》杂志在2002年第2期刊登了题为“20世纪最杰出的100名心理学家”的一项调查研究成果，马斯洛作为需求层次论提出者，是排名第10的人本主义心理学家。有人这样评价他：弗洛伊德为我们提供了心理学病态的一半，而马斯洛则将健康的那一半补充完整。

（3）原著选读

自我实现的八条路径

当一个人趋向自我实现时，他在做些什么呢？自我实现意味着什么？下面是一个人趋向自我实现的八大途径。

第一，自我实现意味着充分地、活跃地、无我地体验生活，全神贯注，忘怀一切。

第二，让我们把生活设想为一系列选择过程，一次接着一次的选择。

第三，谈论自我实现的意思是设想有一个自我要被实现出来。

第四，当有怀疑时，要诚实地说出来而不要隐瞒。

第五，我们迄今所说的都是不带自我意识的体验，是做出成长选择而不是畏惧选择，是倾听冲动的声音，是成为诚实的和承担责任的人。

第六，自我实现不只是一种结局状态，而且是在任何时刻在任何程度上实现个人潜能的过程。

第七，高峰体验是自我实现的短暂时刻。这是令人心醉神迷的时刻。

第八，弄清一个人的底细，他是哪种人，他喜欢什么，不喜欢什么，什么对于他是好的，什么是不好的，他正走向何处，以及他的使命是什么——向一个人的自身展示他自己。（Maslow，1970, pp.52-56）

超越性动机

追求自我实现的人（更成熟的、人性更丰满的），就定义来说，他们的基本需要已经得到适当满足，现在是以另外的高级方式受到激励的，这可以称为“超越性动机”（metamotivation）。

就定义来说，追求自我实现的人，他们的基本需要（包括归属、情感、受尊重和自尊）已得到满足。也就是说，他们有一种有所依归感，有根有底感，他们的爱情需要已经得到满足，有朋友，感到为人所爱，值得被爱，他们在生活中有一定的社会地位和工作岗位，能得到他人的敬重，并有适当的价值感和自尊。反过来说，即从这些基本需要受挫的意义上说，这些追求自我实现的人不觉得有任何焦虑，不觉得无保障、不安全，不觉得孤单、受排斥、无根底或被隔离，不觉得无人爱、被拒绝，或无人需要，不觉得受轻视、被人瞧不起，不觉得毫无价值，也没有任何自卑和无价值的伤残感。

鉴于基本需要被认为是人类的唯一动机，因此有可能，而且在某些场合也有必要说，追求自我实现的人是“无动机的”。就是把这些人归入东方哲学的健康观一类，认为健康是超越追求，超越欲望或需要。

也可以说，追求自我实现的人是在表现而不是在争取，他们是自发的、自然的，比他人更从容自如。

这里每一种说法在特定的研究场合都有它自己的操作效用。但就某些目的来说，最好也能提问：“追求自我实现的动机是什么？自我实现中的心理动力是什么？什么力量促使他行动和奋斗？什么驱策（或牵引）这样的人？什么吸引他？他希望得到什么？什么使他恼怒，使他献身，或自我牺牲？他觉得对什么热心、专心？他珍重什么，企求、渴望什么？他愿为什么而死（或生）？”

很明显，我们必须在两种动机之间做出区分：一种是自我实现水平以下的人的普通动机，即受基本需要所激励的人的动机；另一种是他们的基本需要已得到足够满足，因而不再受这些需要所激励，而是受“高级”动机所激励的人的动机。因此，我们最好称追求自我实现的人的这些高级动机和需要为“超越性需要”，并在动机范畴和“超越性动机”范畴之间进行区分。（Maslow, 1970, pp.292-293）

6. 赫兹伯格的《再论如何激励员工》

我们听到的管理者的抱怨比员工的抱怨还要多，他们不知道怎样才能让员工满意。赫兹伯格的“双因素理论”可以为这些管理者打开一个新的视界，如果应用得当，“激励力”将不再是企业的一个抽象概念。

——《员工都在想什么》

赫兹伯格的贡献在于他强调了员工的需求和满意度对工作表现的影响。他的研究结果对企业管理和人力资源管理产生了深远的影响。

——美国著名管理大师　彼得·德鲁克

（1）作者简介

弗雷德里克·赫兹伯格（Frederick Herzberg，1923—2000 年），美国著名的管理学家、心理学家、行为科学家，双因素理论的创始人。赫兹伯格出生于美国马萨诸塞州，曾获得纽约市立学院的学士学位和匹兹堡大学的博士学位，其后在美国和其他 30 多个国家从事管理教育和管理咨询工作，是美国犹他大学的管理学教授，曾任美国凯斯大学心理系主任。1968 年，赫兹伯格在《哈佛商业评论》上发表的《再论如何激励员工》，成为该刊有史以来最受欢迎的论文，奠定了他在管理研究领域的大师地位，他对激励问题所做出的分析至今仍有重要的借鉴意义。其代表作有《工作的激励因素》（1959）、《工作与人性》（1966）、《管理的选择：是更有效还是更有人性》（1976）以及《再论如何激励员工》（1968）。其中《再论如何激励员工》是赫兹伯格最为著名、影响力最大的作品。

（2）经典著作及其思想

赫兹伯格最主要的成就是提出了双因素理论，该理论的产生背景和内容集中体现在他的经典作品《再论如何激励员工》中。20 世纪 50 年代末期，赫兹伯格和他的助手对 200 名工程师、会计师至少进行了 12 次不同的调查。他们的调查对象范围很广，涉及各种类型的人，发现了一个使管理者既感兴趣又困惑的现象：让员工在工作中感到满意并受到激励的因素与让他们感到不满意的因素不属于同一类。根据被调查者有关工作满意问题的回答，赫兹伯格将影响人的各种因素归结为两类：使员工感到满意的因素属于工作本身或工作内容方面，而使员工感到不满意的因素属于工作环境或工作关系方面，前者被称为激励因素，后者被称为保健因素。根据调查研究结果，赫兹伯格在《再论如何激励员工》中主要论述了 4 个方面的内容。

第一，保健因素。这类因素的改进能消除人们对工作的不满意。如果这类因素有缺陷或不具备，必然引起人们的不满。若这类因素处理得当，则能防止员工不满情绪的产生。因此，保健因素也被称为“维持因素”。

第二，激励因素。它们能在很大程度上给予人们满足感，提高工作效率，激发人们的进取心，使其有最佳表现。这类因素的改善能让员工感到满意，使员工得到激励，有助于充分、有效、持久地调动他们的积极性。

第三，区分双因素的意义。赫兹伯格认为，保健因素和激励因素是独立存在的，它们以不同的方式影响人的积极性和行为。缺少保健因素，员工会感到不满意；有了保健因素，员工并不会感到满意，而是没有不满意。有了激励因素，员工会感到满意；没有激励因素，员工不会感到不满意，而是没有满意。

赫兹伯格认为，传统的激励假设不会产生更大的激励。按照赫兹伯格的观点，管理者应该认识到保健因素是必需的，不过它一旦与不满意中和以后，就不能产生更积极的效果，只有“激励因素”才能使人们取得更好的工作成绩。

第四，管理建议。赫兹伯格提出了工作丰富化、增加自主权、改变人事管理重心的建议。

赫兹伯格“双因素理论”的提出，特别是与“工作丰富化”关系的开创性研究，愈发显现出其应用价值，促使企业管理者开始关注工作内容因素的重要性。他的思想一直带给组织管理者与领导者新鲜的启示，影响了一代学者并指导着诸多管理者的实践。

（3）原著选读

用 KITA 激励员工

要让人干活，最有效、最直截了当的办法就是“踢他”，或许我们可以把这种“踢他”法称为 KITA（kick the person）。KITA 有多种形式，以下是其中几种：

消极的身体性 KITA（negative physical KITA）。这就是 KITA 这一术语字面上的含义，该方法过去经常使用。但这种 KITA 有三大缺陷：一是用词不雅；二是与多数组织所珍视的宝贵的友善形象相抵触；三是由于这是身体性攻击，直接刺激着神经系统，往往导致负反馈（negative feedback）——员工可能会反过来踢你。这些原因使得消极的身体性 KITA 在某种程度上被禁用。

消极的心理性 KITA（negative psychological KITA）。与消极的身体性 KITA 相比，这种方法有几个优点。第一，看不到非人道的行为，因为伤害是内在的，而且要过很久才会感觉到。第二，由于它用抑制机能影响较高层次的大脑皮层中枢，因此减少了人体反抗的可能性。第三，由于人所能感受到的心理疼痛几乎数不胜数，KITA 的使用方向和地点增加了好多倍。第四，“踢”人之人可以超然物外，让整个系统来完成这个卑鄙勾当。第五，尽管运用 KITA 的人会觉得自己伤人情感令人憎恶，但能获得某种高人一等的自我满足感。第六，即使某位员工抱怨，也可以指责他偏执多疑，因为他找不到攻击的确凿证据。

消极的 KITA 没有激励效果，只能让人被动地干活。

积极的 KITA（positive KITA）。我们来思考一下激励。如果我对你说：“替我或公司做好这件事，我就给你报酬、奖金、更高的地位、晋升或企业组织中现有的其他种类的报酬作为回报。”我这样是在激励你吗？我听到大多数管理人员回答说：“是的，这是激励。”

积极的 KITA 用的是拉力，而不是推力。如果企业想用这种积极的 KITA，那么可以在员工面前晃动引诱员工们跳起来的“狗食饼干”（对人使用糖果），数量和种类不胜枚举。（Herzberg, 1968, pp.87507）

关于激励的神话

为什么 KITA 不是激励？我们可以给一个人的电池充电，然后再一次次充电。但只有当某个人自己拥有发电机时，我们才可以说他有了激励因素。这样，他就无须外部刺激了，因为他自己想做事情。下面列出了采用积极的 KITA 的人事部门试图为员工注入“激励因素”的一些做法。

第一，减少工作时间。这是激励人们工作的一种绝妙办法，即让他们少做工作！在过去五六十年间，人们一直在减少工作时间。同时在工作之余开展娱乐项目，认为能在一起玩的人也能在一起工作。但事实却是，人们受到激励后希望工作更长时间，而非更短。

第二，增加工资。这会产生激励吗？答案是，会的，它能激励人们期待着下一次加薪。

第三，提供福利待遇。美国目前的福利成本大约达到了工资额的 1/4，但员工还在吵着要激励。人们现在拿的钱多了，各种福利待遇也多了，工作时间却少了。这些福利不再被认为是报酬，而是权利。除非薪酬不断上升，否则员工会觉得公司在倒退。

第四，人际关系训练。30 年来的实践，结果产生了费用昂贵的人际关系训练项目，出现了更糟糕的现象。30 年前要让员工做事只要说一个“请”字就够了，而现在则要用三个“请”字，员工才会对上司的态度感到满意。这说明主管或管理者在处理人际关系时不够得体、不够真诚，会使人际关系训练不能产生激励作用。

第五，敏感性训练。你真正了解你自己吗？你真的相信别人吗？你真心与他人合作吗？人事经理已经认识到，从舒适的条件、经济手段或人际关系入手进行激励，只能得到暂时的效果。问题不在于这些经理正在做的事情，而在于员工不理解他们正在做的事情。这一认识开辟了一个新的领域——沟通。

第六，沟通。沟通学专家们被邀请参加管理培训计划，以帮助员工理解管理者为他们所做的事情，但仍然没有效果，这使专家们认为也许是管理者不知道员工们在想什么。

第七，双向沟通。管理者为此进行了士气调查、建议计划、小组参与计划等。与过去相比，管理者和员工常在一起交流，倾听彼此的意见。然而，这并未改善激励的效果。行为科学家们开始重新审视，他们发现，人们需要实现自我。

第八，工作参与。尽管工作参与本不是理论上的发明，但它常常成为“给工人一顶大帽子”的代名词。它使员工在一定程度上感到他们能对自己的工作做主。目的是为员工提供一种成就感，但这也不是实质性的成就。

第九，与雇员谈心。这一形式最早应用于 20 世纪 30 年代初在西部电气公司开展的霍桑实验。然而，这类计划同以往的那些计划一样，都没能真正解决“如何激励员工”的问题。显然，需要另辟蹊径。（Herzberg, 1968, pp.87507）

7. 西蒙的《管理决策新科学》

西蒙对于决策过程的理论研究工作是开创性的，他也是管理方面唯一获得诺贝尔经济学奖的人。他的理论已经渗透到管理学的不同分支，成为现代管理理论的基石之一。

——美国著名管理大师　彼得·德鲁克

赫伯特·西蒙是认知科学与人工智能的创始人之一，在计算机科学与心理学的结合方面做出了卓越的贡献，他是“人工智能之父”。

——中国科学院

就经济学最广泛的意义来说，西蒙首先是一名经济学家，他的名字主要是与经济组织中的结构和决策这一相当新的经济研究领域联系在一起的。

——瑞典皇家科学院

（1）作者简介

赫伯特·西蒙（Herbert Simon，1916—2001 年），美国著名管理学家、心理学家、计算机科学家。西蒙出生于美国威斯康星州密尔沃基的一个犹太家庭，分别于 1937 年、1943 年在美国芝加哥大学获得学士学位和博士学位。1939—1942 年，西蒙任加利福尼亚大学伯克利分校助理研究员，1944 年起任教于伊利诺伊理工学院；先后晋升为副教授、教授；1949 年起，先后任卡耐基理工学院工业管理系主任、工业行政研究生院副院长、行政和心理学系教授；1967 年起，在卡内基梅隆大学计算机科学和心理学系任教授；1967 年，当选为美国国家科学院院士。西蒙还致力于中美学术交流，1985 年被聘为中国科学院心理研究所名誉研究员，还是北京大学、天津大学、中国科学院管理学院等单位的名誉教授；1995 年，当选为中国科学院外籍院士。他的研究涉及政治学、经济学、管理学、心理学、运筹学、计算机科学等众多领域，并且在每一领域都有相当深厚的造诣。1958 年，西蒙获得美国心理学会颁发的心理学领域最高奖——心理学杰出贡献奖；1974 年获得计算机科学最高奖——图灵奖；1978 年，获得诺贝尔经济学奖；1986 年，获得美国国家科学奖章；1993 年，获得美国心理协会的终身成就奖；1995 年，在国际人工智能会议上被授予终身荣誉奖。在当代科学史上，西蒙留下了光辉的一页。

（2）经典著作及其思想

《管理决策新科学》（1960）是西蒙的代表作。这一著作的主要内容包括计算机与管理、计算机会管理公司吗、管理决策过程、计算机对工作场所的影响、组织设计：制定决策的人机系统、信息技术的经济影响等。书中具体分析了管理决策的各个方面：管理决策的过程、决策的类型、决策制定方法、决策制定的自动化、决策新技术、管理人员在决策中的作用、决策的性质等。他强调计算机的发展可以促进决策自动化，而且可以为社会进步带来巨大的影响。

西蒙在管理学上的贡献是明确了管理的决策职能，构建了决策理论，并提出了人类“有限理性行为”的命题和“满意决策”的准则，划分出程序化决策与非程序化决策。西蒙认为：管理就是决策，决策是管理的核心；决策者在组织中起着核心和动力作用，对组织的影响很大。

西蒙是决策理论学派的创始人之一，他倡导的决策理论是以社会理论为基础，吸收古典管理理论、行为科学和计算机科学等内容而发展起来的。他因“对经济组织内的决策程序所进行的开创性研究”而被称为“决策理论的奠基人”。由于现代企业和现代技术的发展，组织的特征已经发生了根本性的变革，决策的重心正在由高层向低层转移。得益于计算机技术的发展，西蒙开始尝试用计算机来模拟人的行为，从而开创了认知心理学和人工智能研究新领域。

（3）原著选读

管理的自动化

组织中各层管理人员所遇到的问题可以根据其出现时在结构、例行程序或固定性等方面的情况进行分类。在这个统一体的一端是高度程序化的决策：日常例行事务的处理或对标准产品的定价等。而另一端则是非程序化决策：制定新产品系列的一次性基本决策或在新协定上与劳工谈判的战略决策。在这两个极端之间存在着一种既包含程序化决策又包含非程序化决策和既包含例行性又包含非例行性的混合型决策。

管理者在组织中的地位与其所做决策的程序化程度之间，存在着一个大概但绝非极其精确的关系。在一般的情况下，总经理与副总经理所遇到的问题要比工厂各部门领导和工厂经理所遇到的问题更少程序化些。

我们正处在决策过程的技术革命之中。这个革命包括两个方面：一是主要与统一体的程序化一端的决策有关，称为“运筹学”或“管理科学”的领域；二是与程序化决策和非程序化决策相关，称为“探索程序”或有时也称为“人工智能”技术的领域。通过这些技术，我们正在取得使所有决策——包括程序化的也包括非程序化的——实现自动化的技术手段。然而，与非管理工作一样，决定自动化进程快慢的不是技术因素而是经济因素。

管理人员主要关心的问题包括：①监督问题；②解决正常结构的问题；③解决结构复杂的问题。其中，解决正常结构问题的自动化进程将是极快的；解决复杂结构问题的自动化将是中速的；而监督的自动化问题将会更慢些。然而，正如前面我们所推断的那样，随着工作越来越不是由人来定速而是更多地由机器来定速，监督工作的性质即将发生变化。（Simon, 1960, pp.27）

决策制定者

人们通常对“决策制定者”这一形象的作用描述得过分狭窄。“决策制定者”像个骑马思考问题的人，考虑成熟之后，突然把他的决定指示给他的随从；或者“决策制定者”像个置硬币于大拇指端，准备在一掷之后就去冒险的逍遥自在的家伙；或者说，“决策制定者”像是个和同僚一起坐在董事会办公桌旁，满嘴说“可以”或“不可以”的，那种精明而又华发满头的女企业家；或者说，“决策制定者”是位埋头审阅公文、戴眼镜的绅士，正在标有（X）记号的字里行间里思考着。

上述的诸多形象都有一个重要的共同点，即“决策制定者”是位能在关键抉择时刻，在十字路口选定最佳路线的人。由于只注意了最后的片刻，上述各种形象都对决策做了歪曲的描绘。他们忽略了完整的全过程，忽略了最后时刻之前的复杂的了解、调查、分析的过程，以及在此之后的评价过程。

决策制定包括 4 个主要阶段：找出制定决策的理由；找到可能的行动方案；在诸行动方案中进行抉择；对已进行的抉择进行评价。（Simon, 1960, pp.33-34）

程序化和非程序化决策制定技术

程序化决策和非程序化决策并非真是两类截然不同的决策，而是像一个光谱一样的连续统一体：一端是高度程序化的决策，另一端是高度非程序化的决策。沿着这个光谱式的统一体可以找到不同灰色梯度的各种决策，采用程序化和非程序化两个词也只是用来作为光谱的黑色与白色频段的标志而已。

程序化决策可以呈现出重复和例行状态，可以制定出一套处理这些决策的固定程序，以致每当它出现时，不需要再重复处理它们。而为什么程序化决策趋向重复性和反复性？其道理很明显：假若某特定问题反复出现多次，那么人们就会制定出一套例行程序来解决它。

非程序化决策可以使它们表现为新颖、无结构，具有不寻常影响的程度。处理这类问题没有灵丹妙药，因为这类问题在过去尚未发生过；或因为其确切的性质和结构尚捉摸不定或极为复杂；或因为其十分重要而需要用现裁现做的方式加以处理。

表 3.5 列出了传统式和现代式决策制定技术。（Simon, 1960, pp.38-39, 41）

表 3.5 传统式和现代式决策制定技术

决策类型	决策制定技术	
	传统式	现代式
程序化决策 常规性、反复性的决策，组织为处理上述决策而研制的特定过程	1. 习惯 2. 职务性常规工作：标准操作规程 3. 组织结构：普通可能性；次目标系统；明确规定的信息通道	1. 运筹学：数学分析；模型：计算机模拟 2. 电子数据处理
非程序化决策 单射式，结构不良，新的政策性决策；不能用通用问题解决过程处理的	1. 判断、直觉和创造 2. 概测法 3. 经理的遴选和培训	探索式问题解决技术适用于： （1）培训人员决策制定者 （2）绘制探索式计算机程序

8. 菲德勒的《让工作适合管理者》

《让工作适合管理者》中提出的菲德勒模型强调为了领导有效需要采取什么样的领导行为，而不是从领导者的素质出发强调应当具有什么样的行为，从而为领导理论的研究开辟了新的方向。

——《管理新思想》

没有人比弗雷德·菲德勒对我的领导力思维产生更大的影响。

——哈佛商学院教授、领导力大师　约翰·科特

（1）作者简介

弗雷德·E. 菲德勒（Fred E. Fiedler，1922—），美国当代著名的心理学家和管理学家，美国华盛顿大学心理学与管理学教授，兼任荷兰阿姆斯特丹大学和比利时卢万大学客座教授。菲德勒出生于 1922 年，早年就读于芝加哥大学，获博士学位，毕业后留校任教。1951 年，菲德勒任伊利诺伊大学心理学教授和群体效能研究实验室主任，从管理心理学和实证环境分析两方面研究领导学。20 世纪 70 年代，菲德勒提出了“权变领导理论”，开创了西方领导学理论的一个新阶段。

（2）经典著作及其思想

菲德勒的研究成果主要体现在他的 4 部学术著作和 100 多篇论文中。1965 年，菲德勒在《哈佛商业评论》上发表的《让工作适合管理者》引起了世人的瞩目。他的权变领导理论使以往盛行的领导形态学理论研究转向了领导动态学研究，该理论对领导学和管理学的发展产生了深远的影响。

为了设计出适合领导者风格的环境，在许多研究者仍然争论究竟哪一种领导风格更为有效时，菲德勒于 1951 年在海军研究部的资助下，对领导效能问题展开研究。他调查分析了 1200 多个群体，探究其工作成绩和领导者风格的关系。他首创了最难共事者调查问卷表（least preferred coworker questionaire，LPC）的方法，让每个群体的领导者对他“最难共事”的同事进行正反两级项目的评分。基于大量的调查研究，菲德勒提出了有效领导的权变模型，认为适用于任何环境的“独一无二”的最佳领导风格是不存在的，领导的有效性取决于所处的环境是否适合。在《让工作适合管理者》中，菲德勒分离出影响领导有效性的 3 个环境因素：领导者与成员的关系、职位权力和任务结构。菲德勒认为，根据 3 个环境因素的好或差、明确或不明确、强或弱，可以划分出从最有利到最不利的 8 种不同情境或类型，每个领导者都可以在其中找到自己的位置。菲德勒认为 3 个环境因素中最重要的是领导者与成员的关系，最不重要的是职位权力。然而，菲德勒认为领导风格是与生俱来的，这样一来，提高领导者的有效性就只有两个途径：要么替换领导者以适应环境，要么改变情境以适合领导者。通过菲德勒模型，企业可以预测互动群体中的领导效能，并发现影响团队表现的因素，从而超越了传统的选拔和培训的概念。

菲德勒模型表明，并不存在一种绝对的最好的领导方式，领导者必须具有适应力，自行适应变化的情境。模型还揭示必须依据环境情况选用合适的领导者。菲德勒的权变领导理论得到了大量实际经验和实验结果的验证，为领导理论的研究开辟了新方向，菲德勒也被称为“权变管理的创始人”。

然而，该模型尚存在一些欠缺，如取样太少造成了一定的统计误差，环境因素的衡量标准不太确切等，需要进一步加以完善。但是，从菲德勒提出的权变领导理论对组织行为学的影响、对原有模型的拓展，以及将领导者认知能力引入作为领导有效性的重要影响因素这 3 个方面来看，菲德勒的理念将不会被人们所忽视。

（3）原著选读

实验测试

在比利时的一个海军训练中心，我们测试了 96 个三人小组。小组成员构成上，一半是同质性的（所有弗拉芒人或所有瓦隆人），一半是异质性的（领导者与他的部下不同）。其中一半有强大的领导职位（士官），另一半为重新招募的领导者。每组执行 3 个任务：一个非结构化任务（写一封招募信）和两个平行的结构化任务（为船只找到通过 10 个港口的最短路线，并为 12 个港口做同样的事情）。每项任务结束后，领导者和小组成员都描述了他们的反应——包括群体气氛的评价和领导者与成员关系的启示。

然后，根据他们对领导者的好感度，依次安排各种任务情境。最有利的情境是，一个同质化的小组，由一个受人喜爱的士官领导，该小组的工作是为一艘船开路的结构化任务。这种情境在实验结束时尤其有利，因为领导者有时间去了解他的成员。最不利的情境是，一个不受欢迎的异质性小组新招募的领导，小组一成立，就遇到了写信这一相对非结构化的任务。

有 6 个小组分别属于这些情境或单元。然后对 6 组中的每一组进行相关分析，以确定哪种领导风格能带来最佳的团队绩效。结果显示并支持了前面描述的结论。

特别值得注意的是，困难的异质性小组通常需要控制性的、任务导向型的领导才能获得良好的绩效。这符合在国际商业组织工作过的高管对成功领导行为的描述。（Fiedler, 1965, pp.120-121）

甄选和培训

现在，商业和工业界正在努力吸引越来越多的聪明绝顶、技术过硬的人。这些人中许多是专家，他们的才能非常短缺。工业界能否真正承担起只选择那些除了技术技能外还拥有特定领导风格的人？答案可能是否定的，至少在不久的将来是这样。

在这种情况下，我们能否对被选中的人进行一种或另一种领导风格的培训？这种方法经常被作为一种解决方案，而且确实有其优点。但我们必须认识到，培训人员是困难的、昂贵的、耗时的。将人们安排在与其自身领导风格相适应的环境中，当然要比强迫他们适应工作的要求更容易。

作为另一种选择，主管人员是否应该学会识别或诊断小组任务的情况，以便他们能够将他们的下属、经理和部门主管安置在最适合他们的领导风格的工作岗位上？即使这个程序也存在严重的缺陷。组织可能并不总是有适合这个聪明的年轻人的位置。这位有经验的主管可能不愿意被调走，或者不可能将他调走。

组织是否应该尝试“设计”工作来适应这个人？对管理层来说，这个方案可能是最可行的。如前所述，所需的领导类型取决于情境的有利程度。而这种有利性取决于几个因素。这些因素包括领导者与成员的关系、群体的同质性、职位权力和任务的结构化程度，以及其他更明显的因素，如领导者对群体的了解、对任务的熟悉程度等。

很明显，管理层可以改变领导情境的有利特征；在大多数情况下，比起把下级领导从一个岗位调到另一个岗位，或者训练他以不同风格与成员互动，他更容易做到这一点。（Fiedler, 1965, pp.121-122）

变革的可能性

到目前为止，尽管这种组织工程尚未被系统地完成，但我们可以从几种良好的可能性中选择并完成这项工作。

第一，改变领导者的职位权力。我们可以给他同等或几乎同等级别的下属，也可以给他比他低两三个级别的人。我们可以给他唯一的工作职权，或者要求他与这个小组协商，甚至在所有的决策中达成一致。我们既可以严格遵守组织的渠道，以提高领导者的威信，也可以直接与他的小组成员或他本人进行沟通。

第二，改变任务结构。给予一个领导者的任务可能需要详细说明，他可能需要得到精确的操作指令；另一个领导者可能需要得到更多的一般性问题，这些问题只是被含糊地阐明。

第三，改变领导者与成员的关系。前文中比利时的研究表明，改变小组的组成可以改变领导者与他的下属的关系。我们可以通过引入具有类似态度、信仰和背景的人，或者引入在训练、文化和语言方面不同的人，来增加或减少小组的异质性。（Fiedler, 1965, pp.122）

9. 明茨伯格的《经理工作的性质》

亨利·明茨伯格也许是世界上第一位管理思想家。

——美国著名企业管理大师 托马斯·彼得斯

《经理工作的性质》出版即大获成功，奠定了明茨伯格作为极具影响力的管理大师的地位，他对管理工作的观察与研究，迄今无人能超越。

——《管理名家》

管理领域伟大的离经叛道者。

——英国《金融时报》

（1）作者简介

亨利·明茨伯格（Henry Mintzberg，1939—），加拿大著名管理学家，是经理角色学派的主要代表人物。明茨伯格 1939 年出生于加拿大蒙特利尔，就读于麦吉尔大学机械工程系，1961 年获乔治威廉姆斯大学文学学士学位，1965 年获麻省理工学院管理硕士学位，1968 年获麻省理工学院斯隆商学院哲学博士学位。1972 年起，明茨伯格在麦吉尔大学任教，担任麦吉尔大学管理学教授，同时担任欧洲工商管理学院、伦敦商学院、卡内基梅隆大学的访问教授。1988—1989 年，他曾任战略管理协会主席。明茨伯格曾 4 次在《哈佛商业评论》上发表文章，其中两次获得了麦肯锡奖，1998 年被授予加拿大国家勋章，2000 年因对管理学所做出的贡献获得了管理学会颁发的杰出学者奖，成为加拿大皇家协会的会员，是在全球管理界享有盛誉的管理学大师。

（2）经典著作及其思想

明茨伯格著有近 10 部学术著作和 100 多篇论文，其主要贡献是对于经理工作的分析。《经理工作的性质》（1973）是他最知名的著作，此书奠定了明茨伯格成为经理人角色理论巨匠的地位。该书源于他的博士论文《工作中的经理——由有结构的观察确定的经理的活动、角色和程序》。以对经理工作实际调查所获得的证据为基础，该著作全面阐述了经理工作的显著特点、经理所担任的角色、经理工作中的变化、科学与经理的职务、经理工作的未来，并评价了其他管理学派关于经理职务的各种观点。该著作成为经理角色学派的里程碑，也是明茨伯格思想的浓缩精华，备受从事实际工作的经理们的欢迎。

明茨伯格第一次从实证角度分析经理的工作，界定了经理的工作角色，认为经理一般担任 10 种角色，具体分为 3 类。

第一，人际关系方面的角色，包括挂名首脑、联络者和领导者角色。

第二，信息方面的角色，包括信息监听者、传播者和发言人角色。

第三，决策方面的角色，包括企业家、混乱驾驭者、资源分配者和谈判者角色。

这 10 种角色表明，从组织的角度来看，经理应该是一位全面负责的人，但事实上却要承担一系列的专业化工作，既是通才又是专家。

在《经理工作的性质》中，明茨伯格发现，管理工作具有"短暂、多样、零碎"的特点。从表面上看，管理者考虑的是重大的战略问题，然而，事实上，他们却在一项又一项的任务间疲于奔命。因此，他主张应把管理者看成各种角色的结合体，是一个整体。

《经理工作的性质》来源于明茨伯格的实践研究，他的研究触及并探究管理的"软肋"。正因如此，他竭力反对传统的 MBA 课程，认为 MBA 因为错误的原因把错误的东西教给错误的人，坐在教室里是学不到领导一个企业的方法的。他致力于改变管理教育，提出了实践管理国际硕士（IMPM）计划，抨击过去被管理界和商界奉为圣典的概念，故有"管理领域伟大的离经叛道者"之称，被评论家称为"戳破管理自负泡沫的人""反传统斗士"等，是管理学界独树一帜的、最具原创性和影响力的大师。

（3）原著选读

经理工作的特点

不论是哪种类型的经理，其工作都有以下 6 个特点：

第一，大量的工作，始终不懈的步调；

第二，工作活动具有简短性、多样性和琐碎性；

第三，把现实的活动放在优先地位；

第四，爱用口头交谈方式；

第五，处于他的组织与联络网之间；

第六，权力和责任的混合。（Mintzberg, 1973, pp.47,49,54,57,64,68）

经理的基本目标

对于组织为什么需要经理可以列出 6 点理由。

第一，经理的主要目标是保证他的组织实现基本目标：有效率地生产出某些产品或提供服务；

第二，经理必须设计和维持他的组织的业务稳定性；

第三，经理必须负责他的组织的战略决策系统，并使他的组织以一种可控制的方式适应其变化的环境；

第四，经理必须保证组织为控制它的那些人的目的服务；

第五，经理必须在他的组织与其环境之间建立起关键的信息联系；

第六，作为正式的权威，经理负责他的组织的等级制度的运行。（Mintzberg, 1973, pp.122-123）

经理工作的变化

①经理的职务在内容和特点上的变化可以用权变理论来解释。涉及4个方面的变数——环境方面的变数，包括周围环境、产业部门及组织的特点；职务方面的变数，包括职务的级别及所担负的职能；个人方面的变数，包括担任该项职务者的个性和风格上的特点；情境方面的变数，包括许多与时间有关的因素。

②职务的级别和所担负的职能似乎比其他任何变数更能说明经理工作中的变化。

③组织环境越富有动态性（竞争性、变化率、成长、生产的压力），经理花在非正式信息交流上的时间越多，工作越是多变而琐碎，行动越是活泼，口头联系也就多。

④公共组织和机构的高层经理比私营组织的经理在正式活动上花费的时间更多。服务业组织的高层经理比制造业组织的高层经理在联络者角色上所花的时间更多。

⑤综合性组织越大，高层经理在正式的信息交流上花的时间越多，其活动的简短性和琐碎性程度越小，外部联系的范围越广，正式信息交流网络越是发达，被卷入外部工作的程度越大，对内部业务的过问越少，代替下属工作的时间也就越少。小公司的经理在专家和代替作业者等角色上花的时间较多。

⑥经理的级别越高，其职务越是缺乏结构性，没有专业化，越是长此以往，他所处理的问题越是复杂、互相交错，拖的时间越长，工作的重点越是不明确。

⑦经理的级别越低，则职务越是非正式，在挂名首脑上所花的时间越少。

⑧较低级别的经理比较高级别的经理更侧重维持一个稳定的工作流程，因此前者在实时角色（混乱驾驭者和谈判者）上花费的时间更多。

⑨经理的级别越低，则简短性和琐碎性的特点越发突出，越是集中于当前的和具体的问题。

⑩高级经理无论在工作时间以内还是以外都比其他人的工作时间更长。

⑪一定级别的经理对他们所处理的信息有所专业化，并把大部分的时间用于与同一个有关的“小集团”的人相联系。

⑫直线生产经理更倾向于作业方面的问题，工作中琐碎性更强。他们在决策方面的角色，特别是在混乱驾驭者和谈判者上花费的时间较多。

⑬直线销售经理集中于外部联系和培训下属，他们在人际关系方面的角色（挂名首脑、领导者和联络者）上花费的时间较多。

⑭参谋专家经理独处的时间较多，更多地从事文书工作，工作中的琐碎性和多样性较弱。在专业职能上花费相当多的时间，既作为经理又作为专家来服务。他们在信息方面的各种角色（监听者、发言人和传播者）上花费的时间较多。

⑮在某些组织中，高层经理们非正式地建立了两个人（两人小组）或三个人（三人

小组）的经理小组来共同承担一个经理职务的十种角色的职责，这种经理小组安排的成功与否取决于神经中枢信息被有效共享的程度。

⑯最普通的是两人小组，其中，总经理集中于外部的各种角色（挂名首脑、联络者、发言人和谈判者），而把内部角色（领导者、传播者、资源分配者和混乱驾驭者）的大部分职责交给第二把手。

⑰经理职务中与时间有关的变数，采取年度及月度模式，而很少采取每周或每日模式。

⑱经理的职务反映出一种变动——稳定的周期。在这个周期中，集中于变动的时期（特别是在企业家和谈判者角色上花费较多的时间），之后是巩固变动的时期（较多的时间用于领导者和混乱驾驭者的角色）。

⑲紧张威胁的时期要求经理在混乱驾驭者角色上花费更多的时间；随后是联系和资源的恢复补充时期，扮演联络者、发言人和资源分配者的角色。

⑳担任新职务的经理较其他人更倾向于花费更多的时间去建立联系和搜集信息（联络者和监听者的角色）；然后，他们经历一段改革的时期（企业家的角色）；最后，他们安顿下来进入通常的工作模式。

㉑社会方面的转变趋向于更大程度的组织民主和更大范围的组织联合。这就要求未来的经理在领导者角色和外部的各种角色（挂名首脑、联络者、发言人和谈判者）上花费更多的时间。

㉒经理的职务可以归类为 8 种基本类型：联系人（联络者和挂名首脑的角色最为重要）；政治经理（强调发言人和谈判者的角色）；企业家（企业家和谈判者的角色）；内当家（资源分配者的角色）；实时经理（混乱驾驭者的角色）；协调经理（领导者的角色）；专家经理（监听者和发言人的角色）；新经理（联络者、监听者的角色）。（Mintzberg, 1973, pp.163-166）

10. 德鲁克的《卓有成效的管理者》

只要一提到彼得·德鲁克，在企业的丛林中就会有无数双耳朵竖起来倾听。他是一盏指引我们的明灯，他的著作让我们走出迷雾找到方向。

——《哈佛商业评论》

如果说 20 世纪最伟大的发明是管理的话，那么彼得·德鲁克无疑是最伟大的发明家。

——美国管理协会

全世界的管理者都应该感谢这个人，因为他贡献了毕生的精力，来厘清我们社会中人的角色和组织结构的角色，我认为彼得·德鲁克比其他任何人都更有效地做到了这一点。

——通用电气前首席执行官　杰克·韦尔奇

这本书我爱不释手，不知读了多少遍，常读常新。

——海尔集团　张瑞敏

超越时空的德鲁克，管理者永恒的导师。

——机械工业出版社

（1）作者简介

彼得·德鲁克（Peter F. Drucker，1909—2005 年），管理科学的开创者，美国著名思想家和管理大师，“现代管理之父”，社会生态学家。他生于维也纳的一个书香门第，先后在奥地利和德国受教育，1931 年获法兰克福大学法学博士，1937 年移民美国，曾在一些银行、保险公司和跨国公司任经济学家与管理顾问，1942—1949 年任美国贝宁顿学院政治和哲学教授，1942 年受聘为当时全世界最大企业——通用汽车公司的顾问，之后还担任过克莱斯勒公司、IBM 公司等大企业的管理顾问，1945 年创办了德鲁克管理咨询公司并任董事长，1950 年起，任纽约大学商学院管理学教授。他曾连续 20 年每月给《华尔街日报》撰写专栏文章，在《哈佛商业评论》上发表了 38 篇论文，至今无人打破此纪录。他著述颇丰，1954 年出版的《管理实践》奠定了其作为管理科学开创者的地位，1966 年出版的《卓有成效的管理者》成为全球管理者必读的经典之作，1973 年出版的《管理：任务、责任、实践》被誉为管理学的“百科全书”。他的著作架起了从工业时代到知识时代的桥梁。他曾 7 次获得“麦肯锡奖”，2002 年 6 月获得美国总统布什颁发的“总统自由勋章”。

（2）经典著作及其思想

与已有的管理书籍基本上都是讨论如何管理别人不同的是，彼得·德鲁克的《卓有成效的管理者》（1966）一书围绕着管理者如何管理好自己，即如何成为卓有成效的管理者展开，内容涉及卓有成效是可以学会的、掌握自己的时间、我能贡献什么、如何发挥人的长处、要事优先、决策的要素、有效的决策等。他认为，管理者的工作必须卓有成效，卓有成效是可以学会的。对于如何卓有成效，他提出了 5 点建议：记录和分析时间的使用情况、把眼光集中在贡献上、充分发挥人的长处、要事优先、有效决策。

在该书中，他重新界定了管理者的概念，所提出的一些管理理念远远超出了我们一般理解的范畴。例如：每一位知识工作者其实都是管理者；做到卓有成效是知识工作者在一个组织中的一种特殊技能；管理者不仅可以做到卓有成效，而且必须做到卓有成效。他还提出了管理者管理时间的原则和方法：要做到卓有成效，管理者必须明白自己的长处和短处；要集中时间和精力做最必须做的事情等。他强调管理不在于“知”，而在于“行”。

德鲁克认为，卓有成效的管理者必须养成以下习惯。

①掌握自己的时间：知道自己的时间用在什么地方。

②我能贡献什么：重视对外界的贡献，并非为工作而工作，而是为成果而工作。

③发挥人的长处：善于利用自己、上司、同事和下属的长处，不会将工作建立在自己的短处上，也绝不会去做自己做不了的事。

④要事优先：集中精力于少数重要的领域。

⑤有效的决策：善于做有效的决策。

德鲁克以广泛的实践为基础出版了 30 余部著作，奠定了其现代管理学开创者的地位，成为一代管理学宗师，《经济学人》称他为“大师中的大师”。目标管理与自我控制是他的思想的进一步延伸和发展。德鲁克的文章一直以来都是企业界，特别是一线经理们关注的焦点和对比学习的标尺，他也因此被誉为“美国公司总裁的导师”。

（3）原著选读

卓有成效是可以学会的

管理者的工作必须卓有成效。推敲起来，“使某项工作产生效益”（to effect）和“完成某项工作”（to execute），可视为同义词。身为管理者，不管是企业主管、医院主管、政府机构主管、工会主管、学校主管，还是军事机构主管，首先必须按时做完该做的事情。换言之，管理者做事必须有效。

然而，值得注意的是，在担任管理职位的人中，真正卓有成效者并不多见。一般来说，管理者普遍才智较高、想象力丰富，并具有很高的知识水准。但是一个人的有效性，与他的智力、想象力或知识之间，几乎没有太大的关联。有才能的人往往最为无效，因为他们没有认识到才能本身并不是成果。他们也不知道，一个人的才能，只有通过有条理、有系统的工作，才有可能产生效益。相反，在每一个机构中，总会有一些极为有效的勤勉人士，当别人忙得晕头转向的时候（一般人常误以为忙碌就是有干劲的表现），那些有效的勤勉人士却像龟兔赛跑的童话一样，脚踏实地，一步一个脚印，率先到达目的地。

智力、想象力及知识，都是我们重要的资源。但是，资源本身是有一定局限性的，只有通过管理者卓有成效的工作，才能将这些资源转化为成果。（Drucker, 1966, pp.1）

谁是管理者

在一个现代的组织里，如果一位知识工作者能够凭借其职位和知识，对该组织负有贡献的责任，因而能实质地影响该组织的经营能力及取得的成果，那么他就是一位管理者。经营能力对企业机构而言，也许是推出一项新产品，或扩大某一市场的占有率。对医院而言，也许是为病人提供更优质的医疗服务。这样一位管理者，不能仅以执行命令为满足，他必须能做决策，并承担起做出贡献的责任。他既然学识渊博，就应该比其他人更具有做正确决策的能力。他的决定可能会被取消，他也可能受到处分，甚至可能丢掉饭碗。但是，只要他有一天身为管理者，他就不能忘记他的标准、目标和贡献。

绝大多数的经理人都是管理者，当然并非全部。在现代社会中，许多非主管人员也正渐渐成为管理者。在一个知识型组织中，固然需要经理人，同样也需要能做出贡献的“专业人才”，来担任需要负责、决策，并拥有一定职权的职位。

美国报纸曾刊登的一篇采访越南战场上一位青年步兵上尉的报道，最能清楚地说明这一点。

记者问：“在战场混乱的情况下，你如何指挥你的下属？”那位青年步兵上尉回答说：“在那里，我是唯一的负责人。当我的下属在丛林中遭遇敌人却不知道该怎么行动时，我也因为距离太远无法告诉他们。我的任务只是训练他们知道在这种情形下应该如何行动。至于实际上该怎么做，应由他们根据情况加以判断。责任虽然在我，但行动的决策却由战场上的每个人自己决定。”

在游击战中，每一个人都是“管理者”。（Drucker, 1966, pp.4-5）

四、知 化 篇

知化篇，即悟道篇，本篇汇集了综合情景模拟、基于 PBL 的翻转课堂、管理情景剧、互动情景模拟及连续案例。该篇运用管理学大跨度知识，巧妙构思综合情景模拟练习，原创管理情景剧与互动视频，编写覆盖管理学各章知识点的著名本土企业、学校的连续案例，将学生带入一个精彩纷呈的管理世界。本篇的练习让学生在真实、生动的管理情景中将所学的管理知识融会贯通，培养解决复杂问题的综合管理技能，形成管理智慧，“促”知行合一。

（一）综合情景模拟

模拟一

1. 公司的愿景

【模拟目的】

组织的目标与战略制定，直接影响组织从创立到发展的整个过程。组织的创立离不开其理念或价值观，它是指引组织前进的灯塔，是指导员工行为的规范。本模拟练习通过对某组织创建中各个关键要素的设计，帮助学生深入理解组织的内涵，掌握科学设定组织目标的方法，以及制定战略的管理技能。

【模拟练习】

每个小组由 5～7 位学生组成，每组创建一家公司，给公司取名，确立公司的目标、愿景与战略等。

【模拟需完成的任务】

（1）给公司取名，用一句话描述公司的愿景，并说出 3 点理由。

（2）设计公司的标识（Logo），制定公司的目标与战略。

（3）阐述公司的理念、价值观或指导原则。

【知识点】

组织的概念、目标与战略

2. 塑造更好的经理

【模拟目的】

经理是组织完成目标的关键，组织需要其技能，他（或她）对员工的生产率和忠诚度有贡献，进而影响组织的绩效。科学地进行时间管理从侧面反映了一名管理者工作的有效性。本模拟练习通过问卷调查与访谈的方式，使学生了解不同层次管理者的工作时间分布，梳理他们应履行的工作职责、应扮演的角色，以及应拥有的管理技能，帮助学生了解出色地扮演卓有成效的管理者所需的技能。

【模拟练习】

哈佛商学院、伦敦经济学院的最新研究发现：首席执行官独自工作的时间平均每周只有 6 小时，其余时间都花在会议、电话、出差，以及与组织内外的人际沟通上。明茨伯格认为，管理者换挡非常迅速，高层管理者花在任何活动上的时间不到 9 分钟。一项调查显示：一线主管平均每 48 秒进行一项活动。可见，管理者重大的决定性时刻被一些鸡毛蒜皮的小事情充斥着。

每个小组由 5～7 名学生组成。基于上述调查结果，每个小组成员通过采访所创建公司的高层、中层和基层管理者，了解他们各自独立工作的时间，再分别选择不同类型、不同层级的管理者，了解他们的工作内容及扮演的管理者角色。

【模拟需完成的任务】

（1）设计一份调查问卷或访谈提纲，调查管理者的时间去哪儿了，并给出有效管理的建议。

（2）归纳出该公司不同层级管理者工作的异同。

（3）列出能够塑造更好的公司经理的 N 个特征，从管理职能、管理者技能及管理者角色等方面予以说明。

【知识点】

管理的有效性、管理者职责、管理职能、管理者技能、管理者角色

3. 拥抱新员工

【模拟目的】

员工是一个组织最重要的资产。如何激发员工满腔热情地投入工作，在员工职业生涯的每个阶段，管理者都要高度重视，并采取有效的激励方式。本模拟练习对如何激励不同的新员工进行模拟，通过扮演不同的管理者，帮助学生更好地理解激励因素与保健因素的区别，掌握人际关系学说、需求层次论和双因素论的具体运用要点，提升管理技能。

【模拟练习】

每个小组由 5～7 名学生组成。根据小组创建的公司性质、目标、愿景与战略，每组成员分别扮演该公司的总经理、人力资源部经理、研发部经理、新员工 A 和 B，各自完成以下任务。

【模拟需完成的任务】

（1）为总经理撰写迎新会上的致辞。

（2）为人力资源部经理制定新进员工激励方案，运用相关理论说明其合理性。

（3）新员工 A 和 B 分别描述各自的需求与职业梦想。

（4）作为新员工 A 和 B 的上司，研发部经理应如何激发他们的工作热情？

①新员工 A：富二代，喜欢追星，很享受生活品质，能力出众。

②新员工 B：家境困难，乐于创新，事业心强，但买房压力大。

【知识点】

人际关系学说、需求层次论、双因素论

4. 制订赶工计划

【模拟目的】

计划是管理的首要职能，是一切工作的基础。它不仅能解决不确定性和变化带来的问题，而且有利于进行有效控制。网络计划技术通过绘制的网络图，可以使工程项目的时间进度与资源利用得到优化。通过本模拟练习，学生可以掌握网络图的绘制技巧及网络计划技术的实际应用。

【模拟练习】

公司拟建办公大楼，该建筑项目的每项作业及作业时间估算结果如表 4.1 所示。如果需要提前完成该项目，请自行设计新的赶工计划，绘制网络图，并找出关键路线。每个小组由 5～7 名学生组成，以小组为单位，针对该办公大楼建筑项目绘制网络图，并确定赶工路线。

表 4.1　某办公大楼建筑项目作业及作业时间

项目	打地基	搭脚手架	墙面粉刷	内部布线	窗户安装	铺设地板	门安装
作业	A	B	C	D	E	F	G
紧前作业	—	—	A	A	A、B	D	C、D
作业时间/天	4	2	2	3	5	4	3

【模拟需完成的任务】

（1）针对公司拟建的某办公大楼建筑项目，绘制其网络图，运用最长路线法或时差法，确定关键路线。

（2）构思新的赶工计划项目，确定各项作业及其时间，以及作业发生的先后顺序，绘制网络图，找出关键路线。

【知识点】

计划、网络计划技术

5. 理性决策还是直觉决策

【模拟目的】

理性决策是指一个人在特定限制因素下进行价值最大化的选择。直觉决策是指决策者基于经验、感觉和积累的判断来选择方案。本模拟练习通过对不同决策事项、不同决策场景进行模拟，深化对决策基本过程、不同决策模式与方法的理解，帮助学生掌握决策的基本步骤，提高科学决策的水平。

【模拟练习】

公司为了提高市场占有率，拟开拓新的市场，加大广告宣传力度，招聘优秀人才，在内部推行电子化办公系统。每个小组由5～7名学生组成，以小组为单位，针对以下场景进行决策模拟。

（1）在公司年度战略决策会议上，公司拟制定产品拓展方案，考虑开发新的产品，新上一条产品线。

（2）为了推广新产品，公司广告部拟策划广告宣传方案。

（3）由于新技术不断涌现，新产品的开发需要优秀的技术人员，公司决定在海内外选聘人才。

（4）公司准备在内部推行电子化办公系统，但不同的业务部门对此提出了不同的看法，信息部门联合各部门召开决策会议。

【模拟需完成的任务】

（1）针对上述4种模拟场景，每个小组分别列出具体的决策过程。

（2）每个小组讨论上述4种场景分别属于理性决策还是直觉决策，并说明理由。

（3）各小组相互交换看法，讨论不同小组采用了何种决策类型，以及每一种决策类型的优缺点是什么。

（4）形成4种模拟场景下的最终决策方案。

【知识点】

决策的基本过程、决策类型、理性决策与直觉决策

6. 改写数字时代的组织结构

【模拟目的】

随着大数据、人工智能、物联网、区块链的发展，数字时代的组织需要打破自身的边界，构建适应数字时代共融共通共利共享的组织结构。本模拟练习通过模拟不同场景下的组织结构设计，深化学生对组织设计权变因素、不同类型组织结构的理解。

【模拟练习】

根据“模拟一：公司的愿景”中所创建公司的目标及战略，结合数字时代公司面临的外部环境变化，每个小组由5～7名学生组成，以小组为单位，每组分别选择以下场景中的一种进行组织结构再设计与模拟。

（1）因业务发展需要，公司拟收购上游某零部件供应企业，以实现全产业链发展战略，需要对收购后的公司进行组织结构再设计。

（2）随着“互联网+”的发展，人工智能等新技术不断被引入，公司的业务量大大增加。公司拟新建人工智能中心及先进技术车间等，原有的开发团队和销售团队等已经不能满足现阶段的需求，需要对公司的组织结构进行调整与优化，以适应业务迅速增长的需要。

（3）公司拟在全球新增100个分公司，公司的财务目标是3年后实现总净收入增长10%～15%。应如何进行组织以实现这一目标？

（4）随着数字技术的发展，公司拟设立前台、中台、后台共融共通共利共享的组织结构。前台设立数字化创新团队，与业务平台直接对接，只能赋能业务，但无法引领和

驱动业务；中台把前台使用的功能设计成一个个通用中心，如用户中心、订单中心等，供前台调用共享；后台提供基础软硬件服务，如基础设施配套、信息安全和新技术等服务。请描绘公司数字化转型后的组织结构。

【模拟需完成的任务】

（1）每个小组根据所选择的场景分别进行组织结构再设计，画出组织结构图，说明采用的组织结构类型。

（2）各小组分别展示各自的组织设计结果，分享其是如何运用组织设计的六要素进行设计的。

（3）各小组归纳出影响组织设计的主要因素。这些因素的变化会使公司呈现什么样的组织结构？

【知识点】

组织设计的六要素、组织结构类型、组织设计的权变因素

7. 组建精英团队

【模拟目的】

团队是由两个或者两个以上的，相互作用、相互依赖的个体，为了特定目标而按照一定规则结合在一起的组织。精英团队是由一个组织内最拔尖的人才所组成的团队，它的存在可以激发其他成员的奋斗热情与潜能。因此，如何打造精英团队，成为团队领导的重要技能。本模拟练习有助于学生厘清不同类型的团队适用范围，更好地理解精英团队领导者的角色。

【模拟练习】

每个小组由 5～7 名学生组成，各小组组建精英团队，要求分属不同的团队类型，如问题解决团队、自我管理团队、跨职能团队、虚拟团队等。

（1）问题解决团队由来自同一部门或职能领域的员工组成，团队成员努力改进工作活动或解决具体的问题。

（2）自我管理团队是一个正式群体，在没有管理者监督的情况下进行操作，并对整个工作流程或部门负责。

（3）跨职能团队由具有不同职能特长的专家组成，并在各种任务上协同合作。

（4）虚拟团队是指利用计算机技术把地理上分散的成员联系起来以实现共同目标的工作团队。

【模拟需完成的任务】

（1）各个小组归纳出本组选择的精英团队的类型、优缺点及特点。

（2）针对公司目前的业务类型及不同类型团队的特点，各小组之间展开讨论，确定适合本公司业务的精英团队类型，并说明理由。

（3）归纳出扮演好精英团队领导者的几大角色。

【知识点】

团队的概念、团队类型及特点、团队领导者角色

8. 领导方式与适用情景

【模拟目的】

领导过程涉及领导者、追随者，以及领导者与环境之间的复杂互动。领导的有效性取决于领导者、追随者、领导环境。领导环境涉及上下级关系、任务结构、职位权力。通过本模拟练习，学生可以更好地理解如何根据不同的领导环境、追随者的特征，采取有效的领导方式。

【模拟练习】

每个小组由5～7名学生组成，根据所创建公司的性质与业务，设计公司各层级的领导者，针对不同的下属类型、领导者所处的环境，讨论应采取的有效领导方式。

每组自行设计成员角色（领导者、下属）、领导环境（上下级关系、任务结构、职位权力）、下属成熟度及需要解决的问题，要求人物涉及不同的管理层次。各小组的场景应涉及不同的领导环境、不同层级的领导者及不同成熟度的下属。

例如，第一小组的成员分别担任所创建公司的总经理、事业部经理、部门经理、员工。

总经理面对任务成熟度低、心理成熟度高的下属，处于上下级关系好、任务结构不明确、职位权力弱的领导环境中时，应采取什么样的领导方式？

【模拟需完成的任务】

（1）每组成员分别列出各自面对什么样的下属，处于什么样的领导环境，应采取什么样的领导方式。

（2）各小组之间交换看法，讨论领导方式与其适用情景，并绘制思维导图。

（3）领导有效性取决于领导者、下属及领导环境，在（1）（2）的讨论中，如果再引入领导者的特质，试给出领导方式与适用情景的匹配图。

【知识点】

菲德勒模型、领导生命周期理论

9. 让员工成为高成就需要者

【模拟目的】

成就需要是达到标准、追求卓越、争取成功的需要。高成就需求者往往事业心强，喜欢适度的挑战性目标，愿意独立负责，且能给予信息反馈的任务。本模拟练习可以帮助学生掌握科学设定具有激励性目标的方法，以及有效激励高成就需要者的方式。

【模拟练习】

公司总经理通过调查与访谈后发现，员工符合公司的各项要求，包括岗位胜任能力、忠诚度、职业规划等。然而，他们在工作中有些不思进取，安于现状。针对这一状况，总经理决定采取以下激励措施。

（1）充分信任下级，放手让手下去干。

（2）营造员工努力追求卓越的氛围。

（3）设置具有挑战性的目标，提高员工工作的自主性。

（4）建立和使用广泛的控制。

（5）实行员工持股计划，加大情感激励、荣誉激励、信任激励等奖励措施力度。

（6）建立绩效奖励反馈机制。

【模拟需完成的任务】

每个小组由 5～7 名学生组成，以小组为单位完成以下任务。

（1）运用麦克莱兰的三种需要理论，分析上述激励措施是否可行。

（2）请针对上述激励措施的不足，给出完善方案。

（3）结合目标设置理论，谈谈怎样为高成就需要者设置目标。

【知识点】

三种需要理论、高成就需要者、目标设置理论

10. 唱响控制三部曲

【模拟目的】

控制是监督各项活动，以保证它们按照计划进行并纠正各种偏差的活动。控制作为管理的一项重要职能，与计划、组织、领导是相辅相成的。本模拟练习通过让学生设计公司控制体系，帮助他们更加深入地理解控制的基本过程和有效控制的方式。

【模拟练习】

每个小组由 5～7 名学生组成，每组针对所创建的公司在控制过程中存在的问题，改进或重新设计公司的控制体系。问题如下。

公司成立之初，发展非常迅速，年度计划都能顺利完成。然而，当市场遭遇“寒冬”时，公司出现了许多问题。例如：计划落实不到位，业绩指标出现偏差等；各部门之间的权责分工出现重叠，任务完成时抢功劳，任务完不成时互相推诿扯皮；员工的个人目标和部门目标不一致，员工不知道该怎么执行指令；在年度总结时，没有依据，年度评选先进、奖金分配缺乏硬性指标，管理比较混乱。

【模拟需完成的任务】

（1）结合控制的基本过程，说明该公司控制不到位的原因。

（2）该公司采用什么样的控制方式会比较有效？

（3）请给出改进或重新设计该公司控制体系的思路，说明如何制定控制的标准。

【知识点】

控制的概念、控制的基本过程、控制的类型、有效控制的要求

模拟二

1. 公司的诞生

【模拟目的】

组织是由若干个人或群体所组成的、有共同目标和一定结构的协作活动的集体。如

何根据组织的内外部环境条件，确定其目标定位、战略等，是组织创立者必须考虑的问题。本模拟练习旨在深化学生对组织内涵的理解，帮助学生掌握目标与战略制定的方法。

【模拟练习】

假定要创建一家集设计、研发、制造和销售于一体的中国新能源汽车公司，为我国家庭用户提供安全、实用的新能源汽车。该公司拥有新能源电池研发的技术实力及安全认证，目前我国新能源汽车已经跨过"早期培育期"，进入了"快速普及期"，市场潜力巨大。每个小组由5～7名学生组成，每组成员模拟作为公司高层主管，采用头脑风暴法讨论公司的名称，明确公司的价值观，确立公司的目标、愿景与战略等。

【模拟需完成的任务】

（1）确定公司名称，描述公司愿景，并说明理由。

（2）明确公司的社会责任，制定公司的目标与战略。

（3）确立公司的价值观或指导原则。

【知识点】

组织的概念、目标与战略、社会责任

2. 管理者的时间去哪儿了

【模拟目的】

对于管理者来说，时间永远是最短缺的，他们一直在寻找善用时间的方法。只有懂得善用时间并有效地管理时间，管理者才能取得高绩效。本模拟练习通过问卷调查与访谈的结果分析，让学生真正体会到管理者进行时间管理的奥妙，掌握科学、有效的时间管理技巧，加深对效率与效果的理解。

【模拟练习】

公司的管理者每天陷入各种琐碎的事务处理之中，绝大部分时间花在会议、电话、出差及人际沟通上，几乎没有时间去考虑重要的事情。公司高层开展了大规模的问卷调查与访谈活动。结果发现，以下事项是管理者花费时间较多的。

（1）电话打扰。

（2）不速之客、顺便来访。

（3）信息及资料收集。

（4）缺乏自我约束，放空、发呆。

（5）不善于拒绝。

（6）频繁的会议。

（7）决策优柔寡断或拖延。

（8）试图完成过多的工作或不切实际的时间安排。

（9）"消防救火式"或"危机型"管理。

（10）没有目标、优先次序、每日计划。

（11）搁置未完成的任务。

（12）混淆职责与职权。

（13）办公桌杂乱无章。

（14）无效授权。

基于调查结果及存在的问题，公司决定推行“四象限”时间管理方法（见图 4.1），要求管理者做到以下 4 点：一是注重单位时间的价值，而非单位时间和效率（第一、二象限）；二是超越时间（今天要管理明天的时间，第二象限）；三是树立以人为本的时间观；四是采用系统而非个人的时间管理方式。

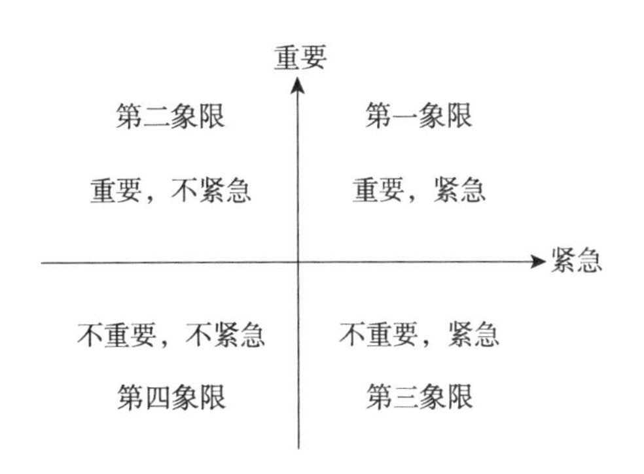

图 4.1 “四象限”时间管理方法

为避免工作中出现“救火现象”，公司拟采取以下解决措施。

第一象限：抓紧做，返回第二象限。

第二象限：重点做，按计划、有步骤做，为明天做准备。

第三象限：不花时间，少花时间，授权部下做。

第四象限：平衡好被支配的事情，不被迷惑，争取自由返回一、二象限。

每个小组由 5～7 名学生组成。根据公司的调查结果与拟推行的“四象限”时间管理方案，每个小组模拟、补充管理者时间被杂乱事务充斥的事项，提出完善“四象限”时间管理的建议，完成以下任务。

【模拟需完成的任务】

（1）按照重要、紧急两个维度，厘清管理者工作中重要/不重要、紧急/不紧急的事项，填入并完成以下四分图。

	紧急	不紧急
重要	1. 2. 3. 4. 5. ……	1. 2. 3. 4. 5. ……
不重要	1. 2. 3. 4. 5. ……	1. 2. 3. 4. 5. ……

（2）根据公司问卷调查与访谈结果，结合（1）中完成的四分图，你认为管理者应如何管理时间，才能使工作更高效？

（3）请从效率与效果的角度，分析公司推行“四象限”时间管理方法的合理性。

【知识点】

效率、效果、时间管理

3. 员工的需求得到满足了吗

【模拟目的】

人的行为基本遵循需求—动机—行为这一基本过程，要使人的行为朝着组织的目标前行，就需要明确这种行为是由什么动机引发的，需要满足人的何种需求。因此，研究人的行为因素，正确地处理人与人之间的关系，对一个组织而言显得十分重要。本模拟练习帮助学生区分人的需求种类及其诱因，更清晰地认识到如何有效地引导成员为实现组织目标而努力。

【模拟练习】

每个小组由5～7名学生组成。根据小组创建的公司的性质与目标，每组各自完成以下所有场景的模拟任务。不同场景的描述如下。

（1）通勤方面，公司报销员工滴滴打车的费用。

（2）公司为员工购买养老保险、医疗保险、生育保险、失业保险、工伤保险五个险种。

（3）员工希望加入不同的工作团队和兴趣小组，同事间关系融洽，相互照顾。

（4）员工希望有地位、有威信，受到别人的尊重、信赖和高度评价。

（5）员工根据公司目标，按照上司要求，结合市场需求，开发出爆款产品。

【模拟需完成的任务】

（1）上述5个场景，分别对应需求层次论中哪一个层次的需求？

（2）员工的主导需求是什么？它们属于保健因素还是激励因素？

（3）设计一份调查问卷或访谈提纲，根据调查结果，给出激励方案及相应的分析。

【知识点】

人际关系学说、需求层次论、双因素论

4. 如何科学决策

【模拟目的】

风险型决策与确定型、不确定型决策不同，其每个可行方案有两种或两种以上的自然状态，且每个自然状态出现的概率可以根据以往经验或数据估算出来。决策树法是风险型决策的主要方法，通过本模拟练习，学生能够掌握绘制决策树及科学决策的方法。

【模拟练习】

公司为了扩大规模，拟开拓新的国际市场，并对一款新能源汽车是否投放国际市场进行决策。已知下列条件：

（1）若投放国际市场，需新能源汽车研制费500万元。

（2）若投放国际市场，有竞争公司的概率为0.7，且有竞争公司时本公司采取的价格策略有两个，竞争公司的价格策略、概率，以及本公司对应的收益值如表4.2所示。

表 4.2 竞争公司和本公司的价格策略与收益值

本公司价格策略	竞争公司价格策略	竞争公司价格概率	本公司收益值/万元
高价	高价	0.2	1200
	低价	0.8	200
低价	高价	0.3	1000
	低价	0.7	400

（3）若投放国际市场，无竞争对手的概率为 0.3，且无竞争对手时，本公司也有两个价格策略，所对应的收益值是：高价为 2000 万元；低价为 1000 万元。

每个小组由 5～7 名学生组成，以小组为单位，运用决策树法为该公司选择最优方案。

【模拟需完成的任务】

（1）针对公司一款新能源汽车是否投放国际市场的决策，画出决策树。

（2）运用决策树法进行决策，为该公司选择最优方案。

【知识点】

风险型决策、决策树

5. 计划书编制

【模拟目的】

没有计划或计划不周，会直接影响组织目标的达成。计划工作，实际上就是事先决定做什么、如何做，以及由谁去做的问题。本模拟练习让学生学会如何编制计划书，掌握目标管理法、滚动计划法的实际应用。

【模拟练习】

每个小组由 5～7 名学生组成。根据小组创建的公司的性质与目标，每组各自完成以下模拟任务计划书并制定实施措施方案。

（1）根据公司去年的年度汽车销售额，对轿车市场、SUV 市场、高端车市场进行全面分析，拟订年度销售总体计划。

（2）针对市场变化，结合上一季度的实际销售情况，制订公司明年的分季度销售计划。

（3）给出公司年度销售总体计划、分季度销售计划的实施方案。

【模拟需完成的任务】

（1）基于计划书的 5W1H，编制公司年度销售总体计划。

（2）按照目标管理法制订公司的年度销售总体计划。

（3）运用滚动计划法编制分季度销售计划。

（4）提出公司年度销售总体计划、分季度销售计划的实施方案，并进行相应的分析。

【知识点】

计划的概念、目标管理法、滚动计划法

6. 数字时代的组织变革

【模拟目的】

数字时代要求组织打破管理层级、部门壁垒，变革组织模式，进而构建适应新时代发展的组织结构。本模拟练习可以帮助学生了解不同的组织变革类型，以及未来组织的发展方向，深化学生对不同类型组织结构的理解。

【模拟练习】

公司已经从区域性集团发展为全球性跨国公司，进入数字时代，原有的组织结构无法适应集团全球化发展，组织结构变革成为一项刻不容缓的任务。能否顺利变革组织结构使公司适应新时代的发展要求，决定了集团公司全球化战略能否成功。

【模拟需完成的任务】

每个小组由 5～7 名学生组成，以小组为单位，完成以下任务。

（1）公司原有的组织结构为事业部型，请说明这种组织结构的优缺点。

（2）说明公司在数字时代组织结构的变革方向。公司最有可能采取什么类型的组织结构？

（3）阐述公司进行组织变革的阻力，简要说明解决方法。

【知识点】

组织结构类型、未来组织发展趋势、组织变革

7. 激励新生代员工

【模拟目的】

新生代员工网生代特质鲜明，个性自由，充满好奇，富于创造性，但抗压能力差、责任心不强、比较任性。如何激励他们努力工作，成为管理者面临的新问题。本模拟练习旨在帮助学生更好地理解各个激励理论的精髓，掌握有效激励的方式。

【模拟练习】

公司研发部最近迎来了三位新生代员工，以往的激励手段效果不佳，研发部经理正在思考如何最大限度地调动他们的工作积极性。请针对三位新生代员工的具体情况给出不同的激励方式。

（1）员工 A：能力出色，收入颇丰，曾就职于一家知名度很高的公司，然而不论她干得多么出色，都得不到认可，工作也缺乏挑战性，于是跳槽来到本公司。

（2）员工 B：初入职场的小白，毕业于名校，但工作经验不足，收入不太稳定，工作热情高，想法独特，渴望做出一番成绩。

（3）员工 C：研究生毕业，中产家庭，天资聪颖，性格开朗活泼，总喜欢说“世界那么大，好想去看看”。

【模拟需完成的任务】

每个小组由 5～7 名学生组成，以小组为单位，完成以下任务。

（1）上述三位员工分别处于需求层次的哪一层次？

（2）如果你是研发部经理，你将如何激励这三位员工？请分别用双因素论、期望理论等激励理论予以分析。

（3）设计一份调查问卷或访谈提纲，调查新生代员工的主导需求，结合调查结果，为公司制定新生代员工激励方案。

【知识点】

需求层次论、双因素论、期望理论

8. 变色龙式的领导

【模拟目的】

领导者可以通过激励让下属做出高水平的努力，取得高水平的工作绩效。下属的成熟度直接影响领导的有效性。没有什么一成不变、普遍适用的“最好的”领导方式，领导者应根据不同的情况采取最合适的领导方式。通过本模拟练习，学生可以更好地理解如何根据下属的成熟度采取有效的领导方式。

【模拟练习】

公司是初创型的新能源汽车企业，请根据小组创建的公司性质，确定公司不同的领导职位，根据员工成熟度的不同，分别扮演以下四种情形的领导者，模拟在不同领导方式下的适用情境，明确领导的主要职责。

（1）领导者采取“无为而治”的态度，对下属几乎不进行指导，放手让下属自顾自地去完成任务。

（2）领导者通过集思广益、群策群力的方式，与下属共同谋划、做出决定，给下属必要的支持与沟通协调。

（3）领导者给下属发布命令，严格控制，同时支持程度也很高，能倾听下属的意见，鼓励他们自觉行动。

（4）领导者直接对下属发号施令，明确告知下属需要做什么、怎么做及如何做，下属只需要执行领导安排的任务。

【模拟需完成的任务】

每个小组由 5～7 名学生组成，以小组为单位，完成以下任务。

（1）运用领导生命周期理论，说明四种不同情形下的领导者分别采用了何种领导方式。

（2）四种领导方式分别适合什么样成熟度的下属？请具体描述并归纳出相应的领导者的主要职责。

（3）讨论完善上述四种领导方式的适用情境。

【知识点】

领导生命周期理论

9. 沟通的魅力

【模拟目的】

无论是从事计划、组织、领导与控制工作，还是人际交往与部门间的协调，管理者的工作都离不开信息的沟通。沟通技能是管理者开展各项工作所必须掌握的基本技能，本模拟练习可以帮助学生学会如何掌握沟通技巧并将其运用到实际工作中。

【模拟练习】

每个小组由5～7名学生组成，每组自行设计公司成员角色、管理场景及需要解决的问题，要求人物涉及不同的管理层次、不同的部门。每组成员分别担任不同场景中的领导和员工。

举例如下：

（1）在部门每日晨会上，每位员工汇报昨日的工作进展及今日的工作计划，部门负责人布置并重申工作重点。员工A，工作积极性高，计划性强，效率高，汇报工作条理清晰，且能将工作中遇到的困难及时反馈给领导，寻求解决方案；员工B，工作认真负责，埋头苦干，汇报时简洁明了，认为自己的事情应该自己做，不应该麻烦领导，导致某些工作进展缓慢。当部门有晋升机会时，部门负责人毫不犹豫地推荐了员工A。

（2）员工C作为公司2000名新员工之一，通过试用期后被安排在一个他并不喜欢的部门，工作效率低，无工作乐趣，工作状态不佳。半个月后，员工C开始动摇，找寻不到目标，认为公司没有按照自己的特长安排合适的工作，十分迷茫，不清楚应该怎么摆脱这种恶性循环。

（3）某部门正值上班时间。“小王，你到我办公室来一趟！”小王的领导“啪”的一声挂了电话，让刚刚和同事还有说有笑的小王一下子心惊胆战，硬着头皮走进了领导办公室。

“你这个月的销售成绩怎么这么差啊，才完成50%？你看看人家小邓，刚来两个月，业绩就飙升到本月第一名。你以为我能让你拿这么多的工资，我就不能让别人拿的比你更高吗？再这样下去，你这个销售冠军还能保持多久？”还没等小王开口，领导就一顿连珠炮般的轰炸，顺便把一叠厚厚的报表扔在小王面前。

【模拟需完成的任务】

（1）上述三种场景中，都存在哪些沟通问题？

（2）每组自行设计沟通的场景，指出存在的沟通问题，并给出有效的沟通方案。

（3）在（1）（2）的基础上，归纳出沟通的主要障碍，以及改善沟通的方法。

【知识点】

沟通的概念、沟通障碍、有效沟通的要求

10. 绩效控制方法

【模拟目的】

控制就是核实所发生的每一件事是否符合既定的计划。控制方法是否有效，直接关系到实际工作能否按计划进行。本模拟练习旨在帮助学生更好地理解如何制定科学的控制标准，如何确定控制的关键点，以及如何进行有效的控制。

【模拟练习】

公司自创立起，各部门员工都在为实现部门目标努力工作。然而，各部门每月的实际绩效并不乐观，时常与计划有所偏差。为此，公司总裁要求每个部门查找原因并纠正其显著偏差，以保证工作按计划进行，实现组织目标。

每个小组由5～7名学生组成，根据以下任务进行模拟练习。

调查发现，目前公司大多运用经验估计法，由有经验的管理人员根据过去的经验和判断进行估计，以确定控制标准。各个部门存在的偏差主要源于以下几点。

采购部：能否保障采购的原材料优质，采购价格尽可能低。

生产部：是否出现消极怠工，每个生产环节是否到位。

销售部：工作是否充满热情，每月销售额是否达标。

人力资源部：是否按既定要求挑选新员工，是否有内定现象。

目前，公司主要运用个人观察法和统计报告法进行衡量比较，以获得实际工作最直接和最深入的第一手资料，同时也可以得到一些关键的数据。公司将反馈的结果与控制标准进行比较，通过比较确定实际工作成效与标准之间的偏差。

公司决定组建监督控制小组，其目的是控制偏差的进一步加大，根据监督结果对不同部门进行奖励或惩罚。

【模拟需完成的任务】

（1）请根据控制关键点，结合部门目标，为各部门制定控制标准。

（2）请为采购部、生产部、销售部、人力资源部四个部门选择合适的绩效衡量方法，并写出具体方案。

（3）作为某部门的经理，你将如何完善现有的控制方法？

【知识点】

控制的概念、控制的基本过程、控制的类型

（二）基于PBL的翻转课堂

1. 卓有成效的管理者

现代“经营管理之父”法约尔认为，管理包括计划、组织、指挥、协调与控制，并将协调作为管理的五大要素之一。人际关系学说强调管理的核心是人，正如管理大师德鲁克所言，管理就是让平凡的人做出不平凡的事情。曾获诺贝尔经济学奖的西蒙则认为，管理就是决策，人人都是决策者。

请以小组为单位，完成以下任务。

寻找你身边卓有成效的管理者及其企业，撰写出1个本土案例，诠释管理的精髓及出色扮演管理者角色的奥妙。

具体可以参考教材中的案例、课程网站上的案例或其他案例，所撰写的本土案例要求管理情节生动，紧扣管理总论中的核心知识点，如管理的概念、管理四大职能、管理者职责、管理者能力、管理者角色等，并回答下列问题。

【问题】

（1）根据撰写的本土案例，分析案例中的管理者是如何做到卓有成效的。

（2）结合他们的管理生涯，谈谈管理者应具备怎样的能力。

（3）根据明茨伯格管理者角色理论，列表举例说明他们分别扮演了哪些角色。

（4）请列举案例中能体现管理本质（协调）、效率、管理核心（人）的例子，并说明如何实现效率与人的统一。

【课前准备】

（1）查阅有关文献资料，选择最有参考价值的5～10篇文献。

（2）登录课程网站，重温管理学相关知识点：管理的本质、管理者能力、管理者角色理论等。

（3）撰写小组分析报告（内容包括本土案例全文、管理学解析、材料与文献来源等）。

（4）小组成员分工协作，集体讨论形成汇总成果，制作PPT或微视频，准备课堂展示。

【课中分享】

（1）每个小组课堂分享汇报10分钟。

（2）回答提问5分钟。

【课后总结】

（1）按照问题讨论、课堂展示、问题应答的流程，形成最终小组报告（形式自拟，要求1000字以上，列出材料与文献来源）。

（2）提交小组报告和课堂展示PPT（或微视频）。

2. 组织之典范

在当今复杂多变的环境下，互联网时代的组织结构发生了巨大的变化。传统的科层制结构被颠覆，组织的横向边界、纵向边界及外部边界被取消，从而打破了层级之间、部门之间、组织与客户和供应商之间的边界障碍。现代组织保持灵活性和非结构化，从垂直管理向水平管理演变，最后演变为网络结构、虚拟结构，乃至无边界组织或学习型组织。

【问题】

请以小组为单位，回答并完成以下任务。

（1）以我国企业为例，选择两个属于无边界组织和学习型组织的代表性企业，简要介绍该组织的基本情况，画出其组织结构图。

（2）分别说明所选择的代表性企业的组织结构特点，以及它们是如何进行组织变革的。

（3）预测互联网时代该组织将走向何方。

【课前准备】

（1）登录相关企业网站，选择两个属于无边界组织和学习型组织的代表性企业。

（2）了解所选择的代表性企业的组织结构演变过程。

（3）撰写小组分析报告（内容包括组织结构图、组织演变过程、管理学解析、材料与文献来源等）。

（4）小组成员分工协作，集体讨论形成汇总成果，制作 PPT 或微视频，准备课堂展示。

【课中分享】

（1）每个小组课堂分享汇报 10 分钟。

（2）回答提问 5 分钟。

【课后总结】

（1）按照问题讨论、课堂展示、问题应答的流程，形成最终小组报告（形式自拟，要求 1000 字以上，列出材料与文献来源）。

（2）提交小组报告和课堂展示 PPT（或微视频）。

3. 你最崇拜的商界领袖

数字经济与大变革使组织处于动荡、复杂、不确定和模糊的乌卡（volatile、uncertain、complex、ambiguous，VUCA）时代，也被称为人工智能、区块链、云计算、大数据和边缘计算的 ABCDE 时代。随着组织结构越来越扁平化，原有的领导模式受到挑战。

然而，研究发现：在现代工作场所中，成功的领导者虽然需要像变色龙一样，适应复杂多变的环境，但是领导者都具有不同于非领导者的 8 项特质，即进取心、领导愿望、诚实与正直、自信、智慧、工作相关的知识、外向性、自我内疚倾向。

从成功的商业领袖身上，我们可以看到他们的人格魅力与特质迥异，领导方式卓有成效。

【问题】

请以小组为单位，回答以下问题并完成任务。

（1）从我国最成功的商界领袖中，选择 3 位领导特质迥异的领导者加以分析，分别说明其各自具备的领导特质（至少 3 个），并具体描述可以体现他们这些特质的事件或故事情节。

（2）针对不同的商界领袖，选择至少 3 种领导方式（如独裁式、民主式、放任式、任务导向型、关系导向型、变革型、领袖魅力型、愿景型、团队型领导等）的代表，描述能体现某种领导方式的具体管理情节。

（3）请给乌卡时代的领导者画个像。

【课前准备】

（1）登录课程网站，重温领导特质论、行为理论、权变理论（菲德勒模型、领导生命周期理论等）。

（2）撰写小组分析报告（管理学解析、材料与文献来源等）。

（3）小组成员分工协作，集体讨论形成汇总成果，制作 PPT 或微视频，准备课堂展示。

【课中分享】

（1）每个小组课堂分享汇报 10 分钟。

（2）回答提问 5 分钟。

【课后总结】

（1）按照问题讨论、课堂展示、问题应答的流程，形成最终小组报告（形式自拟，要求 1000 字以上，列出主要参考文献）。

（2）提交小组报告和课堂展示 PPT（或微视频）。

4. 未来中国组织：走向何方

随着企业形态从 1.0 时代进化到 4.0 时代，即从股东价值形态到精英价值形态、客户价值形态、利益相关者价值形态的演变，组织结构形式也发生了巨大的变化，从垂直管理向水平管理演变，最后演变为网络型，乃至无边界组织，传统的科层制在互联网时代被颠覆。

中国企业联合会、中国企业家协会发布了 2022 中国企业 500 强榜单，国家电网有限公司位居第一，中国石油天然气集团有限公司、中国石油化工集团有限公司分别位列第二、第三。中国前 50 强企业名单如表 4.3 所示。

表 4.3　2022 中国前 50 强企业

排名	企业名称	排名	企业名称
1	国家电网有限公司	16	中国移动通信集团公司
2	中国石油天然气集团有限公司	17	中国五矿集团有限公司
3	中国石油化工集团有限公司	18	中国交通建设集团有限公司
4	中国建筑股份有限公司	19	阿里巴巴（中国）有限公司
5	中国工商银行股份有限公司	20	中国海洋石油集团有限公司
6	中国建设银行股份有限公司	21	上海汽车集团股份有限公司
7	中国平安保险（集团）股份有限公司	22	中国华润有限公司
8	中国农业银行股份有限公司	23	山东能源集团有限公司
9	中国中化控股有限责任公司	24	恒力集团有限公司
10	中国铁路工程集团有限公司	25	正威国际集团有限公司
11	中国铁道建筑集团有限公司	26	厦门建发集团有限公司
12	中国人寿保险（集团）公司	27	中国第一汽车集团有限公司
13	中国银行股份有限公司	28	中国医药集团有限公司
14	中国宝武钢铁集团有限公司	29	中国邮政集团有限公司
15	京东集团股份有限公司	30	国家能源投资集团有限责任公司

续表

排名	企业名称	排名	企业名称
31	中国南方电网有限责任公司	41	绿地控股集团股份有限公司
32	中粮集团有限公司	42	中国远洋海运集团有限公司
33	华为投资控股有限公司	43	中国电信集团有限公司
34	中国电力建设集团有限公司	44	中国兵器工业集团有限公司
35	中国中信集团有限公司	45	碧桂园控股有限公司
36	厦门国贸控股集团有限公司	46	中国航空工业集团有限公司
37	中国人民保险集团股份有限公司	47	中国铝业集团有限公司
38	物产中大集团股份有限公司	48	太平洋建设集团有限公司
39	腾讯控股有限公司	49	招商局集团有限公司
40	东风汽车集团有限公司	50	交通银行股份有限公司

【问题】

请根据上述材料，以小组为单位，回答以下问题并完成任务。

（1）以我国代表性企业为例，分别选择事业部制、矩阵制（项目制）、团队结构、学习型组织、无边界组织的代表性企业，画出其组织结构图。

（2）分别说明所选择的代表性企业是如何进行组织变革的。

（3）预测该企业在互联网时代的组织结构形式是怎样的。

【课前准备】

（1）登录相关企业网站，选择上述5种不同类型组织结构中的一个代表性企业。

（2）了解所选择的代表性企业的组织结构演变过程。

（3）撰写小组分析报告（内容包括组织结构图、组织演变过程、管理学解析、材料与文献来源等）。

（4）小组成员分工协作，集体讨论形成汇总成果，制作PPT或微视频，准备课堂展示。

【课中分享】

（1）每个小组课堂分享汇报10分钟。

（2）回答提问5分钟。

【课后总结】

（1）按照问题讨论、课堂展示、问题应答的流程，形成最终小组报告（形式自拟，要求1000字以上，列出材料与文献来源）。

（2）提交小组报告和课堂展示PPT（或微视频）。

5. 未来工作场所中领导者画像

随着组织结构越来越趋于扁平化，人工智能技术快速发展，加之工作的快节奏和不确定性，原有的领导模式受到挑战。未来工作场所中，成功的领导者需要像变色龙一样，适应复杂多变的环境。

虽然领导的三要素（领导者、下属和情境）仍然是领导的构成部分，但这三个要素如何互动以顺利实现一个团队的使命和目标是变化的。

卓越的领导力对组织至关重要。詹姆斯·科林斯提出了第五级领导，如图 4.2 所示。

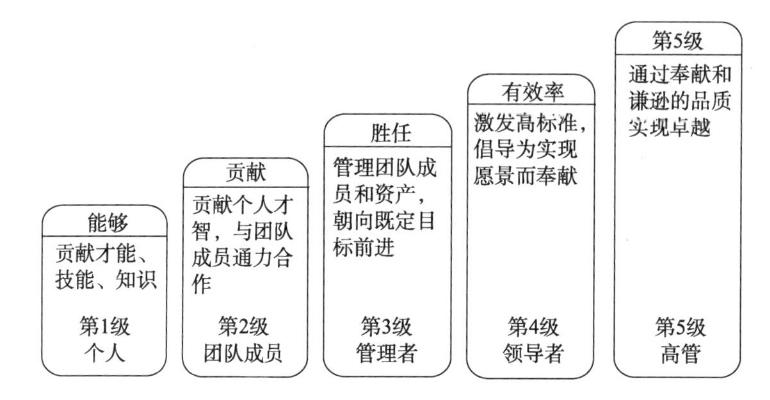

图 4.2　第五级领导

【问题】

请根据上述材料，以小组为单位，回答以下问题并完成任务。

（1）为什么原有的领导模式过时了？没有了下属，领导者什么都不是，这意味着什么？

（2）请从当代新型的领导方式（如变革型、领袖魅力型、愿景型、团队型领导等）中，描述其各自适用的领导情境、下属类型。

（3）请给未来工作场所中的领导者画个像。

【课前准备】

（1）登录课程网站，重温领导特质论、行为理论、权变理论（菲德勒模型、领导生命周期理论等）。

（2）撰写小组分析报告（内容包括未来领导者画像、管理学解析、材料与文献来源等）。

（3）小组成员分工协作，集体讨论形成汇总成果，制作 PPT 或微视频，准备课堂展示。

【课中分享】

（1）每个小组课堂分享汇报 10 分钟。

（2）回答提问 5 分钟。

【课后总结】

（1）按照问题讨论、课堂展示、问题应答的流程，形成最终小组报告（形式自拟，要求 1000 字以上，列出主要参考文献）。

（2）提交小组报告和课堂展示 PPT（或微视频）。

（三）管理情景剧

1. 马丁的领导风格

借助管理实践中的案例，由教师和学生共同创作、表演、拍摄成电视短剧。通过观看管理情景剧，学生置身特定的管理情景之中，进而对管理问题进行讨论、分析。

以下是由本课程团队师生共同创作拍摄的中、英文情景剧《马丁的领导风格》（*Martin's Leadership Styles*）的剧本。该情景剧的视频，请扫描以下二维码观看。

链接：视频 4.1a_马丁的领导风格（英文版）　链接：视频 4.1b_马丁的领导风格（中文版）

http://glx.cug.edu.cn/glqjj/qjj/mddldfg.htm

http://glx.cug.edu.cn/glqjj/qjj/Martin_s_Leadership_Styles.htm

Martin's Leadership Style

（《马丁的领导风格》）

Background（背景）

(Caption)

Rocket Computer Company is located in a big city, and is established in 2000. The sale revenue increases rapidly and the company has developed fast. However, competition is everywhere; Rocket is now facing fierce competition from domestic and foreign companies.

When the company has financial problems, the board of directors invites a new CEO Martin who comes from an old company to take charge of the business. His management style is described as firm and direct. Previously, the employees of this company were diverse and their former CEO's style is laissez-faire.

（字幕）

坐落在大城市的火箭计算机公司，成立于2000年，其销售额得到超常规的增长，公司的发展速度十分惊人。然而，竞争无处不在，该公司正面临国内外大公司的激烈竞争。

当公司出现财政困境时，董事会聘请了一位新的首席执行官马丁负责公司的全面工作。马丁来自一家办事古板的老牌企业，他照章办事，十分古板。火箭计算机公司的员工是多元化的，原来的总裁风格也是自由派的。

Prelude（序幕）

(Caption)

Before Martin takes the CEO's position, one morning...

（字幕）

在马丁上任之前，一天早晨……

Dialogue（对话）

John：Hey! Morning, girls!

约翰：嘿！早上好！

Lily and Catherine：Morning!

莉莉和凯瑟琳：早上好！

John：Morning! How about your weekends?

约翰：早啊！周末过得怎么样？

Lily：Couldn't be better! Have some news?

莉莉：挺开心的呀，有什么好消息吗？

Rose：Bad news...Have you heard of our new CEO?

露丝：是坏消息……你们听说新的首席执行官（CEO）了吗？

Catherine：You mean Martin? I have heard his name this Thursday and he is coming today.

凯瑟琳：你是说马丁？这周四我就听说了，今天他就要上任了。

John：Yeah. It is said that he worked in an old company with prim style.

约翰：是啊，听说他以前在一家老牌企业工作，性格很古板。

Catherine, Lily and Rose：Prim style?

凯瑟琳、莉莉和露丝：古板？

Lily：No freedom, no entertainment.

莉莉：没有自由，没有娱乐。

Rose：Oh, my god! That's terrible!

露丝：我的天呐！这简直太可怕了！

Catherine：That means we will be in a great trouble from now on.

凯瑟琳：那是不是以后我们就没有好日子过了？

John：Oh, come on! I don't want such a person to ruin my life.

约翰：唉，我可不希望这种人破坏我的生活。

Lily：Calm down. I guess he is not suitable here. An outsider goes inside.

莉莉：淡定，看看这家伙能待多久，强龙压不过地头蛇。

Rose：He will leave within one month. I dare to make a bet.

露丝：我敢打赌，干不了一个月，他就会滚蛋。

Catherine：Well, I agree with you, guys, completely.

凯瑟琳：就是，我看他也待不了多久。

John：Yeah!

约翰：嗯。

Scene 1：First Meeting
Time：9 am
Place：Conference Room

第一幕　首次开会

时间：上午 9 点
地点：会议室

Dialogue（对话）

Bob (President)：Everybody, I believe you've heard that there is a new CEO coming to work with us. His name is Martin. He will host the meeting today. Welcome!

鲍勃（董事长）：各位，我想大家已经听说了，公司聘请了一位新的首席执行官，他就是马丁，今天上任，大家欢迎！

Martin (CEO)：Attention please. Now let's call the meeting in order.

马丁（首席执行官）：请注意，现在开会。

David：Come on! There is someone absent. We cannot start the meeting.

大卫：等等，有人还没来，我们不能开始。

Everybody：Yeah. Yes. That's right! Peter is absent. We must wait for Peter.

众人：对，皮特没来，我们必须等皮特来才开会。

Martin (CEO)：Be quiet! Be quiet! Everyone should pay attention to your words and actions unless you want to be fired. Now we must start our meeting!

马丁（首席执行官）：安静！安静！大家必须注意自己的言行，除非你们想被开除。现在，我们开始会议。

Martin (CEO)：I am your new CEO, Martin. I am really glad to …

马丁（首席执行官）：我是你们的新任首席执行官，马丁，很高兴今天……

Peter (Financial Manager)：Hi, everyone!

皮特（财务部经理）：嗨，大家好！

Everyone：Hi!

众人：嗨！

Peter (Financial Manager)：Oh, I'm hungry.

皮特（财务部经理）：噢，肚子好饿。

Mary (HR Manager)：Help yourself!

玛丽（人力资源部经理）：随便吃！

Peter (Financial Manager)：Thank you!

皮特（财务部经理）：谢谢！

Martin (CEO)：Why are you late?

马丁（首席执行官）：为什么迟到？

Peter (Financial Manager)：The traffic jam, I'm sorry.

皮特（财务部经理）：对不起，路上太堵了。

Martin (CEO)：Get out of here.

马丁（首席执行官）：你给我出去。

Peter (Financial Manager)：What? Are you kidding? Are you kidding?

皮特（财务部经理）：什么？开什么玩笑？什么鬼？

Martin (CEO)：Right now! Get out!

马丁（首席执行官）：立刻！你！出去！

Everybody：What?

众人：干吗？怎么这样啊……

Peter (Financial Manager)：…... Is he mad?

皮特（财务部经理）：……他疯了吗？

Martin (CEO)：Now, I declare that all the routine meetings must be started on time. There is no exception. If anyone doesn't obey; I will ask him to leave. And this is the last time I emphasize this. You should keep in mind that I'll take over all the business affairs from now on. And you must forget what used to be and now I will work with you all. Any questions?

马丁（首席执行官）：现在，我再重申一次，公司所有的例会要准时开始，没有例外。谁做不到，就请他走人。从现在开始，一切事情由我来负责。你们应该忘掉老一套，从今天起，就是你们和我一起干了，有问题吗？

Everyone：No.

众人：没有。

Martin (CEO)：OK, let's continue.

马丁（首席执行官）：那好，会议继续。

(Caption)

After the meeting, at four o'clock that day, there were two high-level managers quitting their jobs.

（字幕）

会议结束后，到下午四点，竟然有两位高层主管提出辞职。

Scene 2：Establishment of Rules

第二幕　制定规则

(Caption)

At that time, Martin found that each department had no clear responsibilities and objectives. This resulted in complaints among departments and poor performance. Therefore, Martin developed a series of rules that all the employees must obey.

（字幕）

马丁上任伊始，由于公司各部门没有明确的工作职责、目标和工作程序，部门之间相互抱怨，工作绩效差。因此，马丁颁布了几项指令性规定，使现有的工作有章可循。

Scene 3：Reduction of Salary
Time：9 am, Monday
Place：Conference Room

第三幕 削减工资

时间：周一上午 9 点
地点：会议室

(Caption)

Martin decided to reduce the senior managers' salaries in the meeting.

（字幕）

马丁决定在今天的会议上宣布降低高层主管的薪水。

Dialogue（对话）

Martin (CEO)：Good morning, is everyone here?

马丁（首席执行官）：各位早上好，都到齐了吗？

Everybody：Yes.

众人：到齐了。

Martin (CEO)：I am very glad that everyone is present on time.

Ok, now, let's get started. Actually I hold this meeting to discuss salary issues. Recently I have reviewed the report of our company's salary system. As you know, our company is falling into the financial trouble. And I decide to reduce the senior managers' salaries by 10%.

马丁（首席执行官）：很高兴，大家都能准时到场。

现在，我们开始。今天的会议主题是削减薪水。最近，我审查了公司的工资系统报表。我想，你们应该很清楚，公司现在陷入了财政危机，所以我决定，将全体高层主管的工资削减 10%。

Someone A：Why? How can you do this?

甲：为什么？你怎么可以这么做？

Someone B：That's unreasonable!

乙：这不合理！

Someone C：I can't accept that.

丙：我不能接受！

Martin (CEO)：Silence! The decision will be carried out next month.

马丁（首席执行官）：安静！这个决定从下个月开始执行。

Mary (HR Manager)：What? How can you do this? Do you think we can be motivated if you really do this? Let me tell you, no motivation, no performance.

玛丽（人力资源部经理）：什么？这怎么行？如果你真的这么做，你认为大家还有积极性吗？我告诉你，没有动力，就没有绩效。

Martin (CEO)：The decision is made after my careful consideration. It can not be changed. You have two choices now：show your excellent performance or quit!

马丁（首席执行官）：我是经过深思熟虑才做出这个决定的，不可能改变。现在你们只有两种选择：要么，做出出色的业绩给我看；要么，另谋他路。

Mary (HR Manager)：Hmm! Well! You insist on it, and nobody wants to stay here any more. You know, well, I quit.

玛丽（人力资源部经理）：好！哼，如果你坚持这么做，没人愿意待在这儿，你知道吗，我现在就走！

Martin (CEO)：Who wants to be the next?

马丁（首席执行官）：谁想下一个走人？

(Caption)

Question：When some managers quit their jobs due to salary reduction, is it salary motivator or hygiene factor? Explain your choices using Hertzberg's motivation-hygiene theory.

（字幕）

问题：当高层管理人员因为工资削减而辞职时，工资是属于保健因素还是激励因素？请用赫兹伯格的双因素理论解释你的选择。

(Caption)

Six months later, the Rocket's performance is continuously increasing. As for such a toughly managerial style of Martin, the middle-level managers have different responses.

（字幕）

六个月后，火箭计算机公司的业绩持续上升，而各部门经理对马丁强硬的领导风格却持有不同的看法。

Scene 4：Responses of the Middle-level Managers
Time：6 pm
Place：Coffee Room

第四幕　各部门的反应

时间：下午 6 点
地点：咖啡厅

Dialogue（对话）

Kevin (Production Manager)：How about your weekend?

凯文（生产部经理）：周末怎么样呀？

Linda (R&D Manager)：I had my job, just work, and work.

琳达（研发部经理）：别提了，周末一直在工作。

Tina (Purchasing Manager)：Very late?

蒂娜（采购部经理）：工作得很晚？

Linda (R&D Manager)：Yes. I stayed up very late last night.

琳达（研发部经理）：是呀。

Waiter：Can I take your order now?

服务员：请问有什么需要吗？

Kevin (Production Manager)：A portion of fruit, and a cup of coffee, please. Ladies?

凯文（生产部经理）：一盘水果，一杯咖啡。你俩呢？

Linda (R&D Manager)：Orange juice.

琳达（研发部经理）：橙汁。

Tina (Purchasing Manager)：coffee, thanks.

蒂娜（采购部经理）：咖啡，谢谢。

Waiter：Ok. Wait a moment.

服务员：好的，稍等。

Linda (R&D Manager)：Hey, Tina, you look upset.

琳达（研发部经理）：嘿，蒂娜，你看起来不太高兴。

Tina (Purchasing Manager)：Yeah. Martin asked me to reduce the cost of materials by 20%.

蒂娜（采购部经理）：是啊，马丁让我把原材料成本减少 20%。

Linda (R&D Manager)：20%, that's crazy! He runs you into the ground.

琳达（研发部经理）：20%，简直是疯了！那怎么可能呢！

Tina (Purchasing Manager)：He took a carrot to lure me, and said if I can achieve it he'll give me a good reward. But on the other hand, he threats me that if I can not do this he will employ other people to take my place.

蒂娜（采购部经理）：他一边拿着胡萝卜来引诱我说，假如我能做到的话，就给我丰厚的奖励；一边又威胁我，如果我做不到，他就另请高明。

Waiter：Please.

服务员：请。

Kevin (Production Manager)：That's his "carrot and stick" approach. You know, sometimes it works.

凯文（生产部经理）：知道吗，这种"大棒加胡萝卜"的做法，有时候还是很管用的。

Tina (Purchasing Manager)：It never happened to me. 20%, it will kill me. Well, from now on, I have to find another way out. How about your department, Linda?

蒂娜（采购部经理）：这怎么可能！把原材料成本降低 20%，这简直要了我的命。从现在起，姐不干了。你呢？琳达。

Linda (R&D Manager)：Frankly speaking, I don't like anything here, but I don't want to leave here right now, either. Because I think my job here is very challenging for me and my potential is stimulated. So, I will still stay here and achieve the challenging goals.

琳达（研发部经理）：坦白地说，我不喜欢这里的一切，但我也不想马上走，因为这儿的工作对我来说太有挑战性了，我的潜能也被激发了。所以，我还想留在这儿，来完成有挑战性的目标。

Tina (Purchasing Manager)：If you decide to stay here, take care of yourself and have a good luck!

蒂娜（采购部经理）：既然你决定留在这儿，你可要小心，祝你好运！

Linda (R&D Manager)：Thanks, Tina. I will try my best. Game over or get over. What about you, Kevin?

琳达（研发部经理）：蒂娜，谢了！我会尽力的，不成功便成仁。凯文，你呢？

Kevin (Production Manager)：Actually I can't say I like that stupid Martin, but at least the objectives he set for my department I can all achieve.

凯文（生产部经理）：其实，我不能说我很喜欢那个愚蠢的马丁，不过至少他给我那个部门设立的目标我都能够达到。

Tina (Purchasing Manager)：You are a lucky guy. However, Martin is such an old-fashioned and tough man.

蒂娜（采购部经理）：你真幸运。不过，马丁可真是个古板、强硬的人。

Linda and Kevin：Yeah, yes!

琳达和凯文：是的，对！

Kevin (Production Manager)：I think he is just like my grandfather. However, when we have successfully completed the objective, Martin was the first person to say "you did a good job"!

凯文（生产部经理）：我觉得他简直就是个老古董。但是吧，当我们圆满完成任务时，马丁是第一个说我们干得棒的人。

Tina, Linda：Oh! We can't believe that!

蒂娜和琳达：噢！简直难以置信！

(Caption)

Question 1：Which need is dominant for Linda within Maslow's hierarchy of needs?

Question 2：Using expectancy theory, explain why Kevin still stays in the company, while Tina wants to leave.

（字幕）

问题 1：根据马斯洛的需求层次论，研发部经理琳达的主导需求是什么？

问题 2：生产部经理凯文愿意留下，而采购部经理蒂娜却想离职，请用期望理论对其原因进行分析。

Scene 5：Reinforcement Way
Time：10 am, Friday
Place：Martin's office

第五幕 强化方式

时间：周五上午 10 点

地点：首席执行官办公室

(Caption)

Sales manager Owen always complains and blames other departments to Martin. Later Martin finds a good way to treat him. Now he is coming…

（字幕）

销售部经理欧文总是喜欢跑到马丁的办公室去抱怨、指责其他部门。马丁对付他很有一套。这不，欧文又来抱怨了。

Dialogue（对话）

Martin (CEO)：Come in.

马丁（首席执行官）：进来。

Secretary：Martin, Owen wants to meet you right now.

秘书：马丁，欧文现在想见你。

Martin (CEO)：Ask him to wait for 30 minutes outside, I ’m not available now.

马丁（首席执行官）：让他在外面等半小时，我现在很忙。

Secretary：OK.

秘书：好的。

(Caption)

Half an hour later…

（字幕）

半个小时后……

Dialogue（对话）

Martin (CEO)：Call him in.

马丁（首席执行官）：叫他进来。

Martin (CEO)：Sit!

马丁（首席执行官）：坐！

Owen (Sales Manager)：Oh, no! I can not bear any more. You give me too much work and nobody can finish it. There are a lot of quality problems from the production department, which make our sales revenue decrease. Besides, the design of our products is not popular to consumers. And I think the research department should be responsible for it...

欧文（销售部经理）：噢，我简直受不了了！你给我的任务太多了，太多了！没人能完成。生产部门存在很多质量问题，才导致我们的销售额下降。还有，我们的产品设计也不受欢迎，对于这个问题，我认为研发部应该负责……

Martin (CEO)：Tired now? Help yourself to coffee. I'd like to know why there are more and more consumers' complaints but fewer and fewer consumers.

And also I wonder whether you have made enough efforts on promotion and service. I need your explanation. Now, read it.

Give me your reasons! Reasons!

马丁（首席执行官）：嗯？累不累？先喝杯咖啡吧。我想知道为什么现在投诉越来越多，而顾客却越来越少。我真的怀疑你们是否在促销和服务方面下足了功夫。看看这些材料，给我一个解释，给我一个解释！你有什么话说！

Owen (Sale Manager)：I am sorry, Martin. I know what to do right now. And it is time to go back to work. Excuse me!

欧文（销售部经理）：对不起，马丁，我知道现在该怎么做了，我该回去工作了。对不起！

(Caption)

From that time, employees found that Owen contacted with customers more frequently rather than go to Martin's office...

（字幕）

从那以后，公司的员工惊喜地发现欧文开始更多地跑基层而不是马丁的办公室了……

(Caption)

Question：What kind of reinforcements does Martin use to motivate Owen?

（字幕）

问题：马丁采取了何种强化方式来激励销售部经理欧文？

(Caption)

As time goes by, Rocket Company gradually gets out of the dilemma and grows faster. Martin takes less control of R&D department, while more supervision for production and purchasing department. The employees describe Martin as a person who isn't familiar with the situation here, yet he makes the perfect decision. He really makes Rocket flourish further.

（字幕）

随着时间的流逝，火箭计算机公司在马丁的领导下渐渐恢复了元气。马丁也渐渐放松了控制，让研发部门更放手地去干事。然而，对生产和采购部门，他仍然勒紧缰绳。大家这样评价马丁：他不是那种对这里情况很了解的人，但他对各项业务的决策无懈可击，而且也确实使公司走出了低谷，开始走向辉煌。

(Caption)

Question：Which leadership style does Martin adopt? Use Fiedler contingency model to explain.

（字幕）

问题：马丁采取了何种领导方式？根据菲德勒的权变模型予以解释。

2. 美格尔公司

链接：视频 4.2_美格尔公司

旁白 1（音乐起）

美格尔公司是一家综合性家电制造企业，随着公司的发展壮大，开始涉足电视、冰箱、空调、洗衣机、热水器等多个领域，产品也销往国内外。

公司发展虽然蒸蒸日上，但原有的组织结构暴露出严重的问题，出现管理混乱、人才流失等现象。针对这些问题，公司总裁召集各职能部门经理开会以提出解决方案。

字幕（音乐起）

第一幕　公司主管会议 **时间：上午 9 点** **地点：公司会议室** **人物：张总裁、各部门经理**

对话：

张总裁（神情较严肃，坐在椅子上）：今天召集大家来，主要是解决目前公司出现的问题，大家有什么想法都可以谈一谈，要不，老马，你先说一说。

营销部马经理（迅速看完资料后抬头）：我认为，我们营销部现在最大的问题是缺少研发部的技术支持。你们看，我们的产品由原来的冰箱发展到现在的十几个大类，远销十几个国家和地区。虽然我们的销售队伍在不断扩大，但是技术服务水平却跟不上，最好能给每种产品的销售工作配备专门的技术人员，以保证我们的营销策略最终得到有效落实。

研发部雷经理：马经理，照你这么说，我们研发人员都去搞技术服务，那谁来完成研发任务啊？何况我们人手本来就不够，今年要完成 10 多项技术升级，这都 10 月份了，才完成 5 项，我们想帮你也无能为力。

人力资源部白经理（听了雷经理的话后摇摇头，叹了一口气）：哎，我觉得你们不是缺人，而是留不住人。公司每年都花大力气招来许多技术骨干，但由于员工待遇不够高，很难留住他们。我几次提出要提高员工待遇，可最后都因公司财务问题而不能落实。

制造部严经理：我们的日子也不好过啊，今年公司要我们再上 3 条新生产线，由于资金没有及时到位，我们的工作也很难开展！

财务部钱经理（坐不住了，接过话茬）：我知道大家对我们财务部有意见，可公司今年花钱的地方实在太多，制造部要上新生产线，研发部要进行产品技术升级，营销和人力成本也大幅增长，各个部门都在用钱，资金紧张不可避免，我觉得只有让公司统一管理资金，合理分配，才能把钱用在刀刃上。

张总裁（凝神思考片刻后点点头）：各位经理说的都很有道理。我总结一下，解决问题的关键在于专业化分工。我们现在是按职能来设计公司的主要部门的，可是随着产品的多元化和国际化，必须对现有的组织结构进行重组。现在大家说说看，公司采用什么样的组织结构比较合适呢？

（大家思考片刻）

钱经理：我认为事业部制比较好，利于统一决策，分散经营。

马经理：我看还是矩阵制好，能够组织不同部门的人员参与到同一个项目中来。

雷经理：我还是倾向于团队结构，这样才能充分授权，调动技术人员的积极性。

（公司主管热烈讨论中，配以画外音——旁白 2）

旁白 2

经过充分讨论，总裁决定对公司的组织结构进行重新设计，责成人力资源部负责，各部门协调配合，提出具体方案。

字幕 + 旁白

讨论题

（1）美格尔公司目前采用的是哪种组织结构形式？公司主管会议后，最有可能采用什么样的组织结构形式？为什么？

（2）随着公司产品的多元化、国际化，公司最有可能采取什么样的部门化方式？

（3）在美格尔公司组织结构调整中，组织结构设计的六要素是如何体现的？

字幕（音乐起）

第二幕　授权还是分权？

时间：上午 7 点 45 分

地点：办公楼楼道、营销部办公室

人物：马经理、白经理、张峰、孙文

旁白 3（音乐起）

一天早上，营销部马经理和人力资源部白经理在公司办公楼楼道相遇。两人彼此谈论着自己的工作，马经理特别为两个助手伤脑筋。

对话：

白经理：早上好！马经理，听说公司给你安排了两名助手，不错嘛！这下你可以轻松点了吧！

马经理：唉！别提了，这两个人刚进公司时，我一直耐心地告诉他们，年轻人嘛，凡事多学学、多看看，姿态放低一点。凡是涉及报销和订货的事要事先和我商量一下，在了解情况之前，不要对下属人员指手画脚。可到现在都多长时间了，他们还是什么事情都来问我。

白经理：原来我还挺羡慕你呢！没想到，他们让你这么费心呀！

马经理：（无奈）羡慕？（叹气）唉，不是我说他们，那个叫张峰的，上周又拿一个几百块钱的小单子来找我签字。不是我嫌他烦，而是我早就告诉他，这种一千块钱以下的单子，他自己就可以决定嘛。

白经理：你呀！要尽量放权嘛！

马经理：你说，放权。两周前，我交给孙文一项较大的任务，让他来组织完成，我只要结果，而他却一个人闷头搞，根本不叫别人来帮忙，就是一个愣头青。他们老是这样大小事情都来找我，真没办法。

白经理：还有这样的事儿！真难为你这个当头的啦！

旁白 4（音乐起）

几乎与此同时，马经理的两位助手张峰和孙文也在谈论自己的工作。

（地点：营销部办公室）

对话：

张峰：上周我找马经理，要他签发一张报销单。他说不用找他，我自己有权决定。结果，你猜，怎么着？

孙文：老兄，你的权力可不小呀！

张峰：权力？有一次我找不到他，就自己签发了一张报销单，结果被财务部给退了回来，原因是我的签字没有被授权认可。

孙文：那现在咋办？

张峰：为此，上个月我专门打了一个关于授权我签字的报告，但他一直没有批下来，我敢说，那报告恐怕他还锁在抽屉里没看呢！

孙文（不忿，感同身受）：我也有同感，他总是说一套，做一套。

张峰：老弟，难道你也是……

孙文：两周前，他交给我一项重要任务。我想找些人帮忙，但他们说除非得到马经理的同意，否则他们不会帮我。

张峰：后来呢？

孙文：今天是最后一天了，我还没搞完。你看吧，他又要抓我的小辫子，把责任推给我了。

张峰：我认为，他是存心这样的，怕我们搞得太好，抢了他的位子……

孙文：肯定是这样的……

字幕＋旁白

讨论题
（1）马经理对两位助手采用的是授权还是分权？授权与分权有何不同？
（2）你认为马经理应如何改进与两位助手之间的关系？

字幕

第三幕　赵大鹏的离职
地点：赵大鹏家、办公室
人物：赵大鹏、雷经理、赵妻

旁白 5（音乐起）

助理工程师赵大鹏毕业于某名牌大学软件开发专业，毕业后已工作 6 年。3 年前，他应聘到美格尔公司研发部负责软件开发工作，是公司有口皆碑的“四大金刚”之一。然而，收入却一直不尽如人意，一家 3 口仍挤住在狭小的出租房里。

（旁白的同时，配相应内容的镜头画面）

墙上挂着一幅全家人的照片。（特写镜头——配在旁白 5 中）

镜头：赵大鹏站在电脑前，打领带，提上电脑准备出门，到了美格尔公司大楼，站在大楼电子屏“热烈欢迎赵大鹏工程师来公司工作”前。

字幕（音乐起）

片段 1：夫妻冲突

地点：赵大鹏家

人物：赵大鹏、赵妻

镜头：赵妻抱着被子要大鹏帮忙，大鹏忙着写材料，不予理会；赵妻把大鹏写的材料扔到地上，大鹏捡起来，赵妻气愤之极，一把夺过来，把它撕掉了……大鹏也火了……甩门而出……（小出租房里）

旁白 6（音乐起）

面对妻子的埋怨，赵大鹏心中十分委屈……在寒风中，他不知不觉地来到了公司楼下。

镜头：赵大鹏徘徊在寒冷的大街上，不知不觉地走到了公司楼下。（来回徘徊的动作）

字幕（音乐起）

片段 2：初进公司 （三年前）

地点：公司办公大楼
人物：赵大鹏、雷经理、秘书

镜头：赵大鹏在公司办公楼下，凝视公司的标识，思绪万千。
镜头：切换至三年前，赵助工初进公司的风光场面。
道具：大楼电子屏“热烈欢迎赵大鹏工程师来公司工作”。
镜头：公司秘书迎接赵助工，并陪同他进入公司办公楼一楼大厅。
镜头：赵助工凝视一楼大厅的电子屏，“热烈欢迎赵大鹏工程师来公司工作”。

对话：
秘书：赵工，这是雷经理亲自吩咐的，他很看好你哦。
雷经理：欢迎欢迎，赵工！你就是我们盼望已久的人才呀。我们公司非常需要你这样的人才，好好干，前途无量。
赵大鹏：感谢感谢。（转向秘书）太热情了，受宠若惊。

旁白 7
这样的场面确实让赵大鹏当时风光无限，赵大鹏憧憬着美好的未来。

字幕

片段 3：评职称 （两年前）

地点：赵大鹏办公室
人物：赵大鹏、雷经理、员工 C

镜头：①赵大鹏浏览着公司网站通知。（特写——申报工程师通知）（欣喜状）
②赵大鹏在电脑上忙着写申请，打印机打印出申请，赵大鹏手持申请。（特写——申请书）（充满信心）
③镜头切换到“职称结果公布”公告栏前，赵大鹏失落。（唉声叹气状）
旁白 8
赵大鹏浏览着公司网站，看到申报工程师的通知，十分欣喜！于是，他赶紧写申请，拿着打印出来的申请，充满信心……然而，当结果公布时……

对话：

员工 C（对赵大鹏说）：赵工，你没申请？你的条件可比老王优秀多了。

赵大鹏：……（尴尬苦笑）

旁白 9

赵大鹏回到办公室，百思不得其解。此时，办公室的门被敲响……

（雷经理进场）

对话：

雷经理：赵工，是不是对这个结果有情绪啊？

赵大鹏（站起来欲言又止）：经理……我……

雷经理（抢先）：赵工啊，你的业绩是有目共睹的，领导心里也有数，但老王是老同志，再有两年就退休了，这次机会对他非常重要。

赵大鹏（无奈）：可是……经理……

雷经理（拍拍赵的肩膀）：赵工，你还年轻，机会有的是。我相信你也愿意把机会让给老王这样的老同志，对吧？不要有什么情绪，继续努力嘛。

旁白 10

就这样，赵大鹏又失去了工程师的头衔。

字幕（音乐起）

片段 4：加工资 （一年前）

地点：赵大鹏办公室、雷经理办公室

人物：赵大鹏、雷经理、赵妻

镜头：赵大鹏在办公室，查看工资单，手机响起……

对话：

赵妻（急促）：大鹏，赶紧把钱打过来，这个月儿子的学费还没交呢，幼儿园又催了……

赵大鹏（神情凝重）：好的，老婆，你放心，我这边有个会，先挂……

旁白 11

赵大鹏来到雷经理办公室准备反映自己的工资问题。

（敲门，进门，雷经理办公室有三五个客人）

对话：

雷经理：（起身）赵工，你来得正好。（转向客人，并向客人介绍）我来向大家介绍一下啊，这位是侯总，这位是唐总。

这位就是赵工，我们公司的技术骨干，是个很有想法、很有创新意识的年轻人，这次我们合作的研发项目，我就准备让赵工负责。

（赵苦闷，但只好笑着面对客人）

客人：寒暄……

旁白 12

看得出来，雷经理十分重视赵大鹏，哪怕再忙，每次在路上遇见时，总会拍拍他的肩膀说两句，诸如“赵工，你干得不错”“赵工，你很有前途”。这些鼓励的确让赵大鹏兴奋，然而……

（同时配以相应镜头——雷经理和赵助工在楼梯相见、外景相见等）

字幕

片段 5：补贴性住房 （今年）

地点：职工食堂

人物：赵大鹏、雷经理、员工 A、员工 B

镜头：

职工食堂，几名员工一边吃饭，一边议论着，赵大鹏在一旁听到如下对话。

对话：

员工 A：听说，公司的补贴性住房建好了，这次数量还不少呢！

员工 B：是啊，我昨天路过还看到，挺漂亮的，说是助理工程师以上就可以申请。

（镜头：赵大鹏心花怒放）

镜头（音乐起）

赵大鹏家里，赵大鹏写申请。

赵大鹏慎重地把申请放进包里，在镜子跟前照了又照，整理好衣冠后，出门。

公司楼下，雷经理主动跟他打招呼。

旁白 13

正当赵大鹏准备从包里拿申请时，雷经理发话了。

对话：

雷经理：赵工，厂里有个出国深造的培养计划，正在考察候选人。赵工，机会难得，你要好好把握！

旁白 14

赵大鹏又不好开口了，结果家没有搬成。

旁白 15

深夜，赵大鹏对着一张报纸的招聘栏出神。（配赵大鹏在家看报纸的镜头）

旁白 16

第二天一早，雷经理办公桌上放着一张字条。（配雷经理在办公室手持字条的镜头）

雷经理，（**画外音：赵大鹏的声音，远走的背影**）

您是一个懂得使用人才的好领导，我十分敬佩您，但我决定走了。（**音乐起**）

赵大鹏于深夜

字幕＋旁白

> **讨论题**
>
> （1）赵大鹏决定离职，根据公平理论，他比较的对象有哪些？
>
> （2）工资、“热烈欢迎赵大鹏工程师来公司工作”、职称、住房、出国深造，在赵大鹏看来，分别对应着需求层次论中的哪一层次需求？赵大鹏离职的根本原因是什么？
>
> （3）请给出你的建议以帮助雷经理留住赵大鹏。

（四）互动情景模拟

链接：视频 4.3_互动视频——哔哩哔哩（B 站）：BV18c411J7FE

互动情景剧《Cuger 公司》，描述的是国内一家知名的珠宝公司，由于其位于武汉的分公司业绩常年低迷，总部准备派管理经验丰富的你（李总）前往该分公司出任总经理，希望你能使公司起死回生。通过互动情景的模拟，你能身临其境地进入领导者的角色，在真实、生动的管理情景中，选择不同的员工（小赵、老张、王洁），揣摩他们的主导需求，体验不同激励方式的效果，掌握有效领导的艺术。

（五）连续案例

1. 为中“华”而为

华为——简介

“把数字世界带入每个人、每个家庭、每个组织，构建万物互联的智能世界”，描述了华为的愿景——它想成为什么样的公司。诞生于 1987 年的华为，是全球领先的信息与通信（information communications technology，ICT）基础设施和智能终端供应商。它能够推动无处不在的连接、无所不及的智能，促进个性化智慧体验，打造数字平台等关键业务领域，引领着未来数字建设。目前，华为拥有员工19.5万人，遍布170多个国家和地区，服务全球30多亿人口。[①]经过30多年的风雨兼程，华为从一个小小的作坊式企业发展成为全球领先的高新科技企业的典范，究竟靠的是什么呢？让我们一起走进华为庞大而有序的内部世界，通过追踪华为的发展历程和管理实践，领略其璀璨的管理思想和成功管理的奥秘。

（1）起步与发展

提起华为，大家会马上想到它的创始人兼总裁任正非。他是华为发展史上举足轻重的人物。1984年，任正非从部队转业后，曾在深圳南油集团下属的一家小型国有电子企业担任副总经理。由于经验匮乏，任正非在客户尚未支付货款的情况下，向对方发出200万元的货物，最后客户却不知所踪。公司承受了不必要的巨额损失，任正非因此被迫离职。

此后，在一次机缘巧合下，任正非了解到客户电话交换机在我国发展前景广阔，便开始走上创业之路。当时中国正处在改革开放的风口，国内仅有极少数家庭拥有客户电话交换机，巨大的卖方市场和丰厚的利润潜藏其中。这吸引了众多国有企业“下海”，成为客户电话交换机的代理商。当时任正非代理的电话交换机仅有几十门，根本进不了当时的电信局（局用交换机至少要1000门）。“小总机”无法进入运营商市场，任正非便瞄准了企业业务市场。

1989年，华为首遇“断供”，而且是整套产品的断供，这是华为“孩童”时期的重大危机。为彻底摆脱危机，任正非决定研发属于自己的技术和产品，从源头上解决缺货的问题。由此，公司开启了从单一的客户电话交换机业务走向开发和制造电话交换机的转型之路。尽管当时华为自主研发起点低，缺少尖端技术，人才与资金也十分匮乏，但经过不懈努力，1990年，华为已经能够自主控制生产、产品核心部件及软件开发。1992年，华为推出了JK1000局用机项目，决定进入运营商电话交换机市场。但由于技术路线有误，产品在推出后不久就被淘汰了。项目失败导致现金流断裂，华为直接陷入巨大的危机之中。任正非不甘心就此放弃华为，开始四处筹钱，研发出了容量更大、技术更先进的C&C08数字程控电话交换机。1994年，C&C08 2000门电话交换机大获成功，成为有史以来全球销量最大的电话交换机。

华为“少年”时期的危机，又称为“华为的冬天”，开始于2001年IT行业的“寒冬”。华为面临严重的资金短缺问题，任正非也时常反省自己的决策是否正确。那时候的华为处于风雨交加的大环境中，员工们惶惶不可终日，管理者主动申请降薪，部分核心员工深感前途无望，纷纷跳槽。直至2004年，华为成功研发出无线3G分布式基站，切实解决了欧洲机房空间狭小、站点获取困难的问题，在欧洲市场闯出一片天地，顺利渡过了这场“寒冬”。

① 华为官网[EB/OL]. [2023-04-30]. https://www.huawei.com/cn/.

华为“成人”时期的危机，是其遭遇的第三次重大危机。2019 年，美国商务部把华为列入“实体清单”，禁止美国企业向华为出售相关技术和产品。在外界看来，华为正处于自成立以来最危险、最困难的时刻，任正非却洞察出危机中暗藏的机遇：在孟晚舟事件发生以前，华为员工表现平庸、怠惰，而现在员工群情振奋，精神抖擞，摒弃平庸，每个部门都在摆脱落后状态，整体战斗力蒸蒸日上，全体员工都在为华为的生存而奋斗。

针对“孩童”“少年”“成人”时期的三次危机，华为进行了三次伟大的变革，一步步实现从产品到解决方案、从国内市场到全球市场、从运营商到终端和行业的华丽转型。华为在危机和磨难中不断成长，历经苦难，却能愈挫愈勇，迎难而上，成长为当代企业的杰出代表，其奋进的秘诀在于：方向大致正确，组织必须充满活力。[①]

（2）公司概况

华为的产品主要涉及通信网络的交换网络、传输网络、无线及有线固定接入网络和数据通信网络及无线终端产品，为全球各地通信运营商及专业网络拥有者提供硬件设备、软件、服务和解决方案。

华为的核心业务覆盖运营商业务、企业业务、消费者业务和云服务四大领域。

华为的主营产品有智能手机、终端路由器、交换机。针对不同消费群体，华为设计了不同系列的智能手机。

华为作为全球领先的信息与通信技术（ICT）解决方案供应商，致力于为运营商、企业和消费者带去最大价值。截至 2021 年，华为的净利润为 1137 亿元，同比增长 75.9%；研发费用支出为 1427 亿元，约占年收入 22.4%；全球商业联盟伙伴数量已达 38000 多家。华为拥有完善的内部治理架构，梁华担任公司董事长，任正非担任首席执行官，徐直军、胡厚崑、孟晚舟三位轮值董事长在各自当值期间是公司最高领袖，其他的董事会成员包括 ICT 基础设施业务管理委员会主任、终端（business group，BG）的首席执行官与智能汽车解决方案（business unit，BU）的首席执行官、海思总裁兼实验室技术总裁、质量流程 IT 总裁、制造部总裁、公共及政府事务部副总裁等。那么，华为是如何通过计划、组织、领导和控制成为万物互联的智能世界的领头羊的呢？又是如何在伟大变革中存活、成长并保持基业长青呢？在接下来的连续案例中，你可以全面深入地探索华为的成功之道。

【问题】

1. 你认为哪个管理技能对任正非来说是最重要的？对于一个华为门店的店长而言，哪个管理技能是最重要的？为什么？

2. 通过分析任正非的创业经历和华为的发展历程，你认为一名成功的管理者需要具备哪些素质和能力？

---

① 吴晓波，徐广国，张武杰. 激活组织：华为奋进的密码[M]. 北京：中信出版集团，2021.

3. 从华为经历的“孩童”“少年”“成人”时期的三次危机中，说明不同时期环境对于华为开展管理活动有何影响，管理者又是如何应对的。

4. 请根据明茨伯格的管理者角色理论，举例说明任正非是如何扮演人际关系角色、信息传递角色和决策制定角色的。

5. 华为堪称“无界探索，翻开未来”的典范，“构建万物互联的智能世界”这一公司愿景是如何影响华为的管理方式的？

6. 访问华为的官方网站，分别找出一位高层管理者、中层管理者和基层管理者，描述他们分别承担了哪些管理者角色。试着想象担任该职位的人需要怎样进行计划、组织、领导和控制。

华为——计划

兵马未动，粮草先行。任正非认为，只有做好计划，后面的预算才有依据，才能通过核算来修正、考核计划与预算。华为通常会根据组织内外部的实际情况，通过科学预测，提出未来组织要达到的目标及实现目标的途径。华为在全体员工和管理者的努力下取得了许多成就，毫无疑问，它一直以来都在计划着。

（1）愿景与使命

华为的愿景是致力于把数字世界带入每个人、每个家庭、每个组织，构建万物互联的智能世界，即让无处不在的连接，成为人人平等的权利；让云无处不在，使智能无所不及；让数字平台敏捷、高效；促进个性化智慧体验。[①]为了顺应行业未来发展趋势，华为以用户为中心，为客户及伙伴创造价值，打造全场景无缝的智慧体验。通过技术创新，它肩负起降低能源消耗、建设低碳社会的企业社会责任与使命。

（2）公司目标

任何一个成功的企业都需要有适合自身发展的目标。[②]

2020 年，在面临全球 5G 市场排挤及美国对华芯片禁令的情况下，华为抢先推进 5G 总体布局，联合客户与伙伴，抓住了 5G 带来的创新机遇，提出了 5G 时代的目标：华为 5G 标准必要专利的声明数目世界第一；华为手机出货量国内第一；华为可穿戴设备的市场份额国内第一；华为无线接入网（RAN）收入国内第一。

2021 年，华为明确了公司未来 5 年的战略目标，即通过为客户及伙伴创造价值，活下来，有质量地活下来；通过汇集全球经验和 ICT 技术，帮助客户开展数字化转型，为客户和社会创造价值，争取做到世界第一。

到 2025 年，华为中国政企业务的目标是 2600 亿元，与生态伙伴共同构建数字化转型特色的供需关系，共创超过万亿元的价值新空间。

华为确立的长期目标是：为全世界运营商开辟数智化新蓝海，为全世界企业打造数

① 华为官网[EB/OL]. [2023-04-30]. https://www.huawei.com/cn/.

② 华为官网[EB/OL]. [2023-04-30]. https://www.huawei.com/cn/.

字生态化平台，为全世界消费者提供全场景智慧化体验，以构建万物互联的智能世界。在关键业务领域，华为业已制定相应目标，即推动无处不在的连接、无所不及的智能，促进个性化、智慧化体验，打造数字平台以引领未来数字建设。未来华为将持续推动5G技术发展，充分发挥5G价值，牵引5G持续演进，不断优化产业组合，增强产业韧性，实现运营商业务和企业业务稳健增长。

第一，推动无处不在的连接。

华为助力5G创新业务从技术验证走向商业应用，致力打造无处不在的智能IP连接，并推出端到端智能云网解决方案。华为将深入融合5G、云计算、物联网、大数据、人工智能、区块链等新一代信息技术，对网络资源进行高效优化利用，实现云网协同发展。华为还将联合产业伙伴，发展无线网络，推动无线产业。

第二，推动无所不及的智能。

人工智能助力以人工智能计算中心为代表的新型信息基础设施建设。华为将利用数字手段让千行万业从数字化走向智能化。预计到2025年，智能技术将渗透到每个人、每个家庭、每个组织，5G网络技术将覆盖全球58%的人口，90%的人能够享有智能个人终端助理服务，人工智能将被应用到97%的大企业。

第三，促进个性化、智慧化体验。

随着数字化和智能化时代的到来，华为以鸿蒙智联（HarmonyOS）和华为移动服务（HMS）生态为核心驱动及服务能力，围绕智慧办公、运动健康、智能家居、智慧出行和影音娱乐为主的五大场景，为消费者打造极致的全场景智慧生态，促进客户拥有个性化、智慧化体验。

第四，打造数字平台。

华为数字平台融合了云、人工智能（AI）、物联网（IoT）、大数据、通信等新ICT技术，以此构建人、物、数据融合的全链接数字协同生态平台。华为将与光环新网在鲲鹏、昇腾人工智能计算产业，以及智慧网络、低碳数据中心、智能光伏储能、新型云计算业务等领域，开展产品、服务及商业模式创新等方面的全面合作。华为旨在建立战略合作伙伴关系，未来会在新材料研发、数字化、绿色低碳、国际化等领域开展紧密合作。

（3）公司战略

华为自1987年成立至今，经历了农村包围城市、差异化全球竞争、BG业务转型三次重要的战略转型。正是因为华为每一次成功的战略转型，它才能在这场波澜起伏的行业浪潮中存活下来，并不断发展壮大。

①农村包围城市的拓展战略。华为的第一次战略转型是为了让公司活下来。华为早期的发展路线是以销售为主导，通过代理交换机赚到大笔资金后，研发出小型交换机，主攻农村市场。任正非之所以选择农村市场，是因为当时爱立信、诺基亚、摩托罗拉等国际巨头几乎垄断了中国通信市场，想占有一席之地，只能从农村开始。当时华为面临

诸多困境。一是品牌影响力不够，大城市的消费者对华为知之甚少，只知道是充话费送的低端手机。相比之下，诺基亚等品牌更受欢迎。二是产品质量不高，与其他品牌相比，华为产品的稳定性并不占优势。不过，华为非常重视服务和客户的意见，不断提高产品质量，逐步扩大顾客群体，最终从农村走进城市市场。

②差异化的全球竞争战略。华为的第二次战略转型是为了进军全球，实现国际化。1998 年，华为启动国际化战略有诸多原因。一是华为的产品尤其是交换机具有竞争优势，但国内市场已趋于饱和，产品销量难以继续增长，选择海外市场对华为的发展非常有利。二是华为的产品质量优良，交换机在国内市场上经受了千锤百炼，品质上有保证，可以直接出口到国外。三是华为“铁三角”体系的建设，包括客户经理、解决方案经理、交付经理，他们在客户、服务、产品体系层面都经过了专业的培训。为了实施差异化全球竞争战略，华为还在人才储备和产品研发方面做了充足的准备，以帮助落后地区发展信息产业，推动落后地区经济与技术发展，向国际化迈进。

③BG 业务转型战略。华为的第三次战略转型是从单一面向运营商转向三个不同的 BG 业务领域。3 个 BG 面向不同的客户群体，包括运营商企业（运营商 BG）、企业客户（企业 BG）及终端的消费者（消费 BG）。BG 业务转型战略刚被提出时，就遭到了来自公司内部的反对，因为三种 BG 的用户属性很不一样，目前全球还没有一家公司能同时运营三个 BG 业务。华为当时面临的环境是公司运营商业务发展良好，面向企业和消费者业务却做得不好，三个不同的 BG 业务发展极不平衡。在客户需求上，运营商也是为不同的企业和消费者市场提供服务。在这次战略转型中，华为为发展消费者 BG 走了很多弯路，从开始的低能状态慢慢改进，直到后来才步入正轨。

华为能成功实现战略转型，归根到底，取决于三个核心因素：一是先进的管理体系发挥了至关重要的作用；二是科学的企业文化练就了员工高效的执行力；三是高度重视目标管理，公司领导将战略落实到员工身上。

（4）目标管理

华为员工每天早出晚归，努力工作，经常加班，但工作结果离预期目标依旧相差甚远。公司领导调查后发现，大多数员工对上级的指令言听计从，一接受任务便立刻埋头工作，很少考虑自身工作与组织目标的关系，而付诸行动后往往又偏离了组织目标。为此，任正非提出：先瞄准目标，再开枪。员工必须有自己的工作目标，并且要与公司目标保持一致，使其推动公司发展。此后，华为在设定目标时，会提前研究目标的可行性，了解目标的难度及员工能否完成目标等。任正非曾说，任何目标都必须是可执行的，任何缺乏执行性或者无法达到的目标，都毫无用处。华为很少有人提出不切实际的方案，公司也绝不赞成、不鼓励员工提出这样的方案，因为他们深深体会到，目标过大，若不能实现，反而是一种负担。

华为将公司目标转化为各个部门的绩效目标，通过层层落实，分解成员工的个人目标，并与工作绩效挂钩，加强了组织和个人的管理，保证公司、部门、个人目标的一致性，以及全体员工对目标任务的有效落实。

【问题】

（1）华为为了“活下来”的目标，做出了哪些决策？这些决策属于何种决策模式？请解释说明。

（2）华为的愿景与使命是如何影响其目标的设定的？

（3）请分析华为决策的基本过程，并说明其决策成功的原因。

（4）华为在实施农村包围城市、差异化的全球竞争、BG 业务转型三大战略时，应该如何做计划？三大战略计划有何不同？

（5）任正非认为应该先瞄准目标，再开枪。你同意这一观点吗？请结合目标设定原则进行分析。

（6）华为在推行目标管理的过程中，体现了目标管理的哪些特点？

华为——组织

当企业的目标和计划被确立后，管理者需要通过组织职能使计划得以落实。华为致力于用技术创新服务于全社会、全人类，在为客户创造商业价值的同时，努力创造新的社会价值。华为在成长中不断突破组织自身的桎梏，实施组织变革。

（1）组织结构变迁

经过 30 多年的发展，华为的组织结构发生了巨大的变化，大致分为四个阶段。

第一阶段（1987—1995 年）：1987 年，任正非与 5 位合伙人共同出资创立了华为。公司创建之初，规模较小，仅 20 余人。为提高生产率，所有员工都直接向任正非汇报，任正非则直接领导公司综合办公室。综合办公室下设 5 个部门：中研总部、市场总部、制造部、行政管理部和财经系统（见图 4.3）。这种简明的、高度集权的组织结构，使公司内部下达的命令和战略部署能够有效地实施。这一组织结构与当时华为聚焦单一产品、采用农村包围城市的低价策略相适应。随着华为的不断扩张和新产品的推出，销售额与员工人数急剧增长。1992 年，华为的销售额突破亿元大关，员工也达到了 200 人左右。此时，任正非的业务团队已难以管理整个公司的业务板块，为了快速应对外部环境的变化，迫切需要调整组织结构。

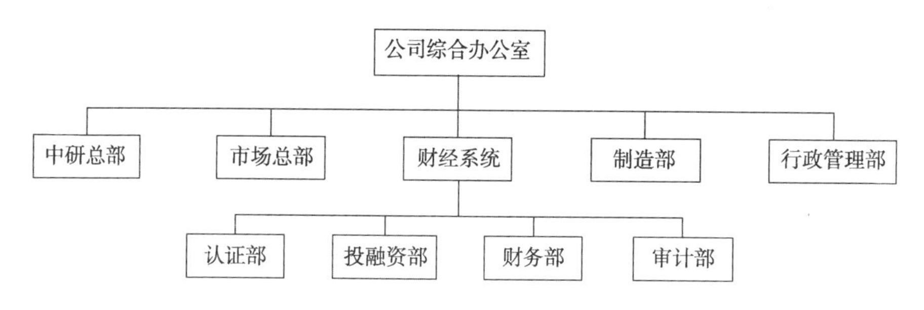

图 4.3　华为成立初期的组织结构

第二阶段（1996—2003 年）：1996 年，华为开始进军国际市场，员工数量增至 8000

人，原有的集权式组织结构逐渐暴露出管理负担重、部门协调困难等诸多问题。华为开始重新审视其组织结构，划分了地区（子）公司，设立了海外办事处、华东华为、沈阳华为、北方华为，并根据业务专门设立了移动事业部、投入事业部和网络事业部等部门，如图 4.4 所示。

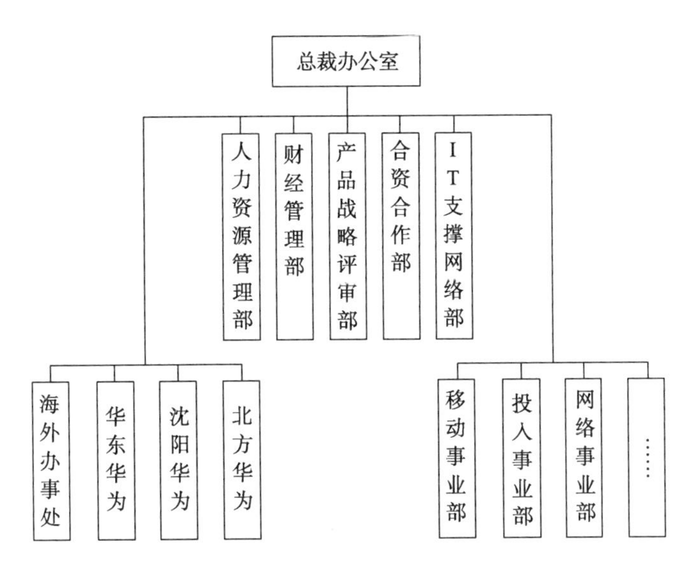

图 4.4 华为第一次组织变革后的组织结构

各个事业部在公司规定的经营范围内承担开发、生产、销售和用户服务等职责，在总公司集中领导下，拥有完全独立的经营自主权，实行独立经营、独立核算。地区（子）公司在总公司规定的区域市场内开展经营活动，对产品的设计、生产及销售活动等负有统一领导的职能。事业部和地区（子）公司均为利润中心，承担各自的利润责任。公司总部对公司公共资源（包括研究、市场、财政、人力和信息等）进行管理，对各事业部、子公司、业务部门进行指导和监督，并对利润承担全部责任。调整后的组织结构使公司总部能够把精力放在重大决策控制和服务上，集中优势资源和精力突破市场难点。

第三阶段（2004—2012 年）：华为采用水平和垂直管理的方式，即以市场和客户需求为导向的垂直管理，以事业部为单元的横向管理。华为的组织结构由原来的事业部与地区（子）公司相结合，转变成以产品线为主导的组织结构，如图 4.5 所示。

2009 年，华为面对越来越庞大的市场，不断扩大产品销售地区，需要在极短的时间内调动各方面资源，一线人员必须拥有更多的决策权，才能及时响应做出决策。为此，华为在北非分部，围绕做厚客户界面，成立了由客户经理、解决方案专家、交付专家等人组成的工作小组，形成面向客户的“铁三角”作战单元。华为给予员工更多的决策权，精简了烦琐的审核流程，提高了组织运行效率。2011 年，华为开始推行首席执行官轮值制度。轮值首席执行官在当值期间是华为经营管理和危机管理的最高责任人，需对公司生存发展负责。2012 年，随着环境变化，华为及时调整公司战略，合理分配不同职能和岗位的权力和责任，以提升组织运营效率。

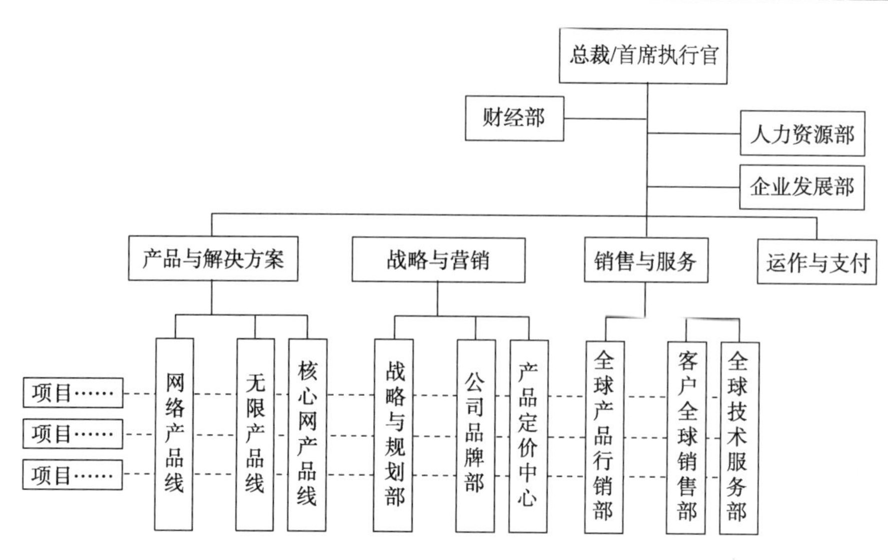

图 4.5　华为第二次组织变革后的组织结构

第四阶段（2013 年至今）：华为进入跨功能、跨流程、跨部门的综合转型时期。2013 年，华为加大一线流程授权力度，推动组织和流程匹配。2014 年，华为对其组织结构进行重大调整，在新的三方治理结构的基础上，逐步将其组织结构调整为客户、产品、区域 3 个层面。华为成立了 3 个客户群的 BG 组织，各自独立运作，分别由运营商、企业和消费者组成，以区分不同的客户群体，并根据不同的业务规则和经营特征，为客户提供差异化的解决方案。华为还持续优化区域组织，加速对一线部门的授权，将现场决策权前移至代表处，明确将各部门的权力和职责分离开来。在此基础上，华为设立了产品与解决方案机构，以适应通信技术产业的技术整合趋势。

2017 年，华为组织结构中新增了 Cloud BU，华为进入云计算市场。Cloud BU 负责构建云服务竞争力，华为云计算则负责云业务端到端运营，构建云产业组织和能力（研发、销售、咨询、服务、供应等），致力于提供稳定可靠、安全可信、可持续创新的云服务。Cloud ＆AI 产品与服务在华为内部属于 BU 部门，华为云仅仅是 BG 很多经营单元（BU）中的一个。2019 年，在组织结构调整之后，Cloud & AI BG 成为继运营商 BG、企业 BG、消费者 BG 外，华为的第四大 BG。2019 年，华为成立了“智能汽车解决方案 BU”。2019 年华为的组织结构如图 4.6 所示。新增的智能汽车解决方案 BU 板块是公司面向智能汽车领域的端到端业务责任主体，能够将华为的 ICT 技术优势延伸到智能汽车产业，提供智能网联汽车的增量部件。

2020 年，华为建立 ICT 基础设施业务管理委员会，以取代原来的 ICT 业务组织，如图 4.7 所示。它是公司 ICT 基础设施业务战略、经营管理和客户满意度的责任机构。消费者 BG 更名为消费者业务管理委员会，增加了智能汽车解决方案 BU 的业务管理。

2021 年，为匹配业务发展，华为将“消费者 BG”更名为“终端 BG”。2021 年华为组织结构如图 4.8 所示。未来，华为终端业务将全面覆盖消费和商用产品两大模块，前者继续聚焦服务大众消费者，后者则专注于服务政府及企业客户。ICT 产品与解决方案是公司面向运营商及企业/行业客户提供 ICT 基础设施相关的产品与解决方案的部门，负责产品的规划、开发交付和竞争力构建。①

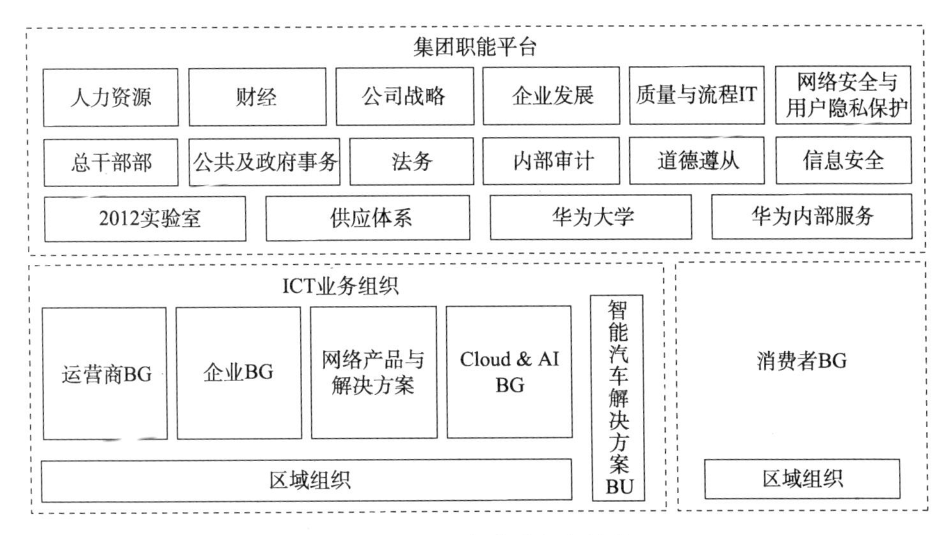

图 4.6 2019 年华为组织结构

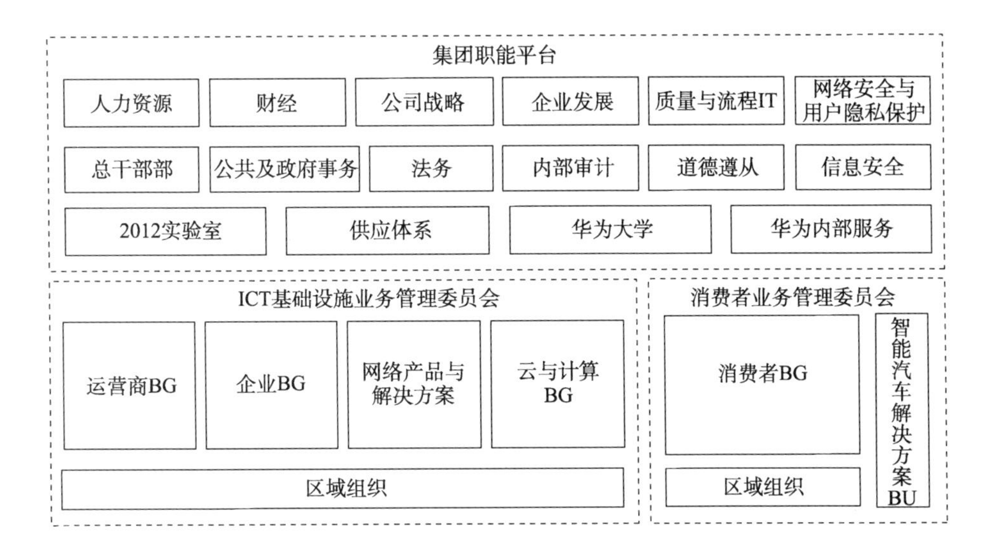

图 4.7 2020 年华为组织结构

30 多年来，华为从高度集权的管理模式转变为“听得见炮火的组织”需求驱动的供给模式，由垂直型中央集中管理组织向全球化多业务平台型组织转变，不断探索新的组织模式，建设新的组织能力。

（2）人事管理

任正非认为人无完人，用人要遵从“三最佳”原则：在最佳的时间段上，让人才在最佳的角色上，做出最佳的贡献和得到合理的回报。华为是一个市场导向非常强的公司，正职和副职对应着完全不同的能力模型。在市场部门，华为主张“狼狈组合计划”，正职

① 华为官网[EB/OL]. [2023-04-30]. https://www.huawei.com/cn/.

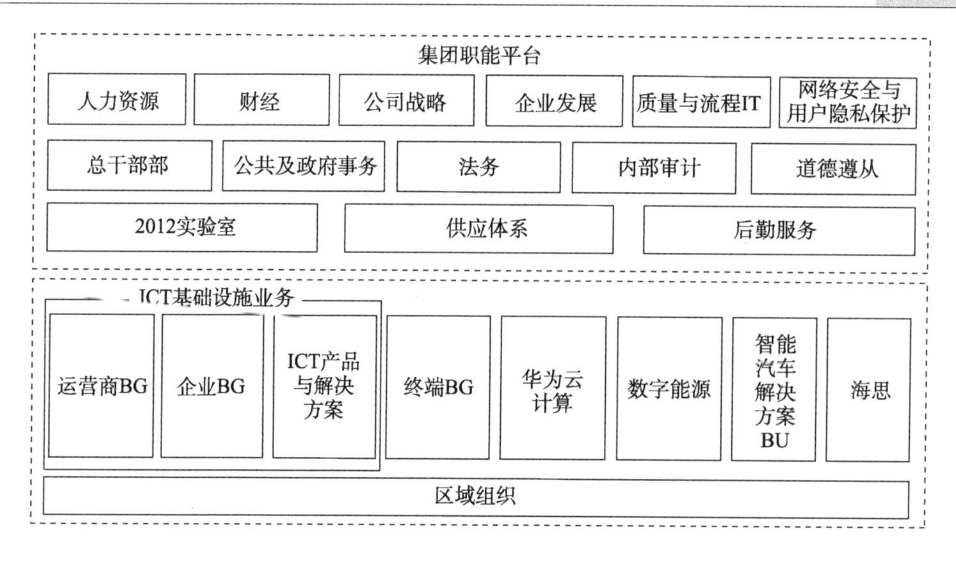

图 4.8　2021 年华为组织结构

是狼，副职是狈，这两种动物具有不同的优势能力。任正非对这两种关键角色提出了不同的要求，正职最重要的能力素质是决断力，副职是执行力。

孟晚舟在华为 2021 年年报发布会上宣称：华为最大的财富，不在财务报表之内，而在于人才储存、思想储存、理论储存、工程储存、方法储存、内部流程管理等高效有序的储存上。华为一直坚持人力资本增值目标优先于财务资本增值，只有这样才能构建未来的竞争力。为此，华为实施末位淘汰制。尽管许多企业采用这一制度，但华为的做法与众不同，即便是被列入辞退名单的员工，公司仍为其轮换岗位并进行储能培训，确实无法胜任的，才会辞退，并给予一定的经济补偿。华为还会为离职的员工提供被再次起用的机会。

（3）改革与创新

随着华为沿着数字化、智能化、低碳化方向发展，公司根据战略变化不断调整组织结构。其组织变革分为 4 个阶段。第一阶段是从公司成立起，华为的组织运作以项目为主，采用“职能 + 产品”的模式。每个业务部门下设若干项目组，公司层面有产品线管理办公室，研发部、制造部、市场部等相对独立的职能部门，通过产品线管理这些部门。随着组织规模的扩大，产品种类的增多，华为进行了第二阶段的组织变革。管理层发现“职能 + 产品”的模式并不适合华为的进一步发展，于是引入了 IBM 的产品开发（integrated product development，IPD）咨询项目，把项目和职能工作分开，调整产品开发团队，形成了基于市场驱动的“产品线 + 资源线”模式。在第三阶段，华为采用分层的“产品线 + 资源线”模式，其 IPD 运作体系日趋完善，建立了质量与运作团队、市场管理团队、公共研发团队等。各产品线的研发团队不同于公司层面的团队，形成了较强的通用基础组件（common building block，CBB）管理能力。在第四阶段，华为采用“事业部 + 资源线”模式，陆续建立了运营商事业部、企业事业部、消费者事业部和 2012 实验室等独立机构。其中，网络产品与解决方案作为华为的核心研发机构，与各 BG 并行，主要负责各业务领域的产品创新与研发管理。事业部负责在产品或解决方案项目启动后联合研发和非研发（营销、供应链、制造、采购等）部门，通过跨部门的团队提供产品与解决方案。基于全面云化、智能化、数字化的发展趋势，华为致力于通过组织管理变革和产品技术创新、开放合作优化端到端的网络安全保障体系，迎接挑战，抓住机遇，打造安全可信的产品、解决方案和服务。华为建立了全球流程与业务变革管理体系，发布了全球统一的业务流程架构。

【问题】

（1）华为在发展过程中分别采用了哪些类型的组织结构？其主要优缺点是什么？

（2）请结合案例，列举华为涉及组织结构设计六要素的例子。

（3）华为目前采取的是什么部门划分方式？未来可能采取什么部门划分方式？

（4）华为实施“轮值首席执行官”的动因是什么？该制度体现了什么授权原则？

（5）结合华为组织结构演变过程，分析它每一次组织结构变革是否适应其战略的调整。你认为华为未来组织的发展趋势有哪些？

（6）华为的长期目标是：为全世界运营商开辟数智化新蓝海，为全世界企业打造数字生态化平台，为全世界消费者提供全场景智慧化体验，以构建万物互联的智能世界。管理者将如何进行组织以实现这些目标？

华为——领导

成功地领导员工意味着让员工快乐地为组织工作，并达到组织所期待的结果。事实上，这并非易事。华为一直努力营造使员工做出最大努力的工作环境。经过几十年的发展，华为现有员工 19.5 万人，来自全球 170 多个国家和地区，研发人员 9.6 万人。华为能成为全球领先的 ICT 基础设施和智能终端提供商，离不开任正非卓越的领导。

（1）华为掌门人

任正非是一位优秀的演说家，他精力充沛，最大的乐趣是拉着员工聊天。军人出身的他喜欢讲战争、英雄的故事，这些故事极大地激发了年轻人的斗志，让他们相信：十年后，华为要和 AT&T、阿尔卡特三足鼎立，做到三分天下有其一。在华为，任正非经典的具有煽动性的激情口号和语录、关于理想的召唤和引领、运动式的自我批评交流方式等，激励着员工为华为的持续发展而努力奋斗。

任正非以诚待人，特别重视并尊重人才。20 世纪末，华为以 200 万美元的年薪招聘了一位俄罗斯数学家。因他不愿远离故土，华为便在俄罗斯设立了数学研究院。这位数学家几乎十年没有出成绩，对此任正非不发表任何意见。直到有一天，这位数学天才直接打电话给任正非说，他突破了 2G 到 3G 的技术难关。华为连夜把这个研究成果送到上海华为研究院进行验证，结果证明这确实是 2G 到 3G 的关键算法，而且比爱立信的数据更优。正是从那时开始，华为才有了自己的算法，也确立了后来在 5G 技术领域的领先地位。

任正非敢想敢做，具有远超常人的大格局。当年，靠代理交换机起家的华为刚刚赚到第一桶金，任正非就毅然决然地斥巨资进入研发领域，几乎花光了此前积累的全部资金。当单位用交换机开发成功，华为刚刚开始盈利时，任正非再次迎接挑战，将华为置于“死而后生”之地，进入局用交换机领域。任正非每次都将华为逼到穷途末路，而后又化险为夷。

任正非是一位自我批判、胸怀坦荡、没有个人利益羁绊的管理者，他考虑问题始终从华为的整体利益和社会责任出发。为了公司的发展，他敢于指出公司管理上的各种问题，敢于触动公司各个管理层的利益。在华为员工心中，他也是一位永不服输、百折不挠的杰出商业领袖。任正非始终保持自我批判，他从中国共产党那里学到了两大法宝：一是艰苦奋斗，二是自我批判。任正非坦言，从来不在乎媒体现在、未来怎么看他，也不在乎接班人是否忠诚，接班人都是从底层打出来的，打出来的英雄能够自我否定、自我批判，拥有开放的胸怀、善于妥协的精神，而且能够持多元视角看待人，而不是黑白分明，他自己就是自然而然成长的领袖，并坚信领袖不是选拔出来的，而是打出来的。

（2）激励员工

第一，高薪激励。

任正非十分重视华为的“三高”文化，即高效率、高激励、高薪酬。他相信重赏之下必有勇夫，高薪成为华为激励员工的重要手段。应届本科生进入华为便可获得高于市场平均水平约 3 倍的基本工资。华为还会每隔两年为员工提供一份安全退休金，相当于工资的 15%。年终奖的额度也十分可观，占薪酬总额的 25%。在华为，员工对于加班加点早已司空见惯，95.64%的员工需要加班。因此，除了高薪，华为还为副经理层级以下的员工提供加班津贴。

第二，虚拟持股。

全员持股也是华为激励员工和制胜的重要法宝。华为约有 90%的股份由员工持有，这不仅激发了员工的积极性，而且使员工对公司产生了更强的归属感。

1990 年，华为正式宣布实施“员工持股计划”。优秀员工将获得华为股份的购买权。当时华为每股净资产为 4～6 元，员工可以以每股 1 元的价格购入公司股票，享受利润分红和每股溢价。2001 年，华为引入“虚拟股计划”，将“全员持股”改为“虚拟持股”，逐步淘汰了“员工持股计划”。新员工不再以每股 1 元的价格购入公司股票，而老员工的股票也逐渐转化为期股。持有虚拟股的员工仅享有分红和股价升值收益，没有所有权、表决权，也不能转让和出售股票。在员工离开企业时，股票由华为控股工会回购。2008 年，华为实行饱和配股制，规定了员工的配股上限，给予新入职的员工更多配股机会和激励。2013 年，华为提出了时间单位计划（TUP），基于员工历史贡献和未来发展前途来确定奖金分配。TUP 的分配方式与股票期权计划类似，公司会根据员工已有的贡献和未来发展潜力，给员工分配一定比例的 TUP，允许所有员工分享公司发展的成果。华为不断变革员工持股计划，其最终目的是激励员工和筹集资金。华为实行员工持股制度，允许员工基于股份获得分红，从而将员工的利益与华为的命运紧密联系在一起。

第三，华为文化。

华为坚持“以奋斗者为本”的理念，奋斗者成为华为人的代名词。华为将内部员工分成普通员工和奋斗者两类。普通员工不需要考虑异地常住，不需要经常出差，当然也不可能有奋斗者的收入待遇。在华为，所有员工享受劳动者权益，如带薪年假、加班费、年终奖金、产假、陪产假等，奋斗者则享有不同的权益和分配体系。在任正非看来，华为人都是奋斗者，而奋斗者应享有高额奖金、分红、配股及更好的晋升通道。华为的激励机制也更倾向于这些奋斗者。

华为的狼性文化为公司塑造了一个公平竞争的环境，激励着华为的奋斗者们。华为创新性地将人岗分离，建立职能型薪酬体系。员工的报酬不完全取决于其资历、年龄或教育背景，而在于其对团队的贡献。一名普通的员工如果通过努力奋斗，超额完成目标，对公司做出较大贡献，即使原本是 13 级（本科毕业）薪资，也有可能拿到 23 级（总裁级别）奖金。“以奋斗者为本”是狼性文化的核心，华为从不以资历、年龄排辈，而是以员工奋斗的程度衡量其价值，公平的竞争环境让刚入职的年轻人更能发扬奋斗精神。基于“狼性文化”，华为采用新的管理方式，将工号、职位等作为工牌信息，以此提醒员工积极进取，获得靠前的工号，从而获得更多的股权与公司福利。这种做法打破了公司内部员工之间明显的层级划分，有利于选拔具有奉献精神的员工，向员工传递华为的理念是以“奋斗者为本”，不会让不劳而获者存在。华为的“狼性文化”为所有员工创造了一个公平竞争的平台，不问出身，只要奋斗，人人都能获得成功。

（3）沟通三原则

在华为，优秀的沟通能力是每位员工的必备能力。然而，华为在成立初期，常常因为内部沟通不到位，造成工作成果与预期目标不符。公司不得不进行调查以寻找原因，最终发现，问题的根源在于大多数项目经理接受领导分配的任务之后，不知道何时去做，何时完成，怎样去做，能做多少。他们习惯于接到任务后，什么都不想，而是埋头工作，不管他们理解的任务与领导分配的是否一致。

为此，华为制定了“沟通三原则”，即在适当的时间，将适当的信息，通过合适的渠道，发送给适当的利益相关方。为了保证信息沟通的顺畅，华为要求所有员工提前制订沟通计划，明确相关信息、沟通形式、信息传递时间和传递方式，并提供详细的时间表。由于人的记忆广度约为 7 个单位，华为遵守 7±2 原理，严格控制信息的传递量，使员工传递的信息不超出 7±2 个，从而达到好的沟通效果。

华为还建立了多维的信息和沟通渠道，及时从客户和供应商那里获取外部信息，在公司内部建立官方信息传送渠道，创建内部网站，让所有员工都可以通过互联网在心声社区自由交流。公司管理层通过日常会议定期与各级部门沟通，有效传递指导和管理信息，确保管理决策的有效实施。在华为，沟通不仅是一项工作技能，而且是影响团队绩效的关键因素之一。

【问题】

（1）根据领导特质论，什么样的特质造就了任正非走向成功？他的领导影响力来源有哪些？

（2）任正非的领导风格是怎样的？这种领导风格对于未来构建万物互联智能世界的华为还适用吗？为什么？

（3）列举华为有效激励员工的例子，分别运用需求层次论、双因素论、三种需要理论、期望理论来分析说明。

（4）华为内部将员工分成普通员工、奋斗者两类。他们分别属于哪种人性假设？具体说明在不同假设下应采取什么样的管理方式。

（5）华为的内部沟通是如何进行的？你认为这些沟通方式是否有效？

（6）你如何看待“华为的领袖不是选拔出来的，而是打出来的”这一观点？

华为——控制

华为从一个作坊式小企业发展成为全球领先的高新科技企业，离不开任正非卓越的管理才能。在华为，管理者一直在为确保产品质量、组织内部控制、客户服务体验及组织目标的实现而努力。

（1）质量控制

华为十分重视产品质量，但在发展初期，由于资金匮乏、技术限制，华为的产品与思科、朗讯等国际主流企业制造的产品在质量上存在较大差距。为此，华为通过实行全流程、全员与全面质量控制来提高质量。

华为曾发现一款手机因连接线和板子间的黏结而黑屏，当时几乎所有供应商都认为，这是目前行业技术水平限制所致。可是消费者不管是哪个环节的差错，都会认为是华为的手机有问题。于是，华为立即聘请了 3 位芬兰专家，对生产过程中的每一道工序及工艺参数进行详细分析，最终问题得以完美解决。在十分繁杂的手机制作材料中，仅黏合材料就有上百种，一旦出现问题，大多数公司会第一时间联系供应商，但华为却对每一种黏合材料的成分、特性做到了如指掌。华为为何如此“较真”呢？因为华为相信，要做一款手机，不能只是简单地将采购来的各类器件整合到一起，还要把产品的每一个环节“吃透”，每一个细微之处都有可能对产品质量产生重大的影响。华为在所有人都“看不到”的领域，投入了大量的人力和资源。也正是因为这种投入，华为手机在各个生产环节都能得到严格的质量控制。

正如《华为基本法》中提及的，质量是我们的自尊心。任正非进一步强调，决不能为了降低成本，忽略质量，否则那是自杀，或杀人。搞死自己是自杀，把大家都搞死了，是杀人。

（2）内部控制

为了加强内部控制，华为构建了公司的内控体系，设置了财经委员会、内控与风险管理部门、内部审计部三层防线，各个流程环环相扣，以有效应对各种风险。内控与风险管理部门主要针对全球所有业务流程定期开展风险评估，识别、管理与监控公司面临的重要风险，预测内外部环境变化对公司可能产生的潜在风险，提出公司整体的风险管理策略及应对方案并提交公司决策。各流程责任人则负责识别、评估与管控相关的业务风险，并采取相应的控制措施。

为了保证控制活动的有效性，华为任命了全球流程责任人。他们会针对每个流程识别业务控制关键点，并应用于各个区域、子公司和业务单元的控制过程。公司根据控制关键点，重点关注客户体验，对产品进行测试并发布测试报告，以改进用户体验，从而持续监督内部控制的有效性。此外，华为每年都会开展年度控制评估，全面评估流程整体设计及各业务单元流程执行的有效性。为了实现公司目标，华为建立了流程责任人定期沟通机制，以便他们能够及时收集与传递信息，跟进和落实内控问题并改进计划，快速做出纠偏决策。华为为加强内部信息沟通，所有业务政策和流程都会在公司内部网站上发布，各级管理者和流程责任人会定期组织业务流程和内控培训，确保所有员工及时获取信息。

华为重视公司监督制度的实施，设立了内部投诉渠道、调查机制与问责制度等，对各级流程责任人、区域管理者进行内部控制考核、问责及弹劾。各部门均有清晰的授权，并实行严格的问责机制。公司内部一旦发现问题，就会对前因后果进行分析，并对行政主管问责，使其承担相应的责任。内部控制管理部门要向公司首席财务官汇报内部控制缺陷和改进情况，协助其建设良好的内部控制环境。内部审计部门要对公司所有经营活动的控制状况进行独立的监督评估，公司高层会要求控制不力的流程责任人和业务管理者汇报原因，并及时提出改进计划。

【问题】

（1）华为分别采用了什么样的前馈控制、同期控制和反馈控制？请具体描述。

（2）请结合控制的基本过程，分析华为的内部控制体系。

（3）华为的信息沟通机制与监督实施保障措施是如何影响公司的控制的？是否有效？为什么？

（4）结合华为的控制关键点，说明有效控制的要求。

2.“格”新之路

格力——简介

“让世界爱上中国造”这句话不仅描述了珠海格力电器股份有限公司（以下简称格力）的目标，更体现了它的梦想与使命，承载着一种社会责任感与爱国情怀。格力从 1991 年成立至今，已发展成为集研发、生产、销售、服务于一体，兼具多元化和科技型的全球工业制造集团，覆盖家用电器和工业设备两大领域，产品远销 180 多个国家和地区，拥有 5 亿用户。格力作为电器行业的龙头企业，在其发展进程中，曾遇到了难以想象的挑战，但更是机遇。通过本案例，我们将从管理的计划、组织、领导和控制四个职能出发，来解读格力管理的成功之道。

（1）格力的前世今生

提起格力，人们就会想到董明珠，但格力的创始人并非董明珠，而是另一位灵魂人物——朱江洪。1988年，技术员出身的朱江洪出任冠雄塑胶厂厂长，当时该厂管理混乱，一直处于亏损状态。在工厂危难之际，朱江洪大胆改革，通过市场调研，发现电风扇销量很大，结构简单，容易投产。在他的带领下，工厂迅速进军该行业，第二年便扭亏为盈，赚了70万元。当时，朱江洪还兼任海利空调厂的厂长。1991年，海利空调厂濒临倒闭，于是朱江洪决定将冠雄塑胶厂和海利空调厂合并，成立了格力。

如果说朱江洪给了格力生命，那么董明珠则赋予了格力生命力。格力能取得今天的成绩，董明珠功不可没。1990年，董明珠初入海利珠海格力时，只是一位业务员，后来被派往安徽负责市场开发。在此期间，董明珠仅用40天的时间就将上一任业务员遗留的42万元债款成功追回，瞬间成为业界传奇人物，让朱江洪另眼相看。1994年，格力内部出现严重危机，大批销售人员和部分骨干业务员集体辞职，而董明珠却选择留下来，被推选为经营部部长。在此后11年的任职期间，她使格力的空调销售收入、产销量、市场占有率等年年位居全国第一。2012年，朱江洪辞去格力董事长一职，由董明珠接任，直至今日，都由董明珠担任格力集团董事长兼总裁。截至2021年，格力在董明珠这位“铁娘子”的率领下，连续16年保持家用空调市场占有率全球第一，成为全球空调行业的龙头企业。

格力在朱江洪任职期间（1991—2012年），主要经历了五个阶段：一是创业阶段（1991—1993年），抓产品，树形象；二是初期发展阶段（1994—1996年），抓质量，创名牌；三是壮大阶段（1997—2001年），抓市场，铸规模；四是国际化阶段（2002—2005年），抓管理，争销售；五是稳固发展阶段（2006–2012年），抓创新，创精品。

从1991年成立至今，格力品牌由1.0到5.0，进行了五次重大升级。[①]一是建立品牌1.0（制冷强大——格力电器，创造良机）。1994年，格力尽管处于蹒跚起步阶段，但开始意识到质量的重要性，于是从1995年开始狠抓质量，提出“出精品、创名牌、上规模、创世界一流水平”的质量方针，力争通过打造精品获得更高的知名度。二是发展品牌2.0（质量为王——好空调，格力造）。20世纪90年代末，格力依靠过硬的质量在消费者中树立了良好口碑，开始深化内部管理，健全各项制度，向管理现代化、科学化、规范化迈进。三是创新品牌3.0（科技领先——格力，掌握核心科技）。进入21世纪，格力不断转型升级，坚持走自主创新之路，牢牢掌握竞争和发展的主动权。四是实现品牌4.0（责任担当——格力让天空更蓝，大地更绿）。社会的进步和科技的发展越来越要求节能环保，走可持续发展之路。在发展进程中，格力不仅在研发和生产线上为节能减排和绿色生活贡献企业力量，而且在全国建立起绿色拆解基地，倾心打造循环经济。五是打造品牌5.0（服务世界——让世界爱上中国造），格力肩负起为中国这一大国命脉而战的使命，其志向是让中国自主品牌真正走向世界，带领中国制造、带着优质产品、携带高端技术、最终实现品牌走出去的目标，让格力的技术、产品服务于全世界，谱写出“让世界爱上中

① 珠海格力电器股份有限公司[EB/OL]. [2023-04-30]. https://www.gree.com/.

国造”的新篇章。

（2）公司概况

格力的主要业务范围如下。

空调：挂式空调（画时代、臻净风……）、柜式空调（格力·至尊、格力·金贝……）、特种空调（路享、格力移动空调、天井机）、家庭中央空调。

冰箱：家用冰箱、冰柜、酒柜。

洗衣机：滚筒洗衣机、波轮洗衣机、洗干一体机、干洗机。

热水器：空气能热水器、燃气热水器。

生活电器：洗碗机、抽油烟机、消毒柜、燃气灶、蒸烤机。

智能产品：智能家居、智能手机。

除了上述家用电器外，格力还涉猎商业中央空调、商业空气能热水器、商业饮水机、智能楼宇等。

格力现有员工近 9 万人，其中技术工人 3 万多人，研发人员近 1.6 万人，现有 16 个研究院、152 个研究所、1411 个实验室、1 个院士工作站。格力一直以来做到三个坚持——坚持创新驱动、坚持质量为先和坚持转型升级。截至 2021 年，格力实现营业总收入 1896.54 亿元，同比增长 11.24%；归属于上市公司股东的净利润 230.64 亿元，同比增长 4.01%；基本每股收益 4.04 元，同比增长 8.89%。[①]那么，格力是如何通过管理的 4 个职能使其在后疫情时代仍能取得如此可观的收益的？在接下来的格力连续案例中，你可以寻找到答案。

【问题】

（1）根据卡特兹的管理者三大技能理论，你认为什么管理技能对董明珠来说最重要？为什么？

（2）在格力品牌从 1.0 发展到 5.0 的过程中，哪些环境因素影响着格力的发展？

（3）格力“让世界爱上中国造”这一企业使命是如何影响其管理方式的？

（4）造就“铁娘子”董明珠成功的管理者素质和能力有哪些？

（5）访问格力电器和格力集团的官方网站，或者查阅相关资料，寻找董明珠扮演不同管理者角色的例子，并运用明茨伯格的管理者角色理论进行分析。

（6）质量、科技、责任、绿色、创新成就了今天的格力，这些要素对实现格力的目标有什么作用？格力业务的多元化对其管理者提出了哪些要求？

格力——计划

凡事预则立，不预则废。任何组织要想有效运行，都离不开计划。这些计划可能是中长期的战略性计划，也可能是短期的战术性或业务性计划。没有计划，管理者难以有

① 珠海格力电器股份有限公司[EB/OL]. [2023-04-30]. https://www.gree.com/.

效地进行组织、领导和控制。可见，格力取得的成就，还要归功于管理者持续不断地制订科学的计划，以及和员工一起实施这些计划。

（1）使命和价值观

格力的使命是：弘扬工业精神，掌握核心科技，追求完美质量，提供一流服务，让世界爱上中国造！在发展过程中，格力提出并向员工灌输 48 字核心价值观[①]，以推动格力不断向这一目标迈进。具体为：

- 少说空话，多干实事。
- 质量第一，顾客满意。
- 忠诚友善，勤奋进取。
- 诚信经营，多方共赢。
- 爱岗敬业，开拓创新。
- 遵纪守法，廉洁奉公。

（2）经营和服务理念

格力的经营理念是：一个没有创新的企业是没有灵魂的企业；一个没有核心技术的企业是没有脊梁的企业；一个没有精品的企业是没有未来的企业。[②]这时时刻刻提醒着格力人要持之以恒创新，要牢牢掌握科技，要努力打造精品。

格力的服务理念是：您的每一件小事都是格力的大事。这体现了格力以消费者为中心、以人为本的服务精神。

（3）公司目标

任何一个企业的发展都与其愿景和目标息息相关。格力的愿景和目标是缔造世界一流企业，成就格力百年品牌，即“让世界爱上中国造”。

为了让世界爱上中国造，格力持续创新，制定适合自身发展的战略目标，努力让格力产品进入广大消费者的视野。2022 年“6·18”的数据显示，格力在天猫和京东购物平台创下多个第一，具体有：格力类目零售第一；格力官方旗舰店空调类目第一；格力官方旗舰店访客数第一；云佳一级能效 1.5 匹空调天猫挂机类目第一；云逸一级能效 3 匹空调天猫柜机类目第一；格力空调销售额排名京东空调行业第一；格力空调访问数量排名京东空调行业第一；35 云佳一级能效空调销售额、访问量排名京东空调单品双第一；72 云逸一级能效空调销售额排名京东空调柜机单品第一。

日经社和格力官网统计发布，2021 年，格力家用空调全球市场占有率达 20.2%，再次登顶全球第一，连续 17 年蝉联冠军；而在国内市场，格力中央空调连续 10 年市场占有率全国第一。有目共睹的成绩背后，是格力不断突破自己，始终坚持科技创新。格力的研发经费“按需投入、不设上限”，仅 2018 年研发投入就达到 72.68 亿元。目前，格力拥有 35 项“国际领先”技术，累计授权专利 58302 项，其中发明专利 14883 项，发明专利授权量连续 5 年进入全国前十。正是由于坚持不断创新，牢牢掌握核心科技，格力

① 珠海格力电器股份有限公司[EB/OL]. [2023-04-30]. https://www.gree.com/.

② 珠海格力电器股份有限公司[EB/OL]. [2023-04-30]. https://www.gree.com/.

才有了现在的自主发展，也才有底气提出“让世界爱上中国造”和“格力电器到2023年销售收入实现6000亿元”的奋斗目标。

（4）公司战略

战略决策对企业形成核心竞争力至关重要。格力因其良好业绩和稳定分红深受投资者青睐，加上过硬的产品质量和我国巨大的空调市场需求，经过数十年的发展，格力在家电行业中已成长为千亿巨头。

近年来，格力空调在市场上的领先地位逐渐被美的超越。为保持市场竞争力，格力结合自身优势采取多元化战略。目前，格力业务已向家用消费品、新能源、再生资源、智能设备、半导体、精密模具和医疗健康等领域拓展。然而，格力的多元化之路并非一帆风顺。例如，从手机、芯片和新能源汽车三大领域的多元化来看，格力手机经济耐用的产品定位与实际的快消时尚形成冲突，在芯片领域由于其技术基础薄弱需要投入大量人力、物力、财力，再加上对银隆新能源的收购，格力颇受外界争议。但毋庸置疑的是，银隆储能电池和技术，对于格力落实国家节能减排、限电停产、可持续发展等目标任务都有积极作用。格力利用自身的光伏空调技术，促进了家庭能源互联网的形成、“光伏+储能”一体化的打造，以及“零碳”智能家居等相关业务的发展。2022年3月，格力推出了全国首台“光能直柔”800VDC 等级直流离心机组。如果它能够拥有先进的储能技术，则有望实现十年前董明珠提出的“不用电的空调”的目标。此外，格力的差异化创新更是让消费者眼前一亮。2022 年 5 月，“新轻厨套系厨电”正式上线，实现了从单品到套系、从体验到服务的全方位升级。具体包括一键即享“三菜一饭”的蒸烤双能机、极限大火力燃气灶、十年免清洗烟机、大洗力除菌洗碗机、全域养鲜冰箱、大通量净水机等多款精品厨电产品。在产品设计中，格力还融入了人性化和智能化因素，如适合中国厨房使用的“755”高度。①

格力自1991年成立以来，空调技术一直遥遥领先，完美的质量与一流的服务铸就了其核心竞争力，使其在我国空调市场独占鳌头，甚至领跑全球。尽管近年来格力的营业收入有所下滑，但其盈利能力仍处于行业领先水平。为响应“制造强国”“碳中和、碳达峰”等国家战略要求，格力坚持技术创新赋能，持续为中国制造业转型升级、提升国际市场话语权，为推动全球空调行业的节能减排做出了重要贡献。

【问题】

（1）为实现“让世界爱上中国造”的目标，格力做出了哪些决策？这些决策分别属于理性决策还是直觉决策？请解释说明。

（2）格力是否有必要实施多元化战略？它将多元化定位在小家电、手机、智能家居和新能源汽车上，是否符合格力自身的整体发展？为什么？

（3）未来格力在进军手机、智能家居和新能源汽车等产业时，应该如何做计划？

---

① 徐雨辰．“新轻厨”套系厨电惊艳亮相！格力电器差异化创新欲引领厨房升级新时代[J]．家用电器，2022(6)：80-81.

（4）“到 2023 年销售收入实现 6000 亿元”的目标对格力来说是否脱离实际？为什么？

（5）要想成功实现“让世界爱上中国造”这一目标，格力还需要在哪些方面做出努力？

（6）格力的多元化战略在实施中是如何体现企业的社会责任的？请举例说明。

格力——组织

当管理者从事组织工作时，首先需要决定做什么、怎么做以及由谁去做。组织设计作为组织工作中的关键环节，旨在为企业建立一个有效的组织结构。然而，不同的企业或同一个企业在不同时期需要不同的组织结构来适应外部环境。格力作为电器行业的千亿巨头，面对同行业的竞争和互联网时代带来的冲击，需不断寻求组织的变革与创新之路，通过组织结构的调整与变革来适应来自环境、技术、客户等的变化。

（1）组织结构

格力能够从近百家空调厂商中脱颖而出，还要归功于其有效的组织管理，部门之间高效协同、高度专业化的职能型组织结构助力了格力早期的发展。最初，由于格力组织结构层级较多，其产品不仅在生产过程中费工费时，还得不到消费者的认可。为此，格力精简组织层级，实行三级管理，即科室级（车间）、部门级（子公司和制造分厂）、公司级，确保基层员工能够快速接收到高层决策意见并有效执行。

格力各个部门分工明确，高度的专业化体现在纵横两个方向上。纵向专业化体现在格力要求业务人员对自己承担的工作负责，精于自己从事的专业。横向专业化，即格力坚持由部门牵头制定某项制度或开展某项工作，并通过建立三大研发组织体系——产品规划体系、研究开发体系和中间试验体系，来提高部门间的协同化水平。例如，企业研究院与技术部门就是研发组织的子体系。根据产品特点，它从不同部门抽调专业人员，按照技术研究、工艺技术、产品开发和管理技术四类常规型项目，形成以项目为核心的矩阵式团队。根据研发项目的级别，格力又进一步建立了三大类跨职能开发团队——轻量级团队、重量级团队和自主型团队。例如，2012 年，格力机电研究院组织试制分厂、检测中心、质控部等部门成立的自主型跨职能团队，就是专门解决机电研究院之前自主研发的 A 型号压缩机电机存在的较高定子不良率问题。

通过引进先进的工业物联网技术和信息技术，格力实现了高效的组织管理。例如，格力分别于 2006 年和 2017 年引进制造执行系统（MES）和高速排产系统（APS），帮助生产计划部直接将生产作业计划下发到车间，使车间作业计划自动排产。此外，格力引进的先进过程执行系统（PCS）、信息物理系统（CPS）、智能装备等技术，帮助企业实现了制造自动化，强化了车间执行权。

（2）权力制衡

格力致力于平衡部门与部门、部门与高层、子公司与总部三个层面的权力关系。为实现高度的集权管控，格力将职权集中在珠海总部，以总部为决策中心，将权力集中在高层。例如，企业的财务资金、发展战略规划等，决策权都在高层；总部对各生产基地的生产计划、物料采购、物流配送等实行统一管控，确保总部的战略规划与决策得到有效落实。格力的各销售公司被授予微调区域价格和制定区域销售策略的权力，格力的职能部门主要被授予日常管理的职权，如部门项目计划制订、财务预算、质量控制、人事考核等。

同时，格力强调分权制衡，以权制权。第一，涉及大额资金、重大项目和重要人事任免，需由所有高层领导共同商议决定。高层领导还需要做到“一岗双责”，即做到自省和监督同级其他领导。第二，要求相互制约的几个部门或工作人员共同完成某一项完整的业务活动。例如，物料外部采购就是由专业部门筛选分厂、业务部门采购中心和企管部组成的跨职能部门团队来完成。第三，部门内的科室设置也强调权力制衡。例如，总部采购中心下设八个科室，科室下面按照物料类型分成不同班组，对于每一种物料的采购又分为计划、开发、业务、商务、结算五项职能，但每一个班组并不同时拥有这五项职能，而是将每一种物料的职能分别设置在不同科室的班组中。例如，固件类物料的计划职能设在第六科室，业务职能设在第一科室，商务职能设在第三科室。

（3）自主培养格力人

对于员工的培养，格力一直强调自主培养。格力建立了“三自主”员工培养体系，由自主开发课程体系、自主建设讲师队伍和自主搭建学习平台组成。自主开发课程体系覆盖全员，针对中层干部、储备干部、科室主管、班组长设置了“金字塔式”的培训课程体系，如针对主管人员，采用“训前导入—理论教学—案例研讨—行动巩固”的综合培训体系。自主建设讲师队伍通过内外部招聘、多元化培训、项目制选拔和发展性评级考核等多种方式选拔，如通过举办“智造传承——格力好讲师”大赛等方式选拔优秀讲师。自主搭建学习平台搭建了“掌上通”，集家用、商用及生活电器于一体的售后技术微课程视频库。对于一线新员工，采取“2＋2”（理论—实操、技能—意识）的标准化培训模式。另外，格力专门针对大学生群体建立了“6-1-3”（6个月、1年、3年）培训机制，帮助初入社会的大学生既平稳又快速地适应企业节奏，最终培养出认同格力文化、忠于格力的格力人。

（4）打造学习型组织

对于学习型组织的建设，格力一直非常重视，主要通过“4＋2”来实现，也就是促进“四个提高”和提供“两个保障”。①

①促进“四个提高”：改善员工心智、实现自我超越、形成文化共识、增强团队力量。第一，格力通过开展各项有效的学习活动，改善员工心智。例如，不定期举办知识竞赛“格力·我是全能王”；又如，“宝忠切片机”主要讲述的是员工张宝忠自进入格力后，从一名只有高中学历的普通保修员，成长为拥有国家专利、掌握机械设计软件和程序的技术骨干，他表示，在格力，只要肯干、肯学，公司都全力支持。第二，格力通过开展专题研究、主题发言等讨论，召开干部会议，进行述职报告，以明确各层级的目标，实

① 张振刚. 格力模式[M]. 北京：机械工业出版社，2019：142-155.

现格力人对自我的超越。第三，格力通过开展入职教育、军营年会、树立标杆等形式的学习活动，促进员工对组织文化的认同。例如，董明珠向新入职的大学毕业生提出敢于承担责任、勇于挑战自我、为成就格力百年世界品牌的美好愿景而奋斗的要求。第四，格力通过建立跨职能团队和开展定期例会，凝聚团队力量。例如，在产品创意初始阶段，产品策划方案由商技部或家技部、工艺部和工业设计中心等跨职能部门组成的策划团队提出。

②提供“两个保障”：平台保障和制度保障。一方面，格力提供了强大的平台保障，即构建了丰富的格力知识库。例如，格力对于完成开发的每一项新产品，都会将对应的技术标准归档到技术标准平台；对于每一个失败案例，也会形成分析报告存入知识库；对于不定期邀请的外部院士、专家或者企业内部的高级讲师的重要讲话或者培训内容，也会进行记录作为格力数据库的知识积累。另一方面，格力提供了一系列制度保障。例如，格力在所建立的全员参与创新发展机制中，制定提案和推进并行奖励制度；在企业培训机制中，为员工提供入职、在岗、关键岗位、素质拓展等各项培训和学习机会；在知识管理考核机制中，鼓励员工通过应聘内部培训讲师，将自己的经验、知识、技能与大家分享交流；在员工激励机制中，在管理创新、科技进步、合理化建议等方面设置奖项，开展评选“创新标兵”“希望之星”“金牌员工”等活动。

【问题】

（1）美国资深管理顾问阿迪济斯认为：先有策略再有结构，错。策略要由结构中各式各样的人来决定与落实。你同意这一观点吗？请给出理由。

（2）组织设计的六要素在格力是如何体现的？

（3）格力采用的部门化方式有哪些？跨职能团队为什么会成为当今组织部门化的趋势？

（4）格力的权力制衡能否使组织有效？为什么？请举例说明。

（5）格力的正规化体现在哪里？请举例说明。

（6）访问格力官方网站，结合案例中的材料，说明格力目前采用的是什么组织结构类型，画出其组织结构图。

（7）格力是如何打造学习型组织的？请具体说明。

格力——领导

兵无将而不动，蛇无头而不行。显然，领导职能在管理工作中是非常重要的职能。正如约翰·科特所言，当人类迈向21世纪的时候，我们最缺的不是管理者，而是领导者。可以说，领导者的水平直接关乎一个组织的生存与发展。事实也是如此，董明珠“铁娘子”式的领导风格和格力推行的有效激励机制，一直激励着格力员工为实现其目标与愿景努力工作，追求卓越。这使格力从一个名不见经传的小作坊，在经历负债累累、濒临倒闭，甚至险些被收购后，转而走向世界并成为拥有千亿资产的行业龙头。

（1）“铁娘子”董明珠

在员工心目中，董明珠是一个霸道、严厉的人。她不仅对身边的人铁面无情，而且对自己也够狠。她在格力当业务员的时候，有一次骨裂了还坚持跑业务。她曾因为觉得一个女人在火车上吃东西不好看，而一整天都没吃东西。后来，董明珠在担任格力经营部长时，便立下规矩：上班时间不准吃东西，一旦发现，第一次罚 50 元，第二次罚 100 元，第三次直接走人。只要有人违反规定，董明珠就会毫不留情地予以处理。在董明珠看来：只要违反规定，再小的事，都是大事，都要管到底。当她发现社会对格力招聘评价很“黑”时，便立即辞退了办事不力的招聘组管理人员。

董明珠的亲哥哥找她帮忙时，铁面无私的她竟毫不犹豫拒绝了他的关系订单，使得此后 20 多年她的哥哥与她如同水火不容的仇人。董明珠做事一向独断专行。格力曾引进了一位毕业于我国名牌大学制冷专业的博士后，因其以权谋私，不把心思放在技术创新上，董明珠不顾组织成员的反对果断将其辞退。尽管这一举动使格力可能面临失去创新技术这一招牌的窘境，但董明珠依然坚信自己追求的创新并不只是一个标签，而是真正的技术。

董明珠更是一个严于律己、以身作则的人。她第一次跑业务时，几天顾不上吃喝，结果累得直接晕倒。医生劝她卧床休息，她却担心耽误工作，第二天又开始四处奔走。董明珠被派往安徽工作的时候，前任业务员留下了一个经销商拖欠 42 万元货款的问题，她硬是让对方公司把货物退了回来。之后，董明珠被派往南京工作，刚到不久就签下 200 万元的单子。仅一年时间，她的个人销售额就飙升到 3650 万元。除了提高销售额，她还强硬地立下规矩解决拖欠货款的问题——凡拖欠货款的经销商一律停止发货，要求其补足货款，先交钱再提货。在接受《北京时间》采访时，董明珠公开谈道：绝对不允许自己犯错，如果犯了错，自己开除自己。

董明珠在格力的每一天，都在“斗争”。与经销商“斗”，同安徽的一个经销商周旋 40 多天追回 42 万元货款，随后便推行“先款后货”的策略，以解决格力三角债问题；与员工“斗”，规定员工上班时间不准吃东西，即使离下班只剩几秒也不准吃东西，一旦被发现要罚款；与资本“斗”，极力反对格力被美国开利集团收购，力保格力作为民族企业独立生存；与小米“斗”，以 10 亿元作为格力在五年内的营业额不会被小米超过的赌注，证明实体制造业依然强盛。她将“斗争”作为管理信条，认为工作中没有柔情可言，和谐是斗争出来的，女性领导并不是靠亲和力就能够解决问题的。有人说，董明珠走过的路“寸草不生”。正是她所展现出的独特女性领导魅力，带领格力不断打破自己创造的行业纪录，一次又一次拔高行业标准——整机六年免费包修、变频空调一年免费包换、变频空调两年包换、家用空调六年免费保修、家用空调十年包修。

为了让格力在中国家喻户晓，“让世界爱上中国造”，2015 年，董明珠取消巨星成龙作为企业的形象代言人，亲自为格力代言。时至今日，正是她与格力的形象交相辉映，广告语“让世界爱上中国造”“让天空更蓝，大地更绿”的格力社会责任形象更加深入人心。

（2）激励员工

建立民主、平等的人才晋升机制，是格力激发员工全员创新的重要举措。格力一直坚持不聘请外部专家，而是将机会留给每一位格力员工。为此，格力建立了一套完整的“选、育、留、任”创新人才自主培养机制。目前，格力内部已培养出 8000 多名创新技术人才，平均年龄仅 29 岁，他们成为行业技术的领军人物。格力内部绝大多数的技术骨干、中层乃至高层领导都来自基层。

在物质激励方面，格力每年都会开展科技进步奖评选活动，奖金高达 100 万元。格力还鼓励员工建言献策，对于员工提出的创新工艺技术建议，都会给予丰厚奖励。不仅如此，董明珠的情感关怀也深入人心。2018 年，董明珠对 8 万名员工公开承诺，只要是格力员工，一人一套房。她坦言“80 后”已经当家，上有老下有小，如果每天都在为房贷发愁，背负巨大的压力，怎么会幸福？如果不幸福，又如何全身心投入工作，为格力创造价值？董明珠也的确在兑现这一承诺。2021 年，格力分房行动已初步落实了 3700 套。这种给予全员丰厚物质激励的做法及公平晋升的机制，有效激发了员工为格力努力做出贡献的积极性。

董明珠深知：保持创新力的关键不仅在于拥有先进的技术，更重要的是创新型人才的培养。在董明珠看来，高薪挖来的专家无法做到对格力付出全部感情，而格力内部培养的员工，是与格力一起成长的，是舍不得走的。为此，格力建立了一系列的人才培养管理制度，如先后建设了 16 所研究院，设定科研投入经费无上限，联手德国达姆施塔特大学共建中德学院，以培养国际化创新型人才，使其成为中国制造领域的西点军校。

员工需要激励，高层领导者同样需要，为此格力推出了一系列专门针对高层管理者的股权激励方案。2005 年，格力集团承诺，划出所持有的 2639 万股股份，用于格力电器管理层股权激励计划的实施。2009 年，格力集团再次划转 1604.25 万股股份，对格力 6 名高管、1053 名业务骨干、中层干部等进行股权激励。到 2019 年，格力将这一股权激励的范围扩大到上万名员工，但不尽如人意的是，此时其股价反而有所下降。即便如此，董明珠还是处处为员工着想，各种福利与激励政策层出不穷。奖金、涨薪、培训、分房，这使她在大众眼中成为既坚持“狼性”又坚持“人性”的企业领袖之典范。

【问题】

（1）根据领导特质论，董明珠的领导特质有哪些？是什么特质助力她走向成功的？

（2）董明珠的管理信条是斗争。她强调：工作中没有柔情可言，和谐是斗争出来的，女性领导并不是靠亲和力就能够解决问题的。请谈谈你对这一观点的理解。

（3）董明珠让每人都有一套房子的分房计划尽显铁娘子的“至柔”一面，这与她独断专行的“至刚”一面形成了鲜明对照。你如何解释“铁娘子”的刚柔并济？

（4）根据菲德勒权变模型，说明董明珠的领导方式属于哪种类型。该领导方式是否有效？为什么？

（5）格力对员工采用了哪些激励措施？这些措施为什么有效？请运用相关激励理论加以分析。

（6）董明珠谈道：格力内部培养的员工，是与格力一起成长的，是舍不得走的。对于格力这一人才培养价值理念，请运用相关激励理论予以分析说明。

（7）2019年格力电器股价下降，此时格力推出大规模的员工股权激励，你认为利大于弊，还是弊大于利？请说明理由。

（8）格力是如何履行“让天空更蓝，大地更绿”的企业承诺的？

格力——控制

好空调，格力造。格力从成立初期一直追求高质量，连续16年，家用空调市场占有率稳居全球第一。那么，格力是如何控制其产品质量的呢？它采取了哪些有效的控制策略呢？

（1）质控“四重奏”

格力质控“四重奏”（质量技术创新循环，D-CTFP）是一种解决质量问题的闭环管理方法，包括顾客需求引领、检测技术驱动、失效机理研究和过程系统优化四个环节。该方法是由董明珠在2016年韩国举办的全球制造和质量创新大会上首次公开提出的。

第一，顾客需求引领。格力始终认为，对质量问题仁慈就是对消费者残忍，消费者的每一件小事都是格力的大事。格力坚持顾客需求引领，将客户分为内部客户和外部客户。对于内部客户（从研发、采购、制造到服务的所有下游工序商户），格力严格控制成本、检验和运输安全等方面的需求，如产品从设计、样机到投产，格力严格控制“立项—方案—样机—确认”的4道评审的研发质量管控流程；对于外部客户（经销商、消费者等），格力主要从产品基础功能、外观、可靠性和性价比等方面满足其需求，建立顾客实时反馈信息系统。例如，在上百万台风冷多联机空调上安装GPRS通信模块，利用智能技术收集空调运行数据。

第二，检测技术驱动。格力一直坚持自主研发，现已拥有一批自主知识产权的质量控制技术，形成了领先行业水平的质量检测技术系统。例如：格力在入场零部件检测系统中明确要求，对重要核心零部件，筛选分厂需要进行全检；在整机质量检测系统中，自主研发出的整机质量检测技术体系，利用系统仿真技术实现了对整个产品开发过程的全面仿真，包括空调零部件选型、试验、生产、运输等。

第三，失效机理研究。格力的筛选分厂厂长经常提到“魔鬼都藏在细节里”。在格力质控“四重奏”中，失效机理研究作为核心环节，关键在于对发生的质量事故追根溯源，找到问题产生的原因。例如，某次客户投诉格力出口海外的产品外包装印刷字体褪色。格力工作人员经过调查，发现空调在存放和运输的过程中，由于太阳暴晒，商标褪色，为此，格力专门成立研究小组，研究油墨经暴晒后褪色的内在原因和解决办法，开发出一种防止褪色的印刷油墨。这种失效机理研究为格力解决质量问题奠定了一定基础。

第四，过程系统优化。为避免相同的质量问题反复出现，格力在技术和管理上进一步优化过程系统。一方面，将研发过程中的经验由“隐性知识”转变为“显性知识”，即将知识文本化，供企业内部学习、交流和传承，并通过台账纠错系统将相关失败和成功的案例智能推送给研发人员；另一方面，对于产品质量或售后问题，开展管理创新，优化管控流程，并通过专利或标准的形式加以强化。例如，格力在降低空调系统制冷剂泄漏的售后故障率项目中，研究出一种静置检漏方法，发明了一种更可靠的焊接保护装置，并改进了管理流程。最终，这个项目为格力新增 9 项国家专利技术、9 项工艺质量技术标准和 1 项设计规范标准。

（2）全面质量控制

格力的全面质量控制体系，即“一核四纵五横”质量控制体系（见图 4.9），造就了其完美的质量管理模式。“一核”指格力的质量理念体系，即追求完美质量的核心理念，人人都是质检员的全员质控原则，以及完美质量是斗争出来的质量斗争哲学；“四纵”指格力的质量活动体系，涉及研发设计、零部件采购、生产过程和客户服务四个环节的全面质量控制过程；“五横”指格力的质量支撑体系，具体包括技术基础、标准规范、制度体系、信息系统和组织保障五方面。

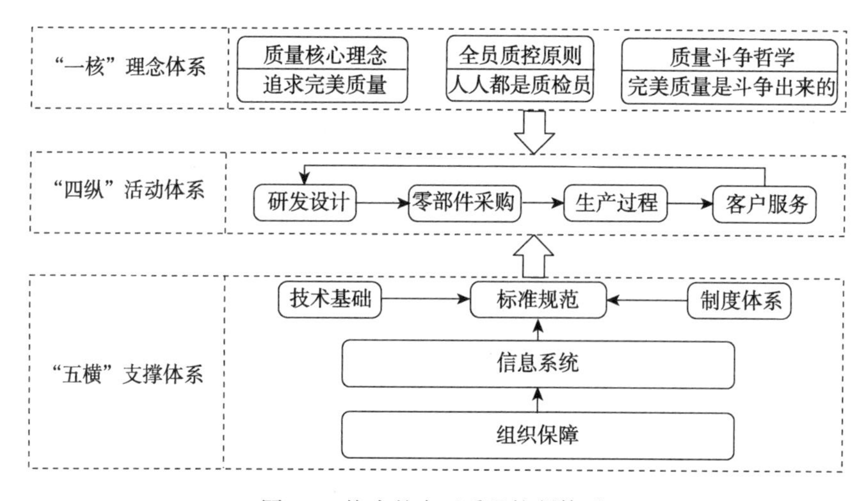

图 4.9　格力的全面质量控制体系

格力对于质量的严格把控，还得追溯到企业发展早期。朱江洪在意大利考察时，遇到客户投诉格力空调噪声大，后来才发现是工人在安装空调时未将空调里面的小海绵粘贴牢固。有一次，格力将窗式空调成品从珠海运输抵达厦门，落地检查时发现近一半铜管完全脱落。为此，朱江洪签署了《格力电器总经理令（第一号）》，即《总裁 12 条禁令》，并制定了“八严方针”，即严格的制度、严谨的设计、严肃的工艺、严厉的标准、严密的服务、严明的教育、严正的考核、严重的处罚。在颁布禁令的同时，朱江洪成立质量督查组，亲自担任组长，被员工们戏称“质量宪兵队”。对于质量不合格的空调产品，他要求质控部用大锤砸烂，挂在门口，以示警醒。这些举措为格力卓越的质量管理全方位保驾护航。

（3）采购流程管控。

对于采购流程，格力遵循“按质、按价、按时、按量”的原则进行严格管控，利用三权结构形成防腐约束机制，确保采购过程公平、公正、公开。三权结构是指企业管理部、筛选分厂、物资采购中心三者分开运作、共同开发、互相监督的模式结构。其中，企业管理部负责考核评估供应商资质，筛选分厂负责检查筛选供应商提供的零部件和样品质量，物资采购中心负责收集供应商资料和提供采购样品。在供应商选择过程中，格力会对供应商的质量保障能力进行分类评价，具体涉及检验手段、过程控制和检验标准等。同时，格力也会考虑合作伙伴的类型、程度，以及自身需求，评判双方互补性，从而根据综合评价结果选择合适的供应商。

格力通过四项协议建立防腐约束机制，确保有效监督供应环节。格力通过与合作供应商签订四项协议——《产品协议》《供货协议》《廉政协议》和《质量保证协议》，保证了供货质量。据了解，在合作初期，格力只会与供应商签订少量订单，等到确定供应商供货质量和供货能力满足要求后，才开始签订大单。为了确保供应商的供货质量，格力对供应商采取分级管理，进行动态评级，对供应商进行日常考核，实行季度和年度评级。如果供应商的质量评分从 A 级或 B 级降到 C 级或 D 级，就会对其限制采购规模。格力还对供应商实行总经理质量背书制，除了要求供应商召开常规的质量报告会外，对于某一批次供货中出现的重大质量问题，会要求供应单位的总经理亲自到格力进行背书，以军令状的形式明确以何种方式在何时达到质量要求，并且白纸黑字写下来，成为《质量保证协议》的补充协议。格力还对供应商实施负面清单制度，即对于多次出现质量异常的供应商，先对其提出整改要求，如果被多次警告仍整改不到位，则列入黑名单，将其淘汰。

对于优秀的供应商，格力则采取多种激励方式。例如，帮助他们成立质量管理小组，确保反馈的质量问题得到及时有效的解决，以提高供应商供货质量；与长期合作的供应商共享交流检测标准，帮助其提升技术水平，如格力将远高于国家标准的空调启动电容的企业标准共享给某供应商，形成新的合作标准，使供应商的电容技术得到快速提升，成为行业佼佼者。格力甚至将自主研发的真空绕组检测一系列成套设备提供给生产空调压缩机的供应商，极大地降低了因漆包线老化带来的压缩机故障率。除此之外，格力专门对供应商的质控人员开展定期培训，帮助他们提升质量管理能力。

【问题】

（1）格力在“追求完美质量”的过程中，采用了哪些控制类型？请举例说明。

（2）请从控制过程的三步骤出发，说明格力质控“四重奏”的科学合理性。

（3）格力控制的关键点有哪些？请结合“一核四纵五横”质量控制体系进行分析。该体系是如何体现有效控制要求的？

（4）为保证产品质量，格力采取了哪些有效的控制标准？

（5）在上述案例中，格力采购控制的有效性体现在哪些方面？请具体说明。

（6）朱江洪颁发的《总裁 12 条禁令》和“八严方针”，体现格力采用了哪些控制方式？在实现企业目标的过程中，它们起到了什么作用？

3. 腾飞的企鹅

腾讯——简介

20 世纪末，腾讯以 QQ 企鹅的形象迅速进入大众的视野。此后，腾讯不断创新，推出的产品层出不穷，几乎覆盖我们工作生活的方方面面。腾讯一直以来坚持“用户为本，科技向善”的愿景和使命，以超前的思想、科学的决策、缜密的计划及有力的组织，完成了一次又一次的蜕变，成为国内互联网巨头之一，其业务遍及通信、媒体、金融、教育、娱乐、云服务等领域，公司市值约 2.9 万亿元。那么，腾讯是如何从一只小企鹅一跃成为国内互联网领头雁的呢？让我们一起走进腾讯的世界，从中感受管理的魅力。

（1）起步与发展

马化腾中学就读于深圳，1989 年参加高考，后被深圳大学计算机专业录取。他精通 C 语言，而且拥有远超同龄人的经商头脑。大三学期末，他因自创股票分析系统赚取了人生第一桶金。在人均月工资不到 500 元的年代，他却以出色的专业才能与敏锐的市场嗅觉赚取了整整 5 万元。毕业后，马化腾进入一家 BP 机公司工作，成为一名普通的程序员。没过两年，随着互联网的兴起，马化腾逐渐感受到网络世界的魅力，毅然决然从原公司辞职，和同学一起走上创业之路。

（2）如何创业

马化腾原先计划将 BP 机与互联网相结合，研发互联网寻呼系统。不幸的是，1998 年正是 BP 机没落、手机即将兴起的时代，这个创业产品并不受欢迎。当时有一款非常流行的软件，叫作 ICQ，可以实现在线聊天和传输文件，世界各地皆有开发者。马化腾等人在广州电信公布的开发招标书上嗅到了聊天系统的商机后，毫不迟疑，立即着手开发了即时通信系统 OICQ。虽然最后与中标失之交臂，但这却是他们开始运营 OICQ 的动因。马化腾与其他创始人共同制订了腾讯未来三年的两大计划：一是公司人数从 5 人增加到 18 人；二是努力运营 OICQ。那时候，所有人都以为有 10 万人注册已是系统极限，于是仅设置了五位数的 QQ 号。

1999 年 2 月 10 日，QQ 上线。上线后，马化腾并未止步于维护原有系统。为适应当时国内的网吧文化，马化腾一次又一次迭代产品，不断修复完善，开发出许多全新的功能，使腾讯在众多即时通信系统中活了下来，并脱颖而出。截至 1999 年年底，QQ 便拥有了几千万用户，提前且超额完成公司计划。

（3）如何活下来

腾讯在创业伊始并不尽如人意。用户量的激增导致服务器一次次濒临极限，马化腾等人只好将资金用于维护更加优质的服务器。公司不断烧钱，却少有盈利。1999 年年底，腾讯的资金仅剩 1 万元。2000 年，腾讯处于生死存亡之际。此时正是互联网行业投资蒸蒸日上之时，马化腾等人舍不得将腾讯完全出售，希望保留一定的公司控制权，于是他们四处寻找风投，最后狠心让出 40%的股份，成功拿到 IDG 和盈科的投资。很快，股市泡沫破灭，这对互联网企业来说是致命一击。幸好马化腾等人已提前拿到投资，这才平稳地渡过这次股市寒冬。

2000 年，QQ 用户突破 1 亿大关。腾讯终于活了下来，此刻，它最大的困扰是如何盈利。真正让这只企鹅开始蹒跚学步的是“移动梦网”计划。腾讯与中国移动合作了“移动 QQ”业务，一毛钱的短信费用与昂贵的通话费用形成鲜明对比。2001 年 3 月，“移动 QQ”单月短信发送量达到 3000 万条。截至 2001 年年末，腾讯的营业额达到近 5000 万元，净利润突破 1000 万元。

（4）如何扩大

从原本只有几个人的小公司到突然涌入大批人才，腾讯因此进行了组织结构的调整。然而，仅仅拥有“移动 QQ”短信业务，还不足以让腾讯腾飞。如何才能让 QQ 这个免费聊天软件实现持续盈利？腾讯独辟蹊径，设计出一个庞大的网络虚拟世界，给大家创造现实以外的社交空间，供大家交流娱乐。Q 币、QQ 秀、QQ 空间会员等一系列产品是许多人的童年回忆。正是这些收费产品的推出，让腾讯的月收入直达上千万美元，并成功在香港交易所挂牌上市。

腾讯经历了 MSN 大战、游戏大战、3Q 大战，并非每一场战役都打得非常漂亮，但一次次的磨炼使得腾讯愈战愈强。2011 年，腾讯推出微信，随后推出朋友圈、公众号及小程序。腾讯不断利用自己的奇思妙想，创造新的产品，在互联网这个行业逐步站稳脚跟，成为中国互联网公司三大巨头之一。马化腾说：“互联网真是个神奇的东西，在它的推动下，整个人类社会都变成了一个妙趣无穷的实验室。我们这一代人，每个人都是这个伟大实验的设计师和参与者，这个实验值得我们屏气凝神，心怀敬畏，全情投入。”①

（5）公司概况

腾讯的业务主要分为 To B 和 To C 两大部分。

第一部分：To B。

通信社交：微信、QQ、QQ 空间。

数字内容：腾讯游戏、腾讯视频、腾讯影业、微视、腾讯新闻、腾讯体育、腾讯动漫、腾讯音乐娱乐、阅文集团、腾讯电信。

金融科技服务：微信支付、QQ 钱包、理财通、信用卡还款、手机充值、乘车码、微信香港钱包、微信马来西亚钱包、腾讯区块链、腾讯自选股、退税通、财付通商企付。

工具：腾讯手机管家、腾讯电脑管家、QQ 浏览器、腾讯地图、应用宝、QQ 邮箱、微信小程序。

---

① 腾讯是怎么长大的. 杭州：杭州蓝狮子文化创意有限公司[EB/OL]. [2023-04-30]. https://weread.qq.com/web/bookDetail/b0e329705ce912b0e7fc4c1.

第二部分：To C。

腾讯广告：大数据营销平台，提供一体化数字化营销方案。

腾讯云：云产品与云服务，将云计算、大数据、人工智能、物联网、安全等先进技术与智慧产业业务场景相结合，同时面向金融、教育、医疗、零售、工业、交通、能源、广电等领域，打造全面的智慧行业解决方案。

智慧产业：腾讯作为“数字化助手”，利用云、人工智能、大数据分析、安全、支付、小程序、基于位置的服务（location based services，LBS）等多种前沿互联网平台服务与技术，帮助各行各业进行数字化升级，打造智慧产业方案。

腾讯的通信和社交服务平台已遍布全球,其技术创新每天都在帮助数十亿人改善生活品质。腾讯未来将继续连接世界，建立百万级服务器规模的大型数据中心，在云计算、人工智能、区块链等领域深耕，推动可持续社会价值创新之路。目前，腾讯已在北京、上海、广州、成都等多个城市设立分公司，吸引了 40 多个国家和地区的人才。腾讯 2021 年年报显示，其资产总额达 16123 亿元，总收入达 5601 亿元，相较 2020 年同比增长 16%，经营盈利达 1595 亿元，同比增长 7%。2021 年，腾讯员工数量达 68226 人，同比增长 33%。

【问题】

1. 请根据明茨伯格的管理者角色理论，举例说明马化腾扮演了哪些管理角色。马化腾从 BP 机公司一名普通的员工成为腾讯的首席执行官，这两个角色有何不同？

2. 马化腾什么样的管理技能造就了腾讯这只企鹅的腾飞？请结合卡特兹的三大技能理论进行分析。

3. 马化腾说：“整个人类社会都变成了一个妙趣无穷的实验室。每个人都是这个伟大实验的设计师和参与者……”请结合管理的基本特征，谈谈你对这句话的理解。

4. 从创业、活下来、扩大，到腾讯帝国的创立，腾讯面临什么样的环境？这些环境因素对于腾讯开展管理活动有何影响？管理者又是如何应对的？

腾讯——计划

计划是管理的宪法，组织内部各个层次的管理活动都需要计划。马化腾是一个谦逊而谨慎的人，未来每一步都在他的计划中稳步前行。俗话说：“不打无准备之仗，方能立于不败之地。”一个组织只有做出长远的计划，才能有效地实现目标。

（1）公司愿景和价值观

腾讯的愿景是：用户为本、科技向善，即一切以用户价值为依归，将社会责任融入产品及服务之中；推动科技创新与文化传承，助力各行各业升级，促进社会的可持续发展。[①]在腾讯总部大楼的二楼展示着几种动物标本，分别是长颈鹿、海燕、犀牛、犀牛鸟

① 腾讯官网[EB/OL]. [2023-04-30]. https://www.tencent.com/zh-cn/index.html.

和鹦鹉螺。这些栩栩如生的动物标本代表着腾讯一直坚守的价值观，腾讯员工高度认同公司的价值观，并朝着公司的目标奋力前行。

长颈鹿象征正直：长颈鹿的脖子长而直。

海燕象征进取：不惧困难，勇往直前，迎接挑战。

犀牛与犀牛鸟象征协作：两者在自然环境中形成相互协助的生存关系，开放协同，持续进化。

鹦鹉螺象征创新：鹦鹉螺初生时不会上浮，在生长过程中螺仓逐渐变多，成年鹦鹉螺便可利用对螺仓充气的方式浮出海面。①

马化腾十分看重员工的价值观与公司的契合度。2017 年 12 月 6 日，全球财富论坛上，《财富》杂志执行主编亚当·拉辛斯基问及腾讯公司的价值观时，马化腾表示，他们一直在寻求与腾讯价值观一致的经理人和投资者。腾讯最看重的是人品，如果员工人品存在瑕疵，哪怕能力再强，腾讯也不会录用。

（2）公司目标

腾讯的终极目标是连接一切，成为各领域的数字化助手，扮演好“连接器”的角色，将重点放在发展云计算、大数据、物联网等基础能力上，从连接人、服务及设备，到连接企业及未来科技，形成共赢的产业生态。其主要目标包括以下几点。

人工智能目标：借助互联网服务提升人们的生活品质，持续开展基础与应用研究，致力于提高人工智能科技能力，并将其运用于惠泽人类的产品与服务中。

前沿科技目标：基于已有的创新科技研发矩阵，打造面向未来的科技引擎，使技术创新能造福广大消费者，并在农业、工业、零售、医疗等领域得到应用。

未来探索目标：创造一个更有生命力的自然生态系统。与合作伙伴共同探讨未来，致力于开发新科技，以解决诸如粮食、能源和水资源管理等重大全球性问题。

2021 年，腾讯发布了新战略——扎根消费互联网，拥抱产业互联网，推动可持续社会价值创新。为了实现这些目标，腾讯投入了 500 亿元作为首期资金，让员工们有研发的成长空间，推动各项业务发展。

（3）公司战略

第一，用户至上战略——企鹅孵化。

腾讯成立之初并没有发布明确的战略，但马化腾会找大家商讨确定公司长远的发展方向。马化腾一度被腾讯员工誉为“最佳产品体验官”。他会亲自试用每个产品，站在用户的角度，以普通网民的身份对产品提出建议。马化腾认为，腾讯起家的关键是以用户价值为依归，用户和员工是腾讯的两条生命线。

从电脑 QQ 到手机 QQ，是腾讯从 PC 端向移动端转型的重大变革。再到后来的腾讯网、各大游戏、微信等诸多应用，腾讯在站稳脚跟之前有许多产品作为铺垫，将用户奉为最高级客户，使员工在设计产品时上下一心。这才有了今天的腾讯。

第二，在线生活战略——企鹅学步。

---

① 腾讯人力资源管理[EB/OL]. [2023-04-30]. https://weread.qq.com/web/bookReview/list?bookId= c1532be0716f051ec151f42.

由于与中国移动在梦网项目上有冲突，马化腾的“虚拟电信运营商”计划中途夭折。为了让腾讯活下去，马化腾只能重返互联网，进行战略转型。2005年，腾讯有了首席战略投资官——刘炽平。马化腾、刘炽平二人经多次商讨认为，腾讯的核心竞争力在于掌握了人际关系网络，向用户提供各种在线生活服务，这也许是一条走得通的道路。同年8月，马化腾首次在媒体面前公布了腾讯开启移动世界的新战略主张。腾讯希望能够全方位地满足人们对在线生活不同层次的需求，希望自己的产品和服务像水和电一样融入人们的生活当中。

腾讯制定了“在线生活”的战略目标后，开始设计新的企业标识并重新定位。无论是研发、运营，还是公关、行政，所有的腾讯人齐心协力，对“在线生活”的概念，统一解读，统一传播。“在线生活”一词的出现，为中国的互联网企业提供了一种前所未有的视角，腾讯也因此取得多项辉煌成就。但与此同时，外界有人认为“在线生活”策略的覆盖面太广，削减了传统企业战略理念中的“竞争优势”，对这一战略并不十分认同。

第三，连接一切战略——企鹅成长。

如果说腾讯曾经的梦想是建立一站式的在线生活平台，那么现在就是一起打造没有疆界、开放共享的互联网新生态。2011年6月15日，腾讯召开“开放共赢，成就梦想——腾讯合作伙伴大会”，旨在建立一个最大、最成功的开放平台，帮助所有合作伙伴重建一个腾讯。2013年11月，腾讯正式发布“连接一切”战略，标志着腾讯整体战略的又一次重大变化。在随后的几年中，“连接一切”成为腾讯的关键词。2015年，政府工作报告提出了“互联网+”行动计划。在马化腾看来，网络的本质就是连接，腾讯拥有这种“连接力”，可以用“互联网+”的方式去“连接一切”。于是，腾讯在各方面进行战略部署，拓展其连接能力，以此推动网络的扩展。马化腾坦言，他喜欢自留“半条命”这个说法，把另外“半条命”交给合作伙伴。腾讯一直在减少自己的业务，主要集中在社交网络平台和游戏等最为核心的业务上，其他的业务都交由合作伙伴来处理。腾讯将合作伙伴作为与用户、员工同样重要的第三条生命线，努力将自己打造成一个共享共赢、没有边界的生态型组织。在此期间，腾讯在行业上做加法，努力实现衣食住行等全领域互联，而在业务上做减法，除社交平台和内容游戏等主要业务外，其他全都交由合作伙伴完成，以形成腾讯庞大的生态环境。

第四，战略转型——企鹅腾飞。

腾讯一直以来专注于To C的项目，现在逐渐转向To B的项目。例如，腾讯在疫情防控期间与政府合作推动深圳健康码的研发，帮助三一重工实现物联接入，推出农业一站式数字化服务平台等。

2021年，腾讯发布了新的战略，即扎根消费互联网，拥抱产业互联网，推动可持续社会价值创新。腾讯投入500亿元资金推动新战略的实现，主要探索领域有基础科学、乡村振兴、教育创新、碳中和、FEW（粮食、能源与水）、养老科技、公众应急和公益数字化等。在全球型科技公司的角逐赛场上，苹果与微软在2020年先后宣布将于2030年实现100%碳中和（净碳足迹为零）。2022年，谷歌也重申将于2030年实现碳中和。腾讯并非最先关注碳中和的公司，然而，腾讯每一次的战略转型都走在时代潮流的最前端，是以用户基础为前提、深谋远虑后提出的。每一次重大的战略变革与战略布局都在助力腾讯不断成长、壮大。

【问题】

（1）以腾讯的一次重大战略决策为例，说明其决策的基本过程及需要考虑的因素。

（2）列出腾讯的目标，分析这些目标对以下员工有什么影响。

A. 腾讯职能部门的实习生

B. 腾讯云与智慧产业事业部的后端开发工程师

C. 向善实验室的项目经理

D. 社会发展事业群负责人

E. 首席执行官

（3）腾讯从企鹅孵化、学步、成长到腾飞的四次重大战略转型决策，属于理性决策还是直觉决策？请说明理由。

（4）评估腾讯现有的战略，如果你是腾讯掌权人，你会如何在腾讯推行目标管理？

（5）未来腾讯要实现人工智能、前沿科技、未来探索三大目标，请选择其中的一个目标，说明企业应该如何制订相应的实施计划。

腾讯——组织

组织的本质是设计和运作一个组织结构。它包括两方面的内涵：一是组织结构；二是组织过程。组织结构必须服从战略，因此腾讯在每一次战略变革时，都会对组织结构进行重大调整，以便更好地实现战略目标。

（1）组织结构与变革

第一，初创（1997—2004 年）。

腾讯创立之初，公司人数较少，产品单一。为支撑“移动梦网”业务，马化腾将公司划分为研发部、市场部和职能部等部门。腾讯初创时的组织结构见图 4.10。市场部命名为 M 线，其中综合市场部负责营销，移动通信部负责三大运营商之间的业务联系。研

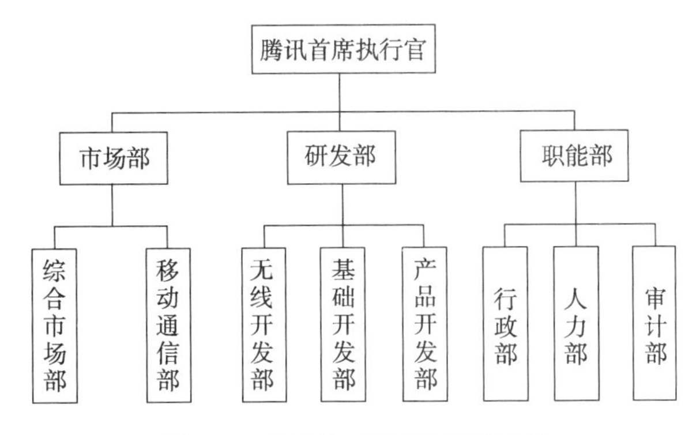

图 4.10 腾讯初创时的组织结构

发部命名为 R 线，分为无线开发部、基础开发部与产品开发部，以移动运营商业务为主，如手机短信服务等。职能部主要划分为行政部、人力部和审计部。这种组织结构使业务单一的腾讯能够更好地对接电信运营商和客户，高效地服务于当时的业务。此后，腾讯经历了三次重大的组织变革。

第二，第一次变革（2005—2011 年）。

2005 年，与中国移动合作获得巨大收益后，腾讯开始着手许多新项目的开发，因此吸纳了很多人才。随着业务的多元化和产品的丰富化，组织内部出现各部门互相推诿、矛盾横生的现象，公司业绩开始下滑，组织结构已不再适应腾讯的发展。腾讯提出了“在线生活”的新战略，希望以业务为基础为用户打造“一站式”在线生活平台。于是，腾讯开始以业务为导向划分部门，搭建一个基于业务系统的一站式架构。新的组织结构仍由总部负责统筹管理，将增值业务独立出来组成各个战略单元（business unit，BU），各 BU 设执行副总裁分管内部所有业务，由此形成企业发展系统（BO）、无线业务系统（B1）、互联网业务系统（B2）、互动娱乐业务系统（B3）、网络媒体业务系统（B4）共 5 个 BU，其他的支持部门，如职能系统（S）、运营平台系统（O）、平台研发系统（R）为公司提供各项支撑。腾讯第一次变革后的组织结构见图 4.11。变革后，每项业务都有对应的研发人员与营销人员，研发人员作为所属 BU 中的一员开始承担营销业绩，营销人员则第一时间将市场信息传递给研发人员，排除沟通障碍，使各 BU 内部成员上下一心。

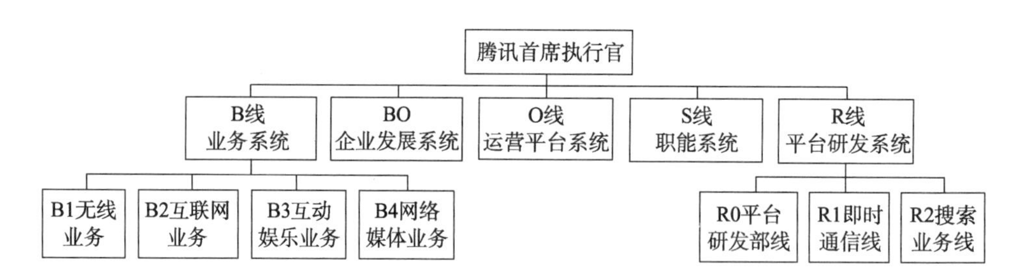

图 4.11　腾讯第一次变革后的组织结构

第三，第二次变革（2012—2017 年）。

2012 年，随着移动互联网浪潮袭来，一直专注于 PC 端的腾讯开始转向移动端，但由于当时移动端的研发业务分散在各个 BU，各业务间移动端的改进沟通非常困难，无法协同推进。这违背了腾讯产品体验至上的初衷和“连接一切”的理念。于是，腾讯启动了第二次组织变革，将所有同类业务的 PC 端与移动端合并，成立单独的事业群，原来的 BU 制变成 BG 制（事业群）。变革后的事业群包括企业发展事业群（CDG）、移动互联网事业群（MIG）、互动娱乐事业群（IEG）、网络媒体事业群（OMG）、社交网络事业群（SNG）、技术工程事业群（TEG）、微信事业群（WXG）。同时，S、O、R 三大系统分布在各事业群中，使各事业群成为一个完全独立的个体。总部作为一个开放的平台，负责对各个事业群进行战略投资。转型后的组织结构使腾讯所有业务的 PC 端与移动端完美融合。腾讯第二次变革的组织结构见图 4.12。相较于原先的组织结构，其内耗大大降低，同类别产品之间的联系更加紧密。

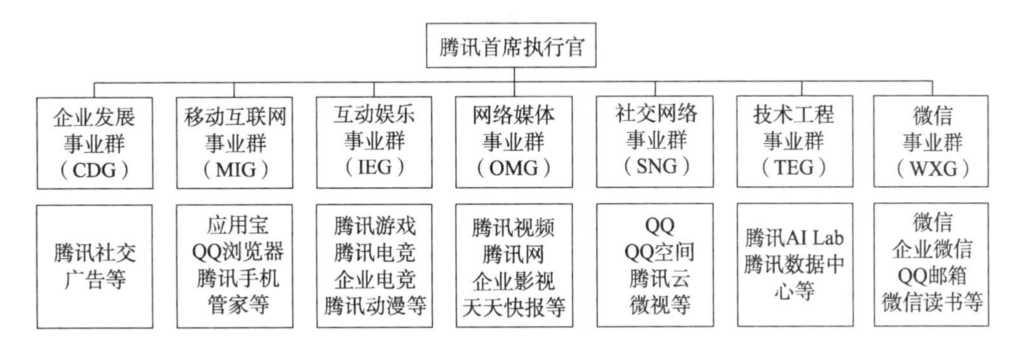

图 4.12 腾讯第二次变革后的组织结构

第四，第三次变革（2018 年至今）。

2018 年，腾讯面临重重困境，老产品 QQ 的用户量断崖式下滑。恰逢抖音的“一炮而红”，给腾讯微信业务带来不小的冲击。与此同时，阿里云、华为云也在不断地争夺市场。突然崛起的抖音和强有力的劲敌阿里使腾讯股价连续下跌 8 个月。腾讯内部也意识到了问题的严重性，因此，2018 年 9 月 30 日，腾讯进行了彻底变革。一是利用互联网行业的大潮，设立 B 端业务，将 B 端技术和服务整合在一起，共同开拓新的市场；二是整合 C 端业务，整合一切以用户为导向的内容。这次变革被外界称为“9 · 30 变革”。原有的企业发展事业群（CDG）、技术工程事业群（TEG）、互动娱乐事业群（IEG）、微信事业群（WXG）四个事业群保留；其他所有的 To C 业务，包括社交、长短视频、信息流、动漫影业、新闻资讯等，将重新整合组成一个全新的事业群，即平台和内容事业群（PCG）。同时，腾讯还第一次组建了专门针对 To B 业务的事业群——云与智慧产业事业群（CSIG），并将腾讯云、智慧零售、地图、安全等诸多板块整合其中。腾讯第三次变革后的组织结构见图 4.13。

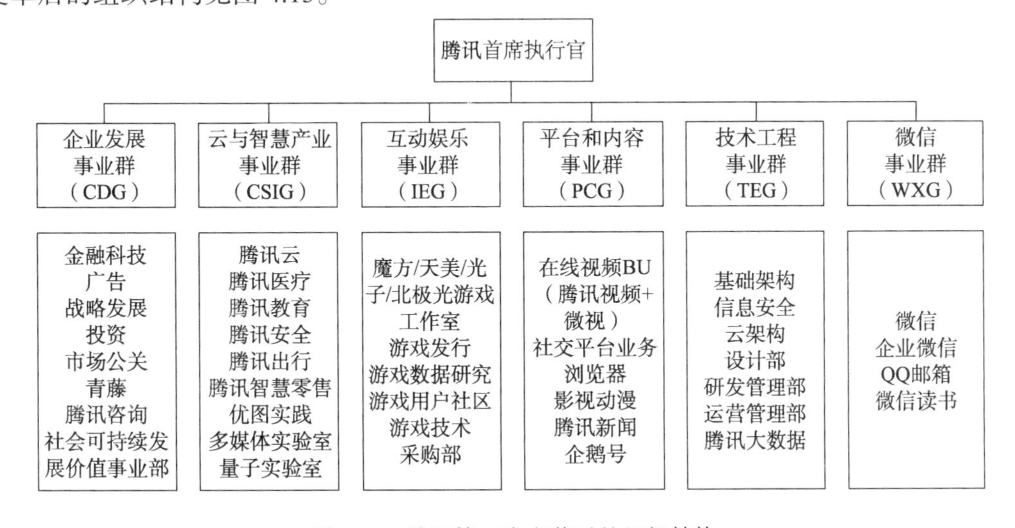

图 4.13 腾讯第三次变革后的组织结构

（2）“人才活水 + ‘龙’计划”

任何一个公司都离不开两大关键资源：人才和资金。马化腾认为，最宝贵的资源是人才，而非资金。因为资金可以吸纳，人才却无法替代。在腾讯，马化腾担任首席执行官，同时兼任人力资源执行委员会负责人，可见人才管理在马化腾心中是何等重要。

腾讯的人才管理颇具特色。“人才活水”计划便是其中之一，只要是由职工自愿发起、意向单位愿意接收的，所在单位必须无条件地在三个月内放人。若员工想要更换城市发展，可以考虑“活水”到各城市分公司，减少跳槽成本。该计划一方面能够盘活公司内部的人才资源，人尽其才；另一方面，防止员工产生职业倦怠，将人才流失率降到最低。

腾讯还创建了腾讯学院，专门为公司提供课程和培训方面的支持。腾讯学院设有领导力发展中心、培训运营中心、职业发展中心等多个部门，各级后备干部皆有相对应的培养计划。例如，针对基层干部的“潜龙计划”，便是专门为未来一年计划晋升的储备干部设立的，学员需通过一系列脱产学习环节，学习专业型人才向管理型人才转型所需的知识和技能，并配备相应导师进行持续的在岗培训。针对中级干部的后备计划被称为“飞龙计划”，通过课程面授、行动学习、产品体验、沙龙分享等一系列环节，拓宽学员的前瞻视野，增强其商业意识及洞察力等，让学员亲身体验、模拟公司重大改革并做出决策，挑选现有产品并以产品对抗赛的形式进行遴选。在沙龙分享环节，腾讯还会邀请不同领域的外部专家（如合作伙伴的首席执行官）亲临课堂与学员面对面分享经验，甚至跨行邀请影视剧的运营负责人分享他们的营销经验，以此开阔学员的视野，培养其创新思维。腾讯 70%以上的中层管理者来自“飞龙计划”。2015 年，腾讯“飞龙计划”被人才发展协会（Association for Talent Development，ATD）这一国际培训界的权威机构授予“卓越实践奖”，该奖项堪称业内的“奥斯卡奖”。

（3）改革与创新

如今，腾讯正在成为一个没有边界的开放式组织，从公司内部走向了与全球的连接。马化腾在 2021 年的腾讯年度特刊《选择》中称，用户、行业和社会三者是一个整体。曾经，腾讯通过 QQ 和微信，实现了跨越式发展，从即时通信到如今的虚拟社交空间，开发了很多新的功能和应用。自 2021 年推出向产业互联网、可持续社会价值迈进的新战略后，除人工智能实验室、机器人实验室、量子力学实验室外，腾讯还成立了不少创新实验室，如碳中和实验室、科技生态实验室等。在研究开发的同时，腾讯也看到了很多其他领域的机会。比如，将人工智能噪声降低计划和人工耳蜗结合起来，让失聪的人更清楚地了解这个世界；与武汉中南医院合作，将人工智能影像与医学结合起来，开展肺部计算机断层扫描（CT）图像识别模式的新冠筛查；与深圳市政府合作，研发以乘车码为基础的健康码。马化腾对于这样的创新乐此不疲。他认为，为问题寻找答案，为能力寻找应用场景，是一个非常愉快的创新创造过程，这是一条永无止境的路。

【问题】

（1）腾讯在完成三次变革后的组织结构分别属于哪种类型？这种结构对它的发展

来说有什么优势和劣势？

（2）从组织设计的六要素角度分析腾讯“9·30”变革后的组织结构。

（3）腾讯每一次组织变革分别属于哪种变革类型？你认可腾讯的“9·30”变革吗？为什么？

（4）如何理解“腾讯正在成为一个没有边界的开放式企业”？请预测一下腾讯未来的组织结构形态。

（5）如果你是腾讯的一名员工，腾讯的“活水计划”“潜龙计划”与“飞龙计划”哪个对你更有吸引力？为什么？

腾讯——领导

（1）“QQ之父”

马化腾性格温和、谦逊，做事十分低调，很少接受媒体采访。马化腾直言自己20岁之前是一个十分内向的人，熟悉的朋友都惊讶于他创办公司的举动。在大家看来，马化腾并不像一个管理者。但实际上，在腾讯建立的20多年时间里，马化腾以独特的个性和敏锐的产品嗅觉带领腾讯突出重围，被誉为“QQ之父”。2022年，在胡润中国富豪榜单中，马化腾位居第四，马云家族、李嘉诚家族等皆位列其后。

与其他创业者希望掌握绝对控制权不同，马化腾并不强势，相反，他是一个非常温和的人。在腾讯，大家亲切地称他“Pony马”或“小马哥”。马化腾对普通员工十分温和。在电梯间，他会主动跟员工打招呼。新年假期结束后，他亲自给员工发开工红包，还经常参加员工的各种团建等。他十分注重开放与平等。为了体现公司的民主、平等，在腾讯创业伊始，作为核心创始人的他持有47.5%的股份，到2004年腾讯在香港上市时，马化腾持有的股份仅占14.43%。马化腾总是优先保障合伙人的权益，以致他的年薪还不及其他高管。腾讯创建初期，马化腾与其他创始人经常在大排档吃鸡煲饭，很多重大决策几乎都是在“鸡煲饭会议”中商讨出来的。每人点一份鸡煲饭，边吃边讨论。现在，腾讯已成为一个真正意义上的大公司，却并没有出现“一言堂”的现象，大家完全可以各抒己见。马化腾作为一个倾听者和调停者，善于挖掘下属的才能，在决策过程中对下属循循善诱，多加引导，让他们自己推导出最优的方向，马化腾则在关键时候拍板。只要你懂，他就敢用。马化腾的存在赋予了腾讯很强的包容性，可以包容腾讯个性多样化的员工。

（2）激励员工

马化腾深知员工为公司所做出的贡献，为了让员工安心工作，腾讯采取了各种激励措施。为减轻基层员工购房压力，腾讯推出“十亿安居计划”，员工可免息贷款，最高贷款额度为一线城市30万元、二线城市20万元。2019年2月，该计划升级至2.0版本，员工首套房安居贷款额度上调，其中北、上、广、深四座城市贷款额度为50万元，其他城市贷款额度为25万元。申请条件从入公司3年下降为2年，绩优者1年。

腾讯从创立之初便有大年初八派发开工红包的传统，人称“逗利是”（讨红包的广州话）。每年开工之际，马化腾都会亲临现场为员工送上新年祝福，员工们感到格外温馨幸福。腾讯的激励手段不仅仅限于短期补贴，而是更加注重对员工的长期回馈。自2007年腾讯宣布股权激励计划后，近年来，股权激励计划愈发常态化。2022年，腾讯在股东周年大会上，将一般授权发行的1009.85万股新股份授予不少于7000位获奖的员工。授予股份合计总价值35亿港元，若平均分配，每人可获得价值约50万港元。除享受行业内极具竞争力的薪酬及优越的办公环境外，腾讯还为公司员工提供了家属开放日、30天全薪病假、15天半薪事假、中医问诊、各种保险、节日礼包等福利，几乎覆盖了员工的工作与生活。

（3）沟通

腾讯从创立时的5人已然发展到如今的8万多人。那么，如何让8万多名员工仍然保持高效的沟通？马化腾最初想创造的就是社区化社交、无边界沟通。腾讯的组织结构扁平化，纵向层级少，大部分员工是平级，这让组织内部氛围更加活跃。因为业务庞大，需要进行工作交流的员工很可能处在不同城市，大家可以自由使用企业微信一对一或者多对多跨区域、跨部门交流，十分轻松惬意。如果需要进行正式的工作汇报或讨论，可以使用腾讯会议视频交流，这也是腾讯以社交软件发家的优势之一，可以充分利用自家软件完成工作沟通。工作之余，腾讯还提供了内部电子信息服务系统供大家自由分享技术经验，交流各类问题，讨论热点时事、生活状况、业余活动等。有时管理层也会被热点话题讨论所吸引，加入讨论，发表自己的观点。此外，为了让基层员工有机会与高层主管面对面交流，腾讯创建了“总办午餐交流日”，员工自由报名，抽签选中的12人可以和总办成员代表共进午餐，就餐期间直接交流问题。

正如腾讯企业文化中所追求的，健康简单的人际关系、畅快透明的沟通方式，让员工与企业一同快乐成长。

【问题】

（1）谈谈马化腾作为腾讯的领导者，其所做工作与管理者有何不同。

（2）马化腾的领导方式是否有效？为什么？请结合相关领导理论进行分析。

（3）腾讯采用了哪些方式激励员工？请结合需求层次论和双因素论，说说腾讯的激励方式是否有效。

（4）腾讯内部采用了何种沟通网络？请具体分析为什么选择这种沟通网络。

（5）马化腾倡导包容性，这种包容性文化对于有效地激励员工起到了什么作用？

腾讯——控制

（1）容错与自控

腾讯对员工犯错十分包容，只要不是特别严重的失误，且理由正当，都可以原谅。尤其是在产品研发过程中，为了更好地打造产品，技术人员可能会不断地进行调试，其中伴随着大量的失误，腾讯都既往不咎。产品想要创新，失误不可避免。哪怕是一款比较完善的产品，也会经历多次更新迭代，不断弥补缺陷后，才能变得更加完美。那么，如何在产品创新与质量控制中寻求最优的解决办法？腾讯推出了“赛马机制”。

腾讯内部研发团队众多，数个团队研发同类产品的现象十分常见，利用自由的“赛马机制”角逐出最后的胜者，这成为腾讯激发团队自我管理和团队创新的最佳手段。腾讯“天天系列”手机游戏幕后主管 Chris 表示，他从未看到过对音乐如此较真的游戏团队，制作背景音乐的他被要求修改了不下 10 个版本；而在最关键的游戏设计环节，50 多个版本的消除物迭代和 10 多个版本的用户界面（user inter-face，UI）设计充分说明把关之严格。游戏开发完成后，工作室又专门请玩家来体验游戏，反复寻错、调整。到开发完成第二个月时，工作室每天都请两个玩家寻找游戏中的缺陷。经过无数次试错和修改打磨，他们终于打造出全民疯玩的“天天爱消除”游戏。

（2）阳光行为准则

虽然腾讯以容错来鼓励创新，但对于员工的行为也有明确的“高压线”，制定了《腾讯阳光行为准则》。对收受贿赂或回扣、泄露数据、从事与公司有商业竞争的行为等，做出了明确规定。腾讯通过情景剧对每一条“高压线”进行诠释，要求每位新入职的员工都系统学习《腾讯阳光行为准则》并通过考试。高压线以内，工作自由；高压线以外，绝不姑息。腾讯采取共同监督、开放举报的模式，即公司所有员工和业务合作伙伴，只要发现员工存在贪腐、违规、舞弊等行为，便可实名或匿名举报。员工行为一旦触及高压线，无论事后是否转岗、离职，一律诉诸法律。马化腾认为，这是为了保持员工“知言行”的高度统一。他相信自己的员工是正直的、进取的，能够保持阳光的行为，对贪腐和阴暗面说“不”。

（3）成本控制

目前，互联网行业正在遭受结构性的挑战和改变。随着米哈游、字节跳动等新的竞争对手不断涌现，腾讯处于互联网企业末端。仅 2022 年第一季度，腾讯的广告营收同比负增长 18%，而字节跳动 2021 年广告收入使之进入“千亿俱乐部”。由于互联网行业由原来的竞争驱动型转变为长线业务发展，腾讯反复强调降本增效，严格控制各类支出，优化亏损业务，以保持健康投入与稳定增长。

腾讯在实行成本控制后，更加聚焦核心业务，伴随而来的是非核心项目的精简及人员变动。2022 年，腾讯下架了 16 款应用软件、29 款游戏，包括大家耳熟能详的 QQ 堂、QQ 连连看、QQ 影音、腾讯 Wi-Fi 管家、搜狗地图等。业务的精简体现了腾讯由“烧钱”走向“控本”的路线。从腾讯季度财报可以看出，2022 年第三季度，腾讯员工有 10.88 万人，相较第一季度减少了 7377 人。除内部控本外，腾讯对于外部的投资也在不断缩减，如腾讯陆续减持股份的公司有美团、京东、新东方、海澜之家等。大环境下，诸多公司皆在降本增效。B 站首席执行官陈睿也表示，过去互联网公司投入成本“内卷”得十分厉害，公司应开始控制额外花销，尽量提升必要支出的使用效率。成本控制能否帮助腾讯渡过难关，走上新的台阶，请大家拭目以待。

【问题】

（1）控制的本质是什么？腾讯是如何做到有效控制的？

（2）腾讯采取的“赛马机制”与“阳光行为准则”属于哪种控制方式？

（3）腾讯的一系列容错与自控措施对公司产生了怎样的影响？是否有效？为什么？

（4）腾讯由“烧钱”走向“控本”，请根据控制的基本过程分析成本控制能否帮助腾讯渡过难关。

（5）请结合本案例，预测未来腾讯可能采取的控制方式。

4. 地大筑梦未来

请扫码阅读。

参 考 文 献

[1] 《管理学》编写组. 管理学（马工程重点教材）[M]. 北京：高等教育出版社，2019.

[2] 余敬，刁凤琴，张琦，等. 管理学：第 3 版[M]. 武汉：中国地质大学出版社，2016.

[3] 余敬，刁凤琴，孙理军. 管理学：第 2 版[M]. 武汉：中国地质大学出版社，2011.

[4] 斯蒂芬·罗宾斯，玛丽·库尔特. 管理学：第 4 版[M]. 北京：清华大学出版社，2021.

[5] 斯蒂芬·罗宾斯，玛丽·库尔特. 管理学：第 13 版[M]. 刘刚，程熙镕，梁晗，等，译. 北京：中国人民大学出版社，2017.

[6] 邢以群. 管理学：第 5 版[M]. 杭州：浙江大学出版社，2019.

[7] 周三多. 管理学：第 5 版[M]. 北京：高等教育出版社，2018.

[8] 小詹姆斯·唐纳利，詹姆斯·吉布森，约翰·伊凡瑟维奇. 管理学基础：第 10 版[M]. 北京：机械工业出版社，2005.

[9] 知乎网. 字节跳动：公司管理，不一定靠领导[EB/OL]. [2023-04-30]. https://zhuanlan.zhihu.com/p/390365452.

[10] 腾讯网. "仰望星空，脚踏实地"：浅析超级独角兽小红书的发展进程[EB/OL]. [2023-04-30]. https://new.qq.com/rain/a/20220322A0B3Y800.

[11] Amy Campbell. How Diverse Communities Find Their Voices and Build an Inclusive Lenovo[EB/OL]. [2023-04-30]. https://news.lenovo.com/how-diverse-communities-find-their-voices-and-build-an-inclusive-lenovo/.

[12] 联想集团. 2020/21 财年环境、社会和公司治理报告[EB/OL]. [2023-04-30]. https://esg.lenovo.com.cn/reports/index.html.

[13] 陈超. 互联网企业业务转型发展思考：以哔哩哔哩为例[J]. 现代商业，2022(9)：18-20.

[14] 腾讯网. 机会与挑战：蔚来换电业务"千站计划"解析[EB/OL]. [2023-04-30]. https://new.qq.com/rain/a/20230314A02K7W00.

[15] 木禾投研. "美的集团"深度分析，梳理结构，对比格力和海尔[EB/OL]. [2023-04-30]. https://zhuanlan.zhihu.com/p/535073282.

[16] 百度. 万德斯环保：打造学习型组织，建设学习型企业[EB/OL]. [2023-04-30]. https://baijiahao.baidu.com/s?id=1641643884067693955&wfr=spider&for=pc.

[17] 知乎网. 京瓷与海尔：分权化组织的管理控制系统创新[EB/OL]. [2023-04-30]. https://zhuanlan.zhihu.com/p/366659906.

[18] 百度. 魏建军，属"牛"[EB/OL]. [2023-04-30]. https://baijiahao.baidu.com/s?id=1735322097316588387&wfr=spider&for=pc.

[19] HR 菁英. 吉利：共生共融的人才森林[EB/OL]. [2023-04-30]. https://zhuanlan.zhihu.com/p/435011388.

[20] 中国贸促会研究院. 一体化供应链物流服务发展白皮书[EB/OL]. [2023-04-30]. https://www.xdyanbao.com/doc/ra0zdx1k14.

[21] 京东物流官网. 智能快递车亮相首届数贸会，京东物流无人配送覆盖 8 大场景[EB/OL]. [2023-04-30]. https://www.jdl.com/news/2678/content00964?type=0.

[22] 中国卫生杂志. 武汉同济医院：一体化管理实现同质化医疗[EB/OL]. [2023-4-30]. https://mp.weixin.qq.com/s/U4JYDEDM_qgVpJu3WabpSg.
[23] 钟金，孙科柳，刘佳明. 华为带队伍：第 2 版[M]. 北京：电子工业出版社，2018.
[24] 搜狐网. 冬奥会，通信保障"零故障"、网络安全"零漏洞！"[EB/OL]. [2023-04-30]. http://news.sohu.com/a/520865738_121124371.
[25] 中华人民共和国工业和信息化部. 工信部圆满完成北京冬奥会保障任务[EB/OL]. [2023-04-30]. https://www.miit.gov.cn/jgsj/wgj/gzdt/art/2022/art_b29aad055a8e4424b47b12a63d51b31e.html.
[26] 曹应旺. 中国的总管家周恩来[M]. 上海：上海人民出版社，2006.
[27] F. W. Taylor. Principles of Scientific Management[M]. New York：Harper，1911.
[28] 弗雷德里克·温·泰勒. 科学管理原理[M]. 北京：中国社会科学出版社，1978.
[29] H. Fayol. Industrial and General Administration[M]. Paris：Dunod，1916.
[30] 亨利·法约尔. 工业管理与一般管理[M]. 北京：中国社会科学出版社，1999.
[31] G. E. Mayo. The Human Problems of an Industrial Civilization [M]. New York：Macmillan，1933.
[32] 道格拉斯·麦格雷戈. 企业的人性面[M]. 北京：中国人民大学出版社，2008.
[33] David C. McClelland. Human Motivation. Glenview [M]. IL：Scott，Foresman，1985.
[34] 亚伯拉罕·马斯洛. 人性能达的境界[M]. 昆明：云南人民出版社，1987.
[35] F. Herzberg. One More Time: How Do You Motivate Employees[M]. Boston, MA:Harvard Business Review Press, 1968.
[36] 赫伯特·西蒙. 管理决策新科学[M]. 北京：中国社会科学出版社，1960.
[37] F. E. Fiedler. A Theory of Leadership Effectiveness[M]. New York: McGraw-Hill，1967.
[38] F. E. Fiedler. Engineer the Job to Fit the Manager[J]. Harvard Business Review，1965.
[39] H. Mintzberg. The Nature of Managerial Work[M]. New York:Harper & Row，1973.
[40] 亨利·明茨伯格. 经理工作的性质[M]. 北京：中国社会科学出版社，1986.
[41] Peter F. Drucker. The Effective Executive [M]. New York:Harper Business，2006.
[42] 彼得·德鲁克. 卓有成效的管理者[M]. 许是详，译. 那国毅，审订. 北京：机械工业出版社，2018.
[43] 周建. 泰勒科学管理的范式观及其思想价值[J]. 科学学研究，2002(5).
[44] 李新春，胡晓红. 科学管理原理：理论反思与现实批判[J]. 管理学报，2012，9(5).
[45] 罗珉. 泰罗科学管理的遗产及其反思：兼纪念《科学管理原理》诞生 100 周年[J]. 外国经济与管理，2011，33(9).
[46] 孙进. 50 部管理学经典解读[M]. 成都：四川人民出版社，2015.
[47] 姜杰，张喜民，孙立宁. 管理学名著概要[M]. 济南：山东人民出版社，2005.
[48] 姜英来. 30 部必读的管理学经典[M]. 北京：北京工业大学出版社，2006.
[49] 华为官网[EB/OL]. [2023-04-30]. https://www.huawei.com/cn/.
[50] 吴晓波，徐光国，张武杰. 激活组织：华为奋进的密码[M]. 北京：中信出版集团，2021.
[51] 黄继伟. 华为工作法（新版）[M]. 杭州：浙江人民出版社，2019.
[52] 李琳. HR 员工激励整体解决方案[M]. 北京：中国法制出版社，2018.
[53] 珠海格力电器股份有限公司[EB/OL]. [2023-04-30]. https://www.gree.com/.
[54] 徐伟. 浅谈企业的多元化战略选择：以格力电器为例[J]. 中国商论，2022(14).
[55] 于昊. "零碳源" 里程碑，技术自信支撑格力光伏新征途[J]. 电器，2022(7).
[56] 徐雨辰. "新轻厨" 套系厨电惊艳亮相！格力电器差异化创新欲引领厨房升级新时代[J]. 家用电器，2022(6).
[57] 张振刚. 格力模式[M]. 北京：机械工业出版社，2019.
[58] 李梓赫. 董明珠管理日志[M]. 杭州：浙江大学出版社，2021.
[59] 江菲. 国企混改、股权激励与企业绩效：基于格力电器的案例研究[J]. 财务与金融，2020(2).

[60] 腾讯官网[EB/OL]. [2023-04-30]. https://www.tencent.com/zh-cn/index.html.

[61] 腾讯是怎么长大的. 杭州：杭州蓝狮子文化创意有限公司[EB/OL]. [2023-04-30]. https://weread.qq.com/web/bookDetail/b0e329705ce912b0e7fc4c1.

[62] 吴晓波. 腾讯传 1998—2016：中国互联网公司进化论[M]. 杭州：浙江大学出版社，2017.

[63] 腾讯人力资源管理[M/OL]. [2023-04-30]. https://weread.qq.com/web/bookReview/list?bookId=c1532be0716f051ec151f42.

[64] 刘静，李朋波. 马化腾领导风格演变对腾讯企业文化塑造的影响研究：基于领导权变理论的视角[J]. 中国人力资源开发，2015(20).

[65] 解密腾讯帝国[M/OL]. [2023-04-30]. https://weread.qq.com/web/bookDetail/cca328a071591467cca8217.

[66] 中国地质大学简史编委会. 中国地质大学简史（1952—2022）[M]. 武汉：中国地质大学出版社，2022.

[67] 中国地质大学（武汉）“十四五”事业改革与发展总体规划（地大党发〔2021〕62 号）.

[68] 中国地质大学（武汉）[EB/OL]. [2023-04-30]. https://www.cug.edu.cn/info/10506/101046.htm.

[69] 中共中国地质大学（武汉）委员会. 中国地质大学报[N]. 武汉：中共中国地质大学（武汉）委员会，2022(612).

[70] 中共中国地质大学（武汉）委员会，中国地质大学（武汉）. 美丽中国宜居地球：迈向 2030：地球科学领域国际知名研究型大学建设战略规划（地大党发〔2019〕74 号）. 通知，2019.

[71] 陈胜. 美丽中国背景下高校绿色校园建设的实践与思考：以中国地质大学（武汉）新校区为例[J]. 城市建筑，2020，17(25).

[72] 中国地质大学（武汉）[EB/OL]. [2023-04-30]. https://www.cug.edu.cn/info/10506/101212.htm.